Göttert · Alle unsere Feste

Karl-Heinz Göttert

Alle unsere Feste

Ihre Herkunft und Bedeutung

Philipp Reclam jun. Stuttgart

Inhalt

Vorbemerkung 11

Kleine Kalendergeschichte zur Einführung . . . 19

1. Januar
Neujahr
Von Friedenssehnsucht und Dämonenaustreibung 45

6. Januar
Heilige Drei Könige
Ein Fest entwickelt sich 52

Zwischen 3. Februar und 9. März
Fastnacht, Fasching, Karneval
Keine Ordnung ohne Unordnung 69

Zwischen 4. Februar und 10. März
Aschermittwoch
Fasten vor dem Schlankheitswahn 86

Zwischen 20. März und 23. April
Karfreitag
Wann genau ist Jesus gestorben? 94

Zwischen 22. März und 25. April
Ostern
Das Zentrum des christlichen Kirchenjahres . . 113

1. Mai
Maifeiertag
Von Arbeiterdemonstrationen, Hexenfeiern und
der Versteigerung von Jungfrauen 131

Zweiter Sonntag im Mai
Muttertag
Von einer unglücklichen Initiatorin und
glücklichen Blumenverkäufern 138

Donnerstag, vierzig Tage nach Ostern
Christi Himmelfahrt
Ein Rechenfehler wird korrigiert 142

Zwischen 10. Mai und 13. Juni
Pfingsten
Das Fest des Geistes und der Zungen 148

Zweiter Donnerstag nach Pfingsten
Fronleichnam
Ein spätes Fest mit Potential zur Spaltung . . . 154

29. Juni
Peter und Paul
Apostelfürsten gemeinsam und auf getrennten
Wegen 164

24. Juli
Christophorus
Der unverzichtbare Heilige 171

25. Juli
Jakobustag
Von der Vermarktung der Apostel 179

22. September
Vergessener Jahresbeginn
Warum der französische Revolutionskalender
scheiterte 185

29. September
Michael
Von Engelschören und Zinsleistungen 193

3. Oktober
Tag der Deutschen Einheit
Von den Schwierigkeiten eines deutschen
Nationalfeiertags 198

24. Oktober
Tag der Vereinten Nationen
David gegen Goliath 202

31. Oktober
Reformationstag
Hallo Luther statt Halloween 206

1./2. November
Allerheiligen und Allerseelen
Das Ostern des Herbstes 209

19. November
Elisabeth von Thüringen
Von der Ausweitung der Nächstenliebe auf das
ganze Menschengeschlecht 217

Mittwoch vor dem Ewigkeitssonntag
Buß- und Bettag
Von der Einigkeit und Uneinigkeit von Staat und
Kirche 222

Letzter Sonntag im Kirchenjahr
Ewigkeitssonntag, Christkönig
Von der Einigkeit und Uneinigkeit der
christlichen Kirchen 226

Sonntag nach dem 26. November
Advent
Ankunft und Wiederkehr 230

6. Dezember
Nikolaus
Von der Ablösung des Christkindes durch den
Weihnachtsmann 234

8. Dezember
Mariä Empfängnis
Ein Streit bis aufs Messer 238

24./25. Dezember
Weihnachten
Das Kind und die Mutter 244

26. Dezember
Stephanus
Der Lohn des Leidens 274

Zum Autor 280

Vorbemerkung

Man muss es wohl unumwunden zugeben: Die Feste, die wir heute begehen, sind nicht mehr, was sie einmal waren. Dies ist zweifellos eine schlechte Nachricht, wenn man bedenkt, dass Feste den Kitt darstellten, der die Gesellschaft zusammenhielt. Im Fest vergewisserten sich Menschen einer gemeinsamen Deutung der Welt, das Fest einte Glaubensgenossen. Im antiken Griechenland vermittelte es den Kontakt zu den Göttern, verband die Feiernden im Vertrauen auf Mächte einer höheren Welt, die das Leben letztlich lenkten. Im mittelalterlichen Europa sorgte es für den Halt in der christlichen Religion, informierte über die Daten der Heilsgeschichte, besonders Geburt, Tod und Auferstehung Jesu Christi, und hielt die großen Zeugen dieses Glaubens, die Heiligen, in Erinnerung. Selbst unter den Bedingungen der neuzeitlichen Säkularisierung konnte das Fest als profane statt kultische Feier die Werte einer autonom gewordenen Gemeinschaft stützen: in der Französischen Revolution zum Beispiel, von der wir immerhin noch die Nationalfeiertage haben. In Antike, Mittelalter und Neuzeit gab es mit anderen Worten verbindliche Werteordnungen als Rahmenbedingungen, die im Fest entfaltet wurden. Diese Werteordnungen aber sind als Folge unserer Zivilisationsgeschichte, als Resultat von Kommerzialisierung und Individualisierung aller Lebensformen, heute weitgehend verschwunden. Nur die Feste sind geblieben. Was machen mit diesen Relikten?

Sicherlich nicht so tun, als hätte es die Prozesse der Modernisierung nicht gegeben. Wer darauf pocht, dass die Feste ja immer noch da sind, dank der Medien eher präsenter als je zuvor, muss sich sagen lassen, dass diese Fortdauer auf einer Freizeitkultur beruht, die jeden Anlass begrüßt, um Urlaub zu machen oder Partys zu feiern. Aber diese Seite des ›Fortschritts‹ ist uns auf allen Gebieten bekannt, es wäre ein Wunder, wenn sie nicht auch die Feste erreicht und verwandelt hätte. Soziologen und Psychologen tun recht daran, wenn sie die Folgen solcher Wandlungen untersuchen, auf die Nebenwirkungen von Modernisierung und Säkularisierung hinweisen. Dazu gehört etwa, dass der »Vorgang der Übersättigung«, der »Abnutzungsprozess wider Willen« (Rüdiger Bubner) das Fest systematisch ausgelaugt, den Alltag ebenso verfestlicht wie das Fest veralltäglicht hat – mit der Konsequenz der Auflösung alles dessen, was das Fest einmal ausmachte. Möglicherweise trifft es auch zu, dass heute das Warenhaus mit seinen Wühltischen zur Ausverkaufszeit das »Dauerfestival des kleinen Mannes« geworden ist (Wolfgang Lipp). Aber soll man deshalb zur Abschaffung der Feste aufrufen?

Es wäre jedenfalls nichts Neues – das Internet ist voll solcher Aufrufe, speziell anlässlich von Weihnachten. Und auch früher hat es Kritik am Fest gegeben: Die Reformatoren des 16. Jahrhunderts wenden sich wie die Aufklärer im 18. zumindest gegen Inflationierungstendenzen. Daneben gibt es heute ganz andere Reaktionen. »Die Perversion des Festes ruft – als Gegenmittel – nach dem Fest«, formuliert etwa Odo Marquardt und sieht dabei nicht unbedingt im Verlust des Ausnahmezustands und der in ihm präsentierten Gehalte die Gefahr. Nach dem Ende der Feste könne vielmehr ein ganz anderer Ausnahmezustand an Faszination gewinnen: der Krieg (vielleicht besser: die Gewalt) als das letzte Fest. Daher das Plädoyer für alles, was vor dieser Art von Perversion bewahrt, eine neue Kultur des Feierns, die freilich dessen Begriff weit ausdehnt, alle Formen kultureller Betätigung einbezieht – die Besichtigung von Bauwerken, das Anhören von Musik, den Besuch des Theaters. Die Formel dafür lautet: »Moratorium des Alltags«, also doch wieder sehr nahe bei dem, was das Fest seit alters sein wollte oder sollte: Atemholen im Dahinfließen der Zeit, Besinnung auf das ›richtige‹ Leben. All dies nur eben in Verbindung mit *anderen* Festen.

Irritierende Alternativen, aber es muss nicht unbedingt auf die Frage nach Flüchten oder Standhalten hinauslaufen, wie es Horst Eberhard Richter einmal angesichts einer ähnlichen Werteproblematik auf den Begriff gebracht hat. Im Folgenden geht es weder um ein Plädoyer für neue noch für die Abschaffung der alten Feste. Es geht eher um Bestandsaufnahme, um eine unaufgeregte Betrachtung dessen, was die Feste einmal geleistet haben, in der Erwartung, auf sinnvolle Weise daran anzuknüpfen. So wie uns Kunst, Musik, Literatur der Vergangenheit mit der alten Werteordnung Europas konfrontieren und zur Besinnung auf eigene Antworten auffordern, tut es auch die Art, wie Europa das Jahr seit den Anfängen mit seinen Festen gestaltet hat. Dazu gehört als Erstes der Rhythmus von Arbeit und Ruhe. In der mittelalterlichen Stadt – Nachrechnungen haben ergeben, dass sich daran bis heute kaum etwas geändert hat – wurde an 260 bis 280 Tagen des Jahres gearbeitet. Synoden seit dem 6. Jahrhundert verboten ausdrücklich Tätigkeiten wie Bäumefällen, Steinebehauen oder Textilarbeit der Frauen an Sonn- und Feiertagen. Die Oster-, Pfingst- und Weihnachtswoche war insgesamt frei. Emil Durkheim hat in dieser Art von kollektiven Aktivitäten die Bedeutung für die gesellschaftliche Ordnung und ihre Kontinuität betont: Priester, Krieger und Bauern feierten gemeinsam, ganz Europa war in einem weitgehend gemeinsamen Festkalender verbunden. Von den 40 bis 46 Festtagen, die in den verschiedenen süddeutschen Bistümern begangen wurden, waren zwar nur 26 identisch, darunter aber die wichtigsten wie Weihnachten und Heilige Drei Könige, Ostern und Pfingsten, auch etwa Mariä Verkündigung und Mariä Himmelfahrt, Laurentius und Unschuldige Kinder. Im Übrigen wurde andernorts teilweise noch mehr gefeiert. In Rouen brachte man es im 13. Jahrhundert auf 50, in Oxford auf 53 und in Bologna sogar auf 58 Tage.

Darüber hinaus hatten die verschiedenen Stände ihre eigenen Feste. Die großen ritterlichen Veranstaltungen – Krönungen, Schwertleiten, Hochzeiten – fanden an Hauptkirchenfesten, etwa an Pfingsten, statt. Daneben gibt es die königlichen Einzüge (Triumphzüge) in die Städte, die mit großem Pomp gefeiert wurden. Die Bauern hielten sich eher an den Wechsel der Jahreszeiten, kannten Frühlingsfeier und Winteraustreiben, wobei als Hauptfest die Kirchweih (Kirmes) gilt. In der Stadt dient das Fest der Erinnerung an die eigene Geschichte. Der Nürnberger Schembartlauf fand im Gedenken an einen beigelegten Aufruhr statt, die Kölner feierten ihren Sieg über den Erzbischof, der ihnen 1288 die Freiheit (langfristig die Reichsunmittelbarkeit) brachte. Die Schweizer Eidgenossen pflegten besonders ihre Schützenfeste. In Italien kennt man noch heute den Palio, das Pferderennen um einen Siegpreis (lat. *palium* ›Siegpreis‹), an dem sich die Stadtbezirke beteiligten, um anschließend ein großes gemeinsames Gelage zu begehen.

Schließlich bewegte sich alles öffentliche Leben im Festkalender. Staatsakte fanden bevorzugt an kirchlichen Feiertagen statt, im Hochmittelalter liegt die Übereinstimmung bei neunzig Prozent. Könige und Kaiser reisten schneller, um pünktlich zum Fest zu kommen, so wie etwa Ostern 1020 in Bamberg, wo sich Papst Benedikt VIII. mit Heinrich II. traf. Heinrich IV. kam nach Canossa am Tag der Bekehrung des Paulus (25. Januar), um sich bei seiner eigenen ›Bekehrung‹ dem Papst zu Füßen zu werfen. Königs- und Kaiserkrönungen wie Papstweihen fanden mindestens an Sonntagen statt. Auch Reichsversammlungen und kirchliche Synoden wurden auf hohe und höchste Feiertage gelegt, selbst Schlachten gelegentlich an Tagen bevorzugter Heiliger geschlagen. Bauern leisteten ihre Zinsabgaben an kirchlichen Feiertagen wie etwa an Michaelis (29. September). Öffentliches Leben war geradezu gleichbedeutend mit einem Leben im Rhythmus von Alltag und Fest, der Kalender orientierte in der Zeit. Parzival, eine der großen Sündergestalten in der mittelalterlichen Literatur, verflucht Gott, lebt im Hass auf ihn und reitet auch an Karfreitag in Waffen umher. Als ein fremder Ritter ihn darauf aufmerksam macht, bekennt er, nicht zu wissen, welches Jahr, welche Woche, welcher Tag es sei. Orientierungslosigkeit ließ sich nicht besser darstellen denn als Unkenntnis über die Zeit. Genau umgekehrt hat Robinson Crusoe in ganz anderer Ausnahmesituation penibel Kalender geführt, wenn auch aus puritanischer Ablehnung jeglicher Festkultur nicht einmal die Sonntage besonders markiert.

Der Festkalender ist also ein Spiegel der Kultur, aber ein Spiegel, in dem die Kultur durchaus nicht nur ihre idyllischen Seiten zeigt. Fest- und Werteordnung kamen auch in der Vergangenheit nicht einfach zur Deckung. Dafür gab es viel zu viel Wandel, Auseinandersetzung, Verkrustung. Jede Gesellschaft behauptet sich

nicht nur im Fest, sondern grenzt sich zugleich ab gegen Unterlegene – das Fest spiegelt auf rigorose Weise
Kräfteverhältnisse. Entsprechend ist das Fest die Zeit
des Aufstiegs wie etwa im Falle der Colmarer Bäcker,
die zehn Jahre lang streikten, um endlich in der Fronleichnamsprozession Kerzen tragen zu dürfen. Der
ratlos machenden »Pluralität funktionaler Partikular-
ordnungen« stand nicht nur »Sinnstiftung« gegenüber
(Bubner), sondern auch Sinnverordnung, Sinnverfesti-
gung, Normdruck. Ostern etwa war ein ›schwieriges‹
Fest, das im Mittelalter und in der frühen Neuzeit immer wieder Judenpogrome auslöste. Über den Sinn
von Fastnacht zerfielen die christlichen Kirchen. Das
Fronleichnamsfest als katholische Verehrung der Verwandlung von Brot und Wein in das Fleisch und Blut
Christi entwickelte sich in der Gegenreformation zur
gezielten Provokation, auf die eine protestantische Ge-
genprovokation mit der Frage reagierte, ob die Katholiken Kannibalen seien.

Die Formung der Zeit im Rhythmus von Alltag und
Fest kann so gesehen kaum der Nostalgie überlassen
werden – aber auch nicht dem Abriss. Zeit bedarf der
Formung, und es erscheint unwahrscheinlich, dass
Vorschläge in jener allgemeinen Form, wie sie Marquardt gegeben hat, dazu genügen. Auch wenn klar ist,
dass die Tradition ihre eigentliche Lebenskraft einge-
büßt hat, bleibt immer noch der Weg offen, diese Tradition in Freiheit aufzunehmen und als kulturelles
Erbe weiterzupflegen – wie eben Kunst, Musik und
Literatur auch. Am Fall des französischen Revolu-
tionskalenders wird sich zeigen, dass der Versuch der
damaligen Aufklärer scheiterte, Formung der Zeit gewissermaßen am Reißbrett zu entwerfen. Schon damals war viel vom ›Geist‹ der Feste erloschen, und

doch lebte man lieber in ›alten‹ Bindungen als in noch so ›rational‹ ausgeklügelten. Wir haben heute keine derartige Diskussion mehr, sondern müssen mit dem Problem der Auslaugung, des Aufgehens aller Sinnstrukturen im Kommerz leben. Dagegen kann man sich wehren: mit Wissen. Statt Abschaffung des Festes durchaus Erneuerung, aber nicht im Sinne der Umdirigierung auf andersartige Feste, sondern auf kritische Aneignung dessen, was uns unsere Kultur über einige tausend Jahre hinweg geboten und manchmal auch zugemutet hat. Der Vorteil der bestehenden Feste liegt darin, dass sie da sind, dass wir sie nach Bedingungen begehen können, die wir nicht schaffen müssen. Kaum jemand, der heute eine mittelalterliche Kathedrale betritt, erlebt sie als jenen Vorschein der Himmelsstadt, als der sie einmal erbaut wurde. Und doch bereichert dieses Wissen auch unser heutiges Erleben. Warum soll das mit den alten Festen nicht möglich sein, auf die wir als Strukturierung der Zeit kaum verzichten können? Warum sollen wir die alten Feste nicht bewahren, indem wir *wissen*, was mit ihnen einmal verbunden war?

Dem dient jedenfalls dieses Buch. Es informiert über die festliche Gestaltung des Jahres, wie sie unsere Kultur hervorgebracht hat: über die Anfänge und die Geschichte bis heute ebenso wie über die Bruchstellen und gelegentlich sogar die Sollbruchstellen, die noch immer durchschimmern. Nach einer Einführung in die Entstehung des Kalenders mit der Idee der Jahresgliederung werden die wichtigsten Feste nach ihrer zeitlichen Abfolge im bürgerlichen Kalender kommentiert: von Neujahr über Fastnacht bis Weihnachten. Das Schwergewicht liegt bei den christlichen Festen, weil sie es sind, die auf diesem alten Kontinent immer noch die größte Rolle spielen. Daneben werden auch welt-

liche Feste einbezogen, der 1. Mai ebenso wie der
3. Oktober. Wo Interessantes zu berichten war, erhielt
dies den Vorzug gegenüber mancherlei Proporzüberle-
gungen. Worauf es letztlich ankam, war: die imponie-
rende Ausgestaltung der Zeit sichtbar zu machen, die
unser Kalender bietet. Angesichts heutiger Zweifel an
der Integrationsfähigkeit unterschiedlicher Kulturen
mag es nicht zuletzt von besonderer Bedeutung sein,
dass diese Ausgestaltung ohne die Zulieferung der alten Hochkulturen des Zweistromlandes und Ägyptens
ebenso wie des Judentums undenkbar wäre. Wenn der
europäische Kalender derjenige der globalisierten Welt
geworden ist, so hat sich kein Volk, keine Religion allein durchgesetzt. Auch dies dürfte eine Aneignung in
Freiheit erleichtern.

Noch eine nur halb technisch-formale Anmerkung:
Die religiöse Vielfalt unserer Geschichte und Kultur –
es gibt nicht nur mehrere Religionen und zwei große
Konfessionen, sondern regional unterschiedliche katholische Traditionen und verschiedene evangelische
Bekenntnisse – findet in diesem Buch allerorten ihren
Niederschlag. Sie soll auch dadurch repräsentiert werden, dass biblische Texte in verschiedenen Übersetzun-
gen zitiert werden. Mancher katholische Leser hat eher
die Einheitsübersetzung, manche evangelische Leserin
eher den Klang der Luther-Übersetzung im Ohr.

Kleine Kalendergeschichte zur Einführung

Von der Erfindung des Jahres

In der Silvesternacht 1999 auf 2000 herrschte weltweit
Nervosität, wenn nicht Panik. Die Computer waren
seit ihrer Einführung für die Jahreszählung nur zwei-
stellig programmiert worden: mit Stellen für Jahrzehnt
und Jahr. Nun aber sprang die Zeit um auf ein neues
Jahrhundert und Jahrtausend. Was würde geschehen,
wenn nach der 99 die 00 folgte? Horrorszenarien waren
verbreitet, die großen Weltunternehmen hatten Milliar-
denbeträge ausgegeben, um sich zu schützen. Der Flug-
verkehr war eingestellt, Krankenhäuser auf Notversor-
gung vorbereitet, in Banken und Versicherungen warte-
ten Spezialisten auf ihren Einsatz. Und dann kam der
entscheidende Augenblick. Das Fernsehen zeigte seit
dem frühen Nachmittag die Bilder der Silvesterfeiern
im fernen Osten: knallende Sektkorken, Feuerwerk,
von Zusammenbrüchen keine Spur. Australien mit
Sydney war unter den Ersten, es folgten die japani-
schen Großstädte, Neu Delhi in Indien – überall mit
gleichem Ergebnis. Als am Abend Moskau und Jerusalem unbeschwert feierten, war auch in Deutschland der
letzte Zweifel behoben. Die angekündigte Katastrophe
war ausgeblieben. Kein Zusammenbruch, kein Untergang, keine Apokalypse in modernem Gewand.
  Was wohl kaum jemand in dieser Nacht bedachte:
Noch vor wenigen Jahrzehnten, von Jahrhunderten zu
schweigen, wäre eine Spannung dieser Art nicht möglich gewesen. Es gab keinen in der ganzen Welt gemeinsamen Jahreswechsel, weil es keinen gemeinsamen Kalender gab. Noch heute, nach Einigung der globalisier-

ten Welt auf den 1. Januar als Jahresanfang, verwenden
Völker für kultische Zwecke neben dem gregorianischen ihren eigenen Kalender mit eigenem Jahresanfang. Dabei ist nicht nur der Jahresanfang, sondern das
Jahr selbst kein natürlicher, sondern ein künstlicher Begriff. Im Gegensatz zum Tag und auch noch zum Monat hat das Jahr keinen beobachtbaren Einschnitt. Der
Tag ist an Auf- und Untergang der Sonne gebunden,
auch wenn ich darin frei bin, entweder den Auf- oder
den Untergang oder gar die Mitternacht als Beginn zu
wählen. Der Monat orientiert sich am Mond, der etwas
mehr als neunundzwanzigeinhalb Tage braucht, um
sich zu erneuern, auch wenn wir uns um sein wirkliches Erscheinen am Himmel nicht kümmern und
künstliche 28 bis 31 Tage ansetzen. Das Jahr aber ist
schlicht rund. Ob man daran glaubt, dass sich die Sonne um die Erde oder die Erde um die Sonne dreht: Sie
dreht sich immerfort, es gibt weder Anfang noch Ende
wie beim Erscheinen und Untergehen der Sonne am
Tag oder beim zunehmenden oder abnehmenden Mond
im Monat, allenfalls vier nicht leicht zu bestimmende
Punkte, die sich aus dem Lauf herausheben: die Tagundnachtgleichen im Frühling (21. März) und Herbst
(23. September) sowie die Sonnenwenden im Winter
(21./22. Dezember) und Sommer (21./22. Juni).

Bauwerke wie das in Stonehenge (erste von sechs
Bauphasen um 2800 v. Chr.), bei dem die Ausrichtung
auf die Sommersonnenwende erwiesen ist, hatten offenbar eine kultische Bedeutung, jedenfalls führte eine
›Prozessionsstraße‹ auf den entscheidenden Punkt zu.
Wie die jüngst gefundene Himmelsscheibe von Nebra
an der Unstrut zeigt, die mit einer Datierung von mindestens 2000 v. Chr. in die frühe Bronzezeit gehört, orientierte man sich auch an anderen Himmelserscheinun-

gen, in diesem Fall am Zusammenspiel der gut sichtbaren Plejaden (des Siebengestirns) mit Sichel- bzw. Vollmond. Zeigten sich die Plejaden am Abendhimmel mit dem Sichelmond, war damals der 10. März (also Frühling), zeigten sie sich zusammen mit dem Vollmond, war 17. Oktober (also Herbst). Weil zwei auf den Rand der Scheibe gesetzte Bögen die Sonnenauf- und Sonnenuntergänge zwischen den Sonnenwenden markieren, kann man von ganz erheblichen astronomischen Kenntnissen ausgehen. Nur sagt uns dies nichts über die Vorstellung eines Jahres bzw. irgendeine Form seiner Gliederung. In dieser Hinsicht gibt eben allein schriftliche Überlieferung Auskunft, und das heißt: in den Hochkulturen. Die Himmelsscheibe von Nebra ist ebenso erstaunlich wie der Steinring von Stonehenge. Aber in beiden Fällen handelt es sich nicht um Kalender. Dessen Ursprung liegt in Mesopotamien und Ägypten.

In beiden Ländern steht am Ursprung der Kultur ein Problem: die Abfolge von Trockenheit und Flut ihrer Flüsse. Nur durch genaue Planung ließ sich eine größere Bevölkerung ernähren, und zur Planung gehört ein Kalender. Wann genau Euphrat und Tigris bzw. der Nil an- und wieder abschwollen, bestimmte über Aussaat und Ernte, rhythmisierte die agrarische Tätigkeit, die die Kulturvölker gegenüber den älteren Jäger- und Sammlergesellschaften auszeichnet. Zu dieser Rhythmisierung benutzten sowohl die Sumerer wie die Ägypter nicht die Sonne, sondern den Mond – ganz offensichtlich deshalb, weil der Mond ähnlich wie der Tag klar abzählbare Einheiten liefert. Bei den Sumerern war der Mond entsprechend Hauptgott. Aber nun erfolgte erst der entscheidende Schritt. Mondmonate lassen sich perfekt beobachten, aber sie stehen in keinem Zusammenhang mit den Jahreszeiten, deshalb auch nicht mit dem Auf- und Abschwellen von Euphrat und Tigris. Die Jahreszeiten sind eben an das Sonnenjahr gebunden. Wer sich am Mond orientiert und dabei die Jahreszeiten berücksichtigen will, muss die Mondmonate mit dem Sonnenjahr verrechnen. Genau dies ist geschehen.

Was das bedeutet, ermisst man am besten, wenn man sich die uns heute bekannten Zahlen vergegenwärtigt. Das Sonnenjahr umfasst 365,2422 Tage, der Mondmonat 29,5306 Tage. Es gibt also kein ganzzahliges Verhältnis, oder anders ausgedrückt: Die Mondmonate gehen nicht ganzzahlig in einem Sonnenjahr auf. Aber sie gehen ungefähr darin auf, und zwar zwölfmal, wobei das Mondjahr knapp elf Tage kürzer ist als das Sonnenjahr. Und nun fiel die wichtige, aber auch naheliegende Entscheidung: Weil der Lauf der Sonne durch den Tierkreis (die Ekliptik) ungefähr zwölf Mondmonate benötigt, wurde der Tierkreis in genau zwölf Teile geteilt: benannt nach jenen Sternbildern, deren Namen sich überwiegend bis heute erhalten haben. Das Jahr hatte dabei zwölf Mal dreißig Tage – zusammen 360. Nur ergibt sich eben ein Mangel von gut fünf Tagen, der über Schaltung ausgeglichen werden muss, wenn das Jahr den Jahreszeiten entsprechen soll. Dafür hat man sich entschieden, das heißt: einen Ausgleich von Sonnen- und Mondjahr gesucht, der das Jahr zum sogenannten Lunisolarjahr macht. Als Jahresanfang zählte der Aufgang der Sonne im Frühlingspunkt (als Zeit der Tagundnachtgleiche) am 21. März.

Während die Sumerer mit Monaten und Tagen (nebenbei: auch mit der Einteilung des Tages in zwölf Doppelstunden) das bis heute gültige Sexagesimalsystem begründeten, fixierten sie für die Woche ein Fünferschema. Erst ihre Nachfolger, die Babylonier,

stellten erstens auf die Sonne als Hauptgott um und begründeten zweitens die Siebentagewoche (einschließlich Ruhetag) mit den bis heute vor allem in den romanischen Sprachen üblichen Planetenbezeichnungen.
Schon Dokumente im 10. Jahrhundert v. Chr. bezeugen
dies, ehe der Assyrerkönig Assurbanipal es im 7. Jahrhundert v. Chr. endgültig festlegte. Die Babylonier ließen 29-Tage-Monate mit 30-Tage-Monaten wechseln
und korrigierten mithilfe eines zusätzlichen 30-Tage-
Monats. Unter persischer Herrschaft, im Jahre 528
v. Chr., wurden Schaltungen im festen 19-Jahre-Rhyth-
mus eingeführt. Damals berechnete der babylonische
Astronom Naburi-Mannu die Jahreslänge auf 365
Tage, 6 Stunden, 15 Minuten, 45 Sekunden statt der
korrekten 365 Tage, 5 Stunden, 48 Minuten, 4 Sekunden – also mit einer Abweichung von ca. 27 Minuten.
Der Jahresbeginn aber blieb bei der Frühlingstagundund-
nachtgleiche und wurde seit 2000 v. Chr. bis in römische Zeiten mehrere Tage lang gefeiert.

Interessanterweise kamen die Ägypter trotz einer
ähnlichen Ausgangslage zu einer abweichenden Jahres-
konstruktion. Den gemeinsamen Hintergrund bildet
das Problem der Bewässerung, in diesem Fall ausge-
hend vom Nil. Dank Schneeschmelze und Regenfällen
in seinen damals unbekannten Einzugsgebieten in
Abessinien beginnt der Nil etwa Mitte Juni (im Süden
des Landes, im Norden Mitte Juli) zu steigen, um im
Oktober bzw. November zu fallen und in die anschließende Trockenzeit überzugehen. Daraus ergaben sich
drei Jahreszeiten: Überschwemmung, Aussaat/Pflege,
Ernte. Die Ägypter teilten diese Jahreszeiten in je vier
Monate zu dreißig Tagen (wiederum unterteilt in drei
Dekaden, also Zehntagewochen). Damit wird sofort
sichtbar, dass es wiederum eine Anlehnung an die

Mondumläufe gab (alle großen ägyptischen Feste blieben Mondfeste), deren exakte Länge jedoch zugunsten der idealen dreißig korrigiert wurde. Um sich dem Sonnenjahr anzupassen, wurden den so erzielten 360 Tagen zusätzliche fünf Tage am Ende des Jahres angehängt: die Epagomenen, die ›Hinzugekommenen‹, die als Unglückstage galten und noch in der Neuzeit als ›ägyptische Tage‹ eine Rolle im Volksglauben spielten. Auf diese Weise entstand ein 365-Tage-Jahr. Aber dann beginnt erst die Absonderlichkeit. Die Ägypter verzichteten im Gegensatz zu den Sumerern und Babyloniern auf jegliche Schaltung. Weil das 365-Tage-Jahr einen Vierteltag zu kurz ist, *wanderte* der Jahresbeginn mit seinem ersten Monat Thot (rückwärts) durch die tatsächlichen Jahreszeiten.

Die Ägypter benutzten also ein nur unvollkommen mit dem Sonnenjahr ausgeglichenes Mondjahr. Um dennoch den Zeitpunkt der Nilüberschwemmung exakt vorhersagen zu können, zogen sie weder Sonne noch Mond heran, sondern den Aufgang des hellsten Sterns am Himmel überhaupt: des Sirius (oder Hundsstern: daher unsere »Hundstage«) am Morgenhimmel am 19. Juli (heute: 4. August). An diesem Tag wurde das Neujahrsfest begangen – ein fixes Neujahrsfest in einem wandernden Jahr. Um 1310 v. Chr., zu Beginn der Regierungszeit der Ramessiden, fiel der Beginn des Monats Thot genau auf den Siriusaufgang, astronomisch ›richtiger‹ und konstruierter Kalender fielen also zusammen (was sich alle 1461 Jahre wiederholt: die sogenannte Sothisperiode, nach der ägyptischen Bezeichnung für den Sirius). Weil die ägyptischen Priester die astronomischen Zusammenhänge genau kannten, das zu kurze Jahr also keineswegs aus Unwissen akzeptierten, entwarfen sie gerade damals zur Feier des Ereignisses einen berühmten Kalender mit Kommentar zu jedem einzelnen Tag, der dem Gott Toth selbst zugeschrieben wurde. Das Werk ist in zwei Papyri in London und Kairo erhalten und von dem deutschen Ägyptologen Christian Leitz entschlüsselt worden.

Erst sehr spät, unter der Fremdherrschaft der Ptolemäer in Ägypten (also nach der Eroberung durch Alexander den Großen), wurde diejenige Reform vollzogen, die die Ägypter selbst ganz offensichtlich niemals wollten: die Angleichung an das wahre Sonnenjahr durch einen Schalttag alle vier Jahre. Dies geschah 238 v. Chr. unter Ptolemäus III. Euergetes (›dem Wohltäter‹). Zu den üblichen fünf zusätzlichen Tagen trat in jedem nächsten Jahr ein sechster hinzu. Schon kurze Zeit später machten die Priester die Reform jedoch wieder rückgängig – ob dabei bewusste Verschleierung astronomischen Wissens eine Rolle gespielt hat, wie vermutet worden ist, mag dahingestellt sein. Für kurze Zeit also gab es in Ägypten ein Sonnenjahr mit fixem Jahresbeginn, das unserem heutigen Kalender sehr nahe kommt, ja vermutlich diesem zugrunde liegt. Sein wichtigstes Kennzeichen ist das konsequente Abrücken vom Mond. Noch lange nämlich sollte dieser Mond den Kalender der großen Kulturvölker der alten Welt bestimmen.

Komplikationen mit dem Mond

Das wichtigste Beispiel stellt zunächst der jüdische Kalender dar, der sich konsequent an Psalm 104 des Alten Testaments hält, wo es in Vers 19 heißt: »Er hat den Mond [und nicht: die Sonne!] zur Bestimmung von Zeiträumen geschaffen.« Von daher stammt aller Wahrscheinlichkeit nach auch die Siebentagewoche. Während die Juden zunächst über eigene Traditionen der Zeiteinteilung verfügten, kam es im Zuge der babylonischen Gefangenschaft zur Übernahme dieses bedeutsamen Elements der Wochengliederung. Was heute als Beginn biblischer Geschichte erscheint: der Anfang der Genesis mit dem Sechstagewerk, in dem Gott die Welt erschafft (um am siebten Tag zu ruhen), ist in Wirklichkeit keinswegs das älteste überlieferte Gut, sondern das Ergebnis einer Überarbeitung des gesamten Pentateuchs durch Esra den Schreiber, datiert auf etwa 300 v. Chr. (also nach der babylonischen Gefangenschaft). Der älteste Beleg für die Siebentagewoche findet sich beim Propheten Ezechiel, der selbst zu den nach Babylon Verschleppten gehörte. Dort ist von einem Tor die Rede, das an sechs Tagen geschlossen bleiben, am Sabbat aber geöffnet werden soll (Ez 46,1). Man nimmt an, dass die Siebentagewoche mit den Mondphasen (zu jeweils 7,3827 Tagen) zusammenhängt, wenn nicht die Siebenzahl der Planeten, die die Tage benennen, die Anzahl festlegte. Das erste Viertel zählt von Neumond (also unsichtbarem Mond) bis Halbmond, das zweite von Halbmond bis Vollmond, das dritte von Vollmond bis Halbmond, das vierte von Halbmond bis wiederum Neumond. Auf jeden Fall war der jüdische Monat ein reiner Mondmonat von 29 oder 30 Tagen. Sein Beginn wurde durch Beobachtung festgelegt. Dafür existierte ein eigenes Priesterkollegium beim Hohen Rat am Jerusalemer Tempel, dem die neu erscheinende Sichel am Abendhimmel (das Neu*licht*, im Gegensatz zum unsichtbaren Neu*mond*) jeweils gemeldet wurde, worauf die offizielle Ausrufung des neuen Monats erfolgte.

Aber auch die Juden suchten einen Anschluss an die Jahreszeiten und damit eine Verrechnung des Mondjahres mit dem Sonnenjahr durch entsprechende Schaltung. Das Neujahrsfest beispielsweise wurde in ältester Zeit im Frühjahr gefeiert, zur Zeit der Fruchtreife: das Mazzotfest, das später mit dem Passahfest als Erinnerung an den Auszug aus Ägypten verschmolz. Verfrühte sich der Termin, weil das Mondjahr etwa elf Tage kürzer als das Sonnenjahr ist, drohte das Fest also *vor* die Fruchtreife zu fallen, war das Priesterkollegium befugt, das Fest in einer Art Ad-hoc-Schaltung um einen Monat hinauszuschieben. In der babylonischen Gefangenschaft lernten die Juden die astronomisch berechnete Schaltung kennen, die auf einem neunzehnjährigen Zyklus von 6940 Tagen beruhte. Darin waren Gemeinjahre zu 354 und 355 Tagen sowie Schaltjahre zu 383 und 384 Tagen enthalten. Auch die babylonischen Monatsnamen wurden übernommen. Aber dann folgten Komplikationen, die den jüdischen Kalender zum vielleicht kompliziertesten der Welt machten.

Diese Komplikationen beginnen wiederum mit dem Neujahrsfest. Während das althebräische Neujahrsfest ein Frühlingsfest war (zur Feier der Aussaat), wurde es wahrscheinlich unter dem Druck diesmal der syrischen Herrschaft im 2. Jahrhundert v. Chr. zu einem Herbstfest, genau: am 1. Tischri (zusammenfallend mit dem Sternbild Waage, ungefähr Mitte Oktober). Da jeder Monat als Mondmonat mit dem Neulicht beginnt, wird auch das Neujahrsfest (und zwar als einziges aller großen jüdischen Feste) zum Neulicht begangen. Nur durfte der Tag nicht auf einen Sonntag, Mittwoch oder Freitag fallen. Drohte dies einzutreffen, wurde das Neujahrsfest um einen Tag verschoben, das alte Jahr also um einen Tag verlängert. Damit kam die Schaltung durcheinander, und es ergaben sich sechs verschiedene Jahreslängen: vom verkürzten Gemeinjahr mit 353 Tagen bis zum überzähligen Schaltjahr von 385 Tagen. Natürlich fluktuierte das Neujahrsfest ebenfalls gegenüber dem Sonnenjahr. Vom Neujahrsfest aber waren alle anderen Feste abhängig, die als Vollmondfeste auch an Vollmond gefeiert werden mussten. Dabei gab es neue Komplikationen. Drohte der Vollmond im Frühlingsmonat, dem Termin des Passahfestes, auf einen Sonntag zu fallen, hätte das Passahlamm am Vortag, einem Sabbat, geschlachtet werden müssen, was verboten war. Deshalb wurde der nächstvorausgehende Monat zu 30 Tagen auf 29 Tage reduziert, womit die Schlachtung an einem Freitag stattfinden konnte, was wiederum den Schaltrhythmus veränderte.

Bei all dem sorgte schließlich die immer noch (aus kultischen Gründen) beibehaltene Beobachtung des Neulichts und damit die Festlegung des jeweiligen Monatsbeginns für Abweichungen. Erst unter dem Kalenderexperten Hillel um 30 v. Chr. setzte sich eine zyklische Berechnung gegen die Beobachtung mit ihren Unwägbarkeiten (allein aufgrund schlechter Witterung) durch, zumal die im Exil immer entfernter wohnenden jüdischen Gemeinden kaum noch rechtzeitig informiert werden konnten. Im 4. Jahrhundert n. Chr. kam es dann unter Hillel II. zur endgültigen Fixierung, die aber weiterhin die Orientierung am Mond beibehielt und damit zwangsläufig Komplikationen bei der Verrechnung mit dem Sonnenjahr produzierte. Insgesamt existierten zuletzt vierzehn Normalkalender. Das Neujahrsfest (Rosch ha-Schanah) wird am 1. und 2. Tischri gefeiert. Ihm folgt am 10. Tischri das Versöhnungsfest (Jom Kippur). Das Laubhüttenfest (Chag ha-Sukkot, auch Sukkotfest) als Erinnerung an die beim Auszug aus Ägypten benutzten Behausungen dauert vom 15. Tischri an neun Tage. Die Neueinweihung des Tempels unter den Makkabäern feiert das Chanukkafest vom 25. Kislew bis zum 2. Tewet. Das Purimfest am 14. Adar ist ein karnevalartiges Freudenfest im Gedenken an die Verhinderung von Judenverfolgungen durch Esther, die Gemahlin des Xerxes. Das Passahfest (Chag ha-Pesach, auch Chag ha-Mazot bzw. Mazzotfest) als Erinnerung an den Auszug aus Ägypten und Erwartung einer messianischen Restauration beginnt am 14. Nisan und kann nur noch auf Sabbat, Sonntag, Dienstag oder Donnerstag fallen, weil zwischen 1. Tischri und 15. Nissan immer dreiundzwanzig Wochen und zwei Tage liegen. Schließlich fällt das Wochen- oder Schawuotfest (Chag ha-Schawuot) als Fest der Weizenernte und der Erinnerung an die Gesetzgebung auf dem Sinai sieben Wochen nach Passah, am 6. und 7. Siwan. Dieser jüdische Kalender, der als Kultkalender bis heute Verwendung findet, stellt wohl den einmaligen Versuch dar, die im Alten Testament festgelegte Fixierung auf den Mond als Zeitmesser so weit wie möglich mit dem Sonnenjahr zu verrechnen. Die Komplikationen waren damit programmiert. Um diese zu vermeiden, boten sich zwei Wege an: Orientierung an Sonne *oder* Mond.

Letzteres liegt dem muslimischen Kalender zugrunde. Auch in diesem Fall gibt es kultische Gründe, die Mohammed selbst fixierte. In der 10. Sure des Korans heißt es, dass Allah den Mond dazu bestimmt hat, »dass ihr wisset die Anzahl der Jahre und die Berechnung der Zeit«. Der Monat ist also ein reiner Mondmonat und beginnt wie bei den Juden an dem Abend, an dem der neue Mond als Sichel am Himmel erscheint (als Neulicht). Zwölf Monate zu abwechselnd 30 und 29 Tagen bilden ein 354-Tage-Jahr, zu dem es ein Schaltjahr mit einem 30 statt 29 Tage langen letz-

ten Monat im Jahr gibt (in dreißig Jahren jeweils elf
Schalttage). Dabei liegt aber nicht die Überlegung zugrunde, das Mond- mit dem Sonnenjahr abzugleichen
(Schaltungen dieser Art sind in Sure 9,37 ausdrücklich als Brauch der Ungläubigen verboten), sondern
lediglich die einzelnen Tage mit dem Mondumlauf.
Während anfangs jeder Monat ebenfalls wie bei den
Juden durch Beobachtung festgestellt und dann aus-
gerufen wurde, brachte astronomische Berechnung einen Zyklus, der die Mondjahre voraussehbar machte.
Danach gibt es Schaltjahre mit jeweils 355 Tagen, wobei der zusätzliche Tag dem letzten Monat angefügt
wurde.

Dieses Mondjahr verliert jeden Kontakt mit dem
Sonnenjahr. Als Folge wandert nicht nur der Jahresbeginn (wie bei den Ägyptern), sondern auch das Neujahrsfest durch die Jahreszeiten, und zwar jeweils etwa
elf Tage rückwärts. Auf diese Weise kann es innerhalb
eines Sonnenjahres zu zwei Neujahrsfesten kommen
wie im Jahre 2008. Dann fällt das muslimische Neujahrsfest zuerst auf den 10. Januar, danach auf den
29. Dezember des gregorianischen Kalenders. Auch
die Jahre seit der Hedschra (dem Auszug Mohammeds
von Mekka nach Medina) am 16. Juli 622 n. Chr., mit
der die muslimische Zeitrechnung beginnt, laufen nicht
synchron zu den gregorianischen Sonnenjahren. 34
muslimische Jahre ergeben 33 gregorianische, sodass
vom Jahre 622 bis 2006 insgesamt 1384 gregorianische,
aber bereits 1426 muslimische verstrichen sind. Dieser
Kalender wird ebenso wie der jüdische bis heute als
kultischer verwendet. Muslime, die etwa in Deutschland leben und ihre Arbeitszeit nach dem hier gelten-
den gregorianischen Kalender richten, benutzen eine
Art Mischkalender. Darin sind die Freitage als Tage

des Freitagsgebets sowie die muslimischen Feiertage
ebenso wie die christlichen Sonn- und Feiertage ange-
führt. Im Jahr 2006 fiel das islamische Neujahr 1427
auf den 31. Januar.

Platon und die Realität

Der Blick auf die Kalender der frühen Hochkulturen
bis zu ihren Erben in historischer Zeit belegt nahezu
alle denkbaren Möglichkeiten der Konstruktion. Wie
bei einem Baukasten wurden aus den Elementen Sonne, Mond und Fixsterne Jahre gebildet, die der Orientierung in der ewig fließenden Zeit dienten. Nirgends
entstand ein perfekter Kalender, weil ein perfekter Kalender, der mit unperfekt aufeinander abgestimmten
Bauteilen arbeiten muss, nicht möglich ist. Als Platon
sich in seiner Weltentstehungslehre, wie sie im *Timaios*
entfaltet wird, mit dem Problem der Zeit befasste, sah
er dennoch keinen Grund zur Aufregung, im Gegenteil. Ihm war klar, dass sich die Jahreszeiten der Schief-
stellung der Erdachse zum Tier- oder Sonnenkreis verdanken. Darauf beruhe eben die Mannigfaltigkeit der
Dinge, das auf der Erde typische Werden und Verge-
hen. Der Himmel bot für Platon dagegen eine gleich-
bleibende Ordnung, das Vorbild für seine ewig unver-
änderlichen Ideen. Zwar vollzogen sich die Bewegungen nicht so, wie man es bei den Harmonien in der
Musik gewohnt war: als ganzzahliges Verhältnis (als
1:2 bei der Oktav, 2:3 bei der Quint usf.). Aber in langen Zeiträumen kehrten alle Bewegungen doch wieder
zu ihrem Anfangspunkt zurück und dokumentierten
damit perfekte Harmonie – nach dem platonischen
Jahr von 25 920 oder 25 806 Gemeinjahren.

Mit so viel Ruhe konnten Kalendermacher jedoch nicht an die Dinge herangehen. Für das klassische Griechenland berichtet Hesiod im 8. Jahrhundert in einem Buch über den Ackerbau von der Getreideernte beim Frühaufgang der Plejaden, der Aussaat beim Verschwinden der Plejaden in der Abenddämmerung. Später kam man zu einem Lunisolarjahr, bei dem das Sonnenjahr mit dem Mondjahr zu zwölf Mondmonaten verrechnet wurde. Dazu diente ein Zyklus von acht Sonnenjahren, die neunzehn Mondmonate enthalten, wobei die acht Sonnenjahre jeweils etwa 1,5 Tage zu lang sind. Zum Ausgleich schaltete man 90 Tage in acht Jahren zu je 30 Tagen im dritten, fünften und achten Jahr – ein reichlich komplizierter Kalender also mit derart unterschiedlichen Jahreslängen. Auch wenn sich Thales mit Kalenderfragen beschäftigt haben und in diesem Zusammenhang die Sonnenfinsternis vom 28. Mai 585 vorausgesagt haben soll: Eine wesentliche Verbesserung kam (vermutlich) erst mit dem Athener Meton, der mit dem Beginn im Jahre 432 v. Chr. einen neunzehnjährigen Zyklus einführte, der nach 219 Jahren nur einen einzigen Tag Abweichung produziert (235 Mondmonate passen fast genau in neunzehn Sonnenjahre). Dieser sogenannte Metonsche Zyklus sollte auch in christlichen Zeiten eine bedeutende Rolle spielen. Noch besser war freilich der sechsundsiebzigjährige Zyklus, den Kallipos 330 v. Chr. einführte. Nur galt keiner dieser Kalender überall, sondern ganz im Gegenteil: Die Stadtstaaten wahrten sich das Recht auf eine eigene Gestaltung. In der Folge gab es nicht nur erhebliche Abstimmungsprobleme etwa bei der Feier der Olympischen Spiele. In Griechenland wanderte auch das Neujahrsfest: diesmal nicht *durch* den Kalender, sondern *von* Kalender *zu* Kalender.

Auf andere Weise chaotisch war der vorjulianische Kalender in Rom. In den Zeiten des Königtums gab es ein Mondjahr, und zwar ursprünglich zu zehn Monaten (heute noch erkennbar am Dezember, der damals – nach lat. *decem* ›zehn‹ – der letzte Monat war), die wie im Judentum und im Islam auf Neulichtbeobachtung beruhten. Noch der merkwürdige Pluralbegriff der »Kalenden« als erster Tag des Monats, aus dem sich später der Begriff »Kalender« ableitete, belegt dies: *calendae* stammt von *calare* ›ausrufen‹. Die Nonen waren der neunte Tag vor den Iden, wenn man den ersten und letzten Tag mitzählt. Auch die Iden am 15. Monatstag beruhen ersichtlich auf dem Mondmonat, sofern *iduo* ›ich teile‹ bedeutet, die Iden also die Mitte des Monats bzw. den Vollmond anzeigen. König Numa Pompilius (um 700 v. Chr.) soll als Schüler des Pythagoras (was zeitlich nicht möglich ist, da dieser im 6. Jahrhundert v. Chr. lebte) den zehn Monaten zwei weitere hinzugefügt haben. Das Jahr begann weiterhin am 1. März, dem Dezember folgten Januar und Februar, Letzterer mit lediglich 28 Tagen. Die Monatslängen wechselten ansonsten zwischen 29 und 31 Tagen, blieben also annähernd Mondmonate. Nach einer Reform um 450 v. Chr. folgte alle zwei Jahre dem Februar ein Schaltmonat zu 22 bzw. 23 Tagen, um mit dem Sonnenjahr in Einklang zu bleiben, und zwar nach dem Fest der Terminalia am 23. Februar (also nicht am *Ende* des Februars). Dabei bildete sich ein vierjähriger Zyklus mit 355, 378, 355 und 377 Tagen.

Auch diese Lösung erwies sich als zu ungenau, wich in vier Jahren um vier Tage vom wahren Sonnenjahr ab. Weil die Priester als zuständige Wahrer des Kalenders nicht nur ad hoc, sondern auch äußerst kurzfristig (und gelegentlich wohl nicht ohne politische Hinterabsichten, um etwa ein Konsulat zu verlängern oder zu verkürzen) eingriffen, stellte sich ein Chaos ein, bei dem Cicero einmal brieflich notiert, dass er nicht wisse, an welchem Tag er gerade schreibe.

Vor diesem Hintergrund wird deutlich, welche Leistung in jenem Kalender steckt, den Caesar im Jahre 46 v. Chr. ausarbeiten ließ und zum 1. Januar 45 v. Chr. einsetzte. Wohl niemals sonst ist ein Kalender binnen zweier Monate ausgetüftelt und für ein Weltreich verbindlich gemacht worden. Und dies angesichts der Notwendigkeit, drei Schaltmonate zu insgesamt neunzig Tagen einzuschieben, die das Jahr 46 v. Chr. zum (letzten) ›Jahr der Verwirrung‹ (*annus confusionis*) machten. Mit nur geringfügigen Änderungen wurde er der Kalender Europas in der Neuzeit und ging schließlich über in den Kalender aller Völker dieser Erde, vielleicht für alle Zeiten. Zwei Monate gegen allein bis heute zwei Jahrtausende: Wie ist dieses unglaubliche Verhältnis zu erklären? Natürlich bildet *eine* Grundvoraussetzung die Unzufriedenheit der Römer mit ihrem vorjulianischen Kalender. Die zweite liegt in der Biographie Caesars begründet, in den Monaten zwischen Ende Juli und Anfang November 46 v. Chr.

Ein Kalender in Rekordzeit

Als Caesar am 25. Juli nach Rom zurückkehrte, lagen beispiellose Siege hinter ihm. Zwei Jahre zuvor hatte er im größten Bürgerkrieg der römischen Geschichte bei Pharsalos in Nordgriechenland Pompeius geschlagen, ihn bis nach Ägypten verfolgt, wo man ihm dessen Haupt überreichte. Kriege in Ägypten und Nordafrika waren erfolgreich verlaufen. Insgesamt hatten sich seit der Niederwerfung der Gallier vier Siege angehäuft, den über Pompeius (als Sieg in einem Bürgerkrieg) nicht gerechnet. Der Lohn in Rom war die Ernennung zum Diktator für zehn Jahre. Für die obligatorischen Triumphe bot die Stadt alles auf, was sich an Pomp ausdenken ließ. Sueton, Caesars antiker Biograph, berichtet von Massenaufläufen, in denen Menschen beim Gedränge die Luft zum Atmen ausging, sodass sie erstickten. Genau danach folgt der Satz: »Hierauf nahm er die Neuordnung des Staates in Angriff. Er verbesserte den Kalender, der seit langem durch Schnitzer der Priester, die willkürliche Schalttage einschoben, so durcheinander geraten war, dass weder die Erntezeit in den Sommer noch die Weinlese in den Herbst fiel.« Der Kalender stand demnach an der Spitze von Reformen, bei denen heutige Historiker eine andere Reihenfolge ausmachen: Versorgung der Veteranen mit italischem Grundbesitz, Volkszählung zur Neuregelung der unentgeltlichen Versorgung mit Getreide, Kolonialisierungspläne für Teile des Proletariats, Ordnung der Bewirtschaftung der großen Güter, Neufassung der Straf- und Zivilprozesse, Gesetz zur Ausübung einer Statthalterschaft nach der Tätigkeit als Prätor und Konsul – und dann erst der Kalender. Ob man nun wie Sueton oder wie ein moderner Historiker berichtet: Der neue Kalender fällt jedenfalls in das umfassende Reformwerk eines Mannes, der als Diktator ein Weltreich begründen wollte.

Warum dazu eben auch der Kalender gehört, klingt bei Sueton überzeugend an, auch wenn wir ansonsten nichts Näheres wissen: die Beseitigung des Chaos, die Schaffung von Ordnung. Ein Nebenaspekt scheint keine große Rolle gespielt zu haben. Caesar war außer Diktator auch Pontifex maximus (seit 63 v. Chr.) und damit für Kalenderfragen formal zuständig. Wenn es zutrifft, wie einige Quellen berichten, dass er die sakrale Stellung liebte und vor dem Volk zu betonen pflegte, könnte der Kalender ihm dazu gedient haben, sich nicht nur als Feldherr und Politiker, sondern auch als ziviler Wohltäter zu präsentieren. Auffällig ist jedenfalls, dass Caesar den Kalender in ausgesprochen verfassungsmäßiger Form durchsetzte: per Edikt, Senatsbeschluss und Volksgesetz. Trotzdem entstand wohl der erste Witz über den Kalender als Kritik an seiner Einführung. Cicero, der alte Gegner Caesars, soll auf die Bemerkung eines Beamten, morgen gehe das Sternbild der Lyra auf, erwidert haben: »Ja, nach Edikt.« Caesar kann davon nichts mitbekommen haben, weil er überhaupt die Einführung des Kalenders in Rom nicht miterlebte. Anfang November ging er nach Spanien, um den Bürgerkrieg mit dem Sieg über die Söhne des Pompeius abzuschließen. Im Oktober 45 v. Chr. kehrt er nach Rom zurück, wird Diktator auf Lebenszeit und genießt göttliche Verehrung. Ein halbes Jahr später, an den Iden des März, also am 15. März, wird er ermordet. Der Kalender war gut ein Jahr alt, eines der bedeutendsten Ereignisse der Weltgeschichte wurde also von Anfang an richtig datiert.

Worin lag die Überlegenheit dieses Kalenders? Die Antwort lautet: in seiner (relativ) klaren Art, das Sonnenjahr in Monate zu teilen. Statt die Monate von dem abzuleiten, woher sie stammen, also vom Mond, gibt der julianische Kalender den Mondmonat im Grunde auf, nimmt nur noch seinen Namen vom Mond für im Prinzip willkürliche Einheiten von 28 bis 31 Tagen. Damit konnten die zwölf Monate erstmals (fast) vollständig ins Jahr integriert werden. Die Feinjustierung erfolgte nicht durch Schaltung von zusätzlichen Monaten, sondern durch Schaltung eines einzigen Tages innerhalb von vier Jahren. Der Jahresbeginn lag dabei schon seit 153 v. Chr. auf dem 1. Januar als dem Termin, zu dem die neuen Konsuln ihr Amt antraten. Eine kleine Unklarheit bezieht sich auf den Rhythmus der 30- bzw. 31-Tage-Monate. Man muss dazu wissen, dass im Jahr nach der Einführung des neuen Kalenders zu Ehren Caesars der Monat *quintilis* auf *iulius* (also den Gentilnamen Caesars) umbenannt wurde. Weil man die Schalttage jedoch fälschlicherweise nicht *in*, sondern *nach* jedem vierten Jahr vornahm, war sehr bald eine Korrektur notwendig. Als Augustus sie 8 n. Chr. durchführte, änderte man auch zu Ehren dieses ›Reformators‹ einen Monatsnamen: Aus dem alten *sextilis* wurde *augustus*, unser Monat August. Einer Anekdote zufolge soll Augustus es nicht ertragen haben, dass ›sein‹ Monat einen Tag kürzer sei als derjenige Caesars. Der Senat habe daraufhin die Änderung vorgenommen, also den ursprünglich wohl regelmäßigen Rhythmus von 30- und 31-Tage-Monaten gestört und den hinzugekommenen Tag dem Februar abgezogen (der also ursprünglich 29 bzw. 30 Tage gehabt haben muss). Wie auch immer es sich abgespielt hat – die Quellen lassen uns im Stich –, seit Augustus hat der julianische Kalender die uns bekannte Form.

Zwei Unregelmäßigkeiten sind dabei nicht zu übersehen: Erstens das Zusammenstoßen der beiden Monate Juli und August zu je 31 Tagen, das sich Kinder stets an den Knöcheln ihrer nebeneinandergelegten Fäuste merken (bei denen, von links nach rechts gezählt, jeweils der Knöchel für die 31, das Tal für die 30 steht). Und zweitens der überkurze Februar, der mit seinen 28 bzw. 29 Tagen als einziger Monat an die Anzahl der Tage des Mondmonats erinnert (wie im vorjulianischen

Kalender). Übrigens lag der Schalttag immer noch
nach dem 23. Februar, sofern der 24. Februar nun doppelt gezählt wurde: der berühmte *bissextus* bzw. *bissex-*
tilis als sechster Tag vor den Kalenden des März (worauf die französische Bezeichnung *bisextile* für das
Schaltjahr zurückgeht).

Entscheidend aber war, dass das neue Jahr ein reines
Sonnenjahr wurde, mit künstlichen Monaten und nicht
zuletzt einem künstlichen Beginn. Andererseits gibt
es einen seltsamen Rückfall. Der erste Jahresbeginn
im neuen Kalender überhaupt (also der 1. Januar 45
v. Chr.) fiel wohl kaum ohne Grund auf einen Neumond, sondern war wohl nach der Verabschiedung des
Mondes eine letzte Reverenz an ihn. Fortan aber lag
der 1. Januar und jeder andere Tag des Jahres jedenfalls
auf der (fast) gleichen Stelle der Bahn, auf der sich die
Erde um die Sonne dreht (dem sogenannten tropischen
Jahr, das von einem Frühlingsbeginn zum nächsten
dauert, während die wahre Rotationsdauer der Erde
um die Sonne, das siderische Jahr, 0,014 Sekunden länger ist). Damit blieb der Kalender stabil hinsichtlich
der Jahreszeiten. Oder mit Suetons Bemerkung zu
Caesars Reform: Die Ernte fiel nun stets in den Herbst.

Ist nun der julianische Kalender insgesamt unser
heutiger Kalender? Dies ist nicht der Fall, und zwar in
drei wichtigen Punkten. (1) Der römische Kalender
legte nicht eine Sieben-, sondern eine Achttagewoche
zugrunde, die keinen Ruhetag in unserem Sinne kannte. Der erste der acht Tage, die wie unsere Woche auch
über Monats- und Jahresende hinweglief, war Markt-
tag, an dem nicht gearbeitet wurde und auch keine
Volksversammlungen stattfanden, um den Markt nicht
zu stören. (2) Die nächste Abweichung ergibt sich aufgrund der Tageszählung. Die Römer kannten drei Fix-

punkte im Monat: die Kalenden für den ersten, die Nonen für den fünften oder siebten und die Iden für den dreizehnten oder fünfzehnten Tag. Von diesen Tagen wurde jeweils rückwärts gezählt. Der 31. Dezember war also der Tag vor (*pridie*) den Kalenden des Januar, der 30. Dezember der zweite Tag zuvor usf. (3) Schließlich bezieht sich die stärkste Abweichung auf den Tagescharakter selbst, auf die Gestaltung von Fest oder Alltag. So gab es feststehende und bewegliche Feste, Feiertage verschiedenen Ranges sowie weitere Feinheiten. All dies – d. h. die Ausfüllung des Kalenders – ist *nicht* übernommen worden. Schon im 3. Jahrhundert nach Christus dringt unter jüdisch-christlichem Einfluss die Siebentagewoche vor, die Konstantin der Große im Jahre 321 dauerhaft installierte. Vor allem aber: Der gesamte römische Festkreis wird abgelöst durch das liturgische Jahr mit seinen Herrenfesten, den Marien- und Engelfesten und nicht zuletzt den vielen Heiligenfesten, nach denen jeder Tag datiert wurde. Nur *ein* Fest aus dem römischen Kalender blieb letztlich erhalten: das Neujahrsfest.

Allerdings war die Absetzung gegenüber dem heidnischen Jahr so groß, dass die christlichen Gemeinden nur selten den 1. Januar als Jahresbeginn weiterführten. Viel verbreiteter war das Weihnachtsfest, das Fest der Fleischwerdung (Inkarnation) Jesu am 25. Dezember. Vor allem in Deutschland und in den deutschsprachigen Ländern dominierte dieser sogenannte Weihnachtsstil bis ins 16. Jahrhundert, nachdem er im karolingischen Reich europaweit fast ausnahmslos gegolten hatte. In Italien, zeitweise auch in England, nahm der 25. März diesen Platz ein, der Tag von Mariä Verkündigung, der – neun Monate vor Weihnachten – als Tag der Empfängnis galt (Annunziationsstil). Besonders problematisch war der Jahresbeginn mit dem Ostersonntag, der mit dem Erlösungswerk Christi theologisch wohlfundiert war, aber den großen Nachteil des beweglichen Festes hatte. Diesem sogenannten Paschalstil folgte vor allem Frankreich. Nur sporadisch taucht der 1. März auf, der alte vorjulianische Termin, der noch lange in der Republik Venedig herrschte, sowie der byzantinische Jahresanfang am 1. September. Der 1. Januar wurde als Fortsetzung des römischen Neujahrsfestes auf dem Konzil von Tours 567 sogar ausdrücklich verboten. Wo dieser Termin dennoch als Jahresanfang galt, lag programmatisch ein anderes Fest zugrunde: das der Beschneidung (*circumcisio*) des Herrn, das im Kirchenjahr auf die Woche nach Weihnachten fiel (Zirkumzisionsstil). Der Grund für diesen Termin lag wohl darin, dass man in Rom den 1. Januar nie vergessen hatte. So taucht er denn im römischen und kanonischen Recht, eher selten auch andernorts auf wie in Deutschland, wo man Neujahr auf diese Weise 1313 in Münster beging oder in Frankfurt immerhin zwischen 1338 und 1484.

Ein Geburtsfehler und seine Behebung

Der größte Vorteil des julianischen Kalenders aber lag darin, dass er stabil blieb hinsichtlich der Jahreszeiten. Fast! Denn diesen Geburtsfehler hatte das julianische Jahr eben doch: Es war 11 Minuten und 14 Sekunden (oder 0,0078 Tage) zu lang. Auch in diesem Punkt wissen wir nicht genau, wie es dazu gekommen ist. Caesar hatte als Sachverständigen einen guten Kenner der Probleme engagiert: Sosigenes, einen griechischen Astronomen, der in Alexandrien lebte. Viel spricht dafür, dass Caesar ihn bei seinem ägyptischen Aufenthalt kennenlernte und entweder nach Rom mitbrachte oder ihn dorthin holen ließ. Sosigenes muss jedenfalls sowohl die besten ägyptischen wie die besten griechischen Traditionen beherrscht haben. Aus Ägypten stammt der künstliche Monat und vor allem der Schalttag. Aus Griechenland (Meton) die genaue Kenntnis der Jahreslänge. Ob Sosigenes Caesar informiert oder den Fehler aus Gründen der einfachen Handhabung bewusst in Kauf genommen hat: Er pflanzte sich fort und verursachte genau das, was der julianische Kalender vermeiden sollte. Seit dem Spätmittelalter ertönte deshalb der Ruf nach einer neuerlichen Reform. Der Grund lag allerdings nicht in den Jahreszeiten als solchen – auch nach über tausend Jahren war der Fehler nicht groß genug, um die Ernte außerhalb des Herbstes fallen zu lassen –, sondern in den Konsequenzen für die Berechnung des Osterfestes. Dafür war die Tagundnachtgleiche im Frühling entscheidend, die beim Konzil von Nizäa auf den 21. (statt des julianischen 25.) März festgelegt worden war. Inzwischen lag dieser Termin aber ganze zehn Tage später, womit zahlreiche Osterfeste falsch, d. h. nicht nach dem ersten Vollmond nach der Tagundnachtgleiche, gefeiert wurden. Das Ergebnis ist allgemein bekannt. Gregor XIII. verbesserte den julianischen Kalender, indem er im Jahre 1582 von Donnerstag, dem 4., auf Freitag, den 15. Oktober sprang und gleichzeitig die Schaltregel verbesserte. Zwar ist das Jahr damit nun zu kurz (genau: 26 Sekunden), nur summiert sich dies erst nach über 3000 Jahren zu einem einzigen Tag. Der aktuelle byzantinische Kalender hat dies bereits berücksichtigt und ist damit genauer als der gregorianische. Für diesen gibt es den Vorschlag, alle 3200 Jahre den Schalttag wegzulassen.

Die gregorianische Reform erscheint wie ein Handstreich nach der Art der julianischen. Tatsächlich fand damals jedoch eine jahrhundertelange Diskussion ihren Abschluss. Schon Beda Venerabilis war im 8. Jahrhundert klar geworden, dass der Kalender einen Fehler enthielt: Beda wusste ebenfalls, dass damit unkorrekte Ostern programmiert waren. Wenn der Frühlingsvollmond nach einer falschen Tagundnachtgleiche berechnet wurde, konnten Ostertermine herauskommen, die nicht dem astronomischen Frühlingsvollmond entsprachen. Dies war dann auch sehr bald der Fall. Im Grunde gab es die Alternative, entweder die Jahreslänge zu korrigieren oder die Frühlingstagundnachtgleiche (nach den tatsächlichen astronomischen Bedingungen) ›wandern‹ zu lassen. Aber ein Jahr, in dem sich auf Dauer die Jahreszeiten verschoben hätten, galt als völlig unakzeptabel. Zu stark hatte sich seit Caesar das Sonnenjahr durchgesetzt. So blieb nur die andere Alternative: die Korrektur der Jahreslänge. Weil klar war, dass damit überzählige Tage gestrichen, eine ganze Anzahl von Tagen schlicht übersprungen werden mussten, schreckte man lange zurück, um keine Kirchenspaltung zu provozieren. Die Gelehrten jedoch drängten: Roger Bacon im 13. Jahrhundert, Nikolaus von Kues sowie Johannes Müller, genannt Regiomontanus, im 15. Jahrhundert. Daneben befassten sich Konzilien mit der Frage: das 4. Laterankonzil 1215, das Basler Konzil 1437, das 5. Laterankonzil 1512 und das wichtigste Konzil der beginnenden Neuzeit überhaupt: das Trienter Konzil 1545 bis 1563. Aber die ›politische‹ Begründung (drohende Spaltung) behielt die Oberhand, noch in der letzten Sitzung des Trienter Konzils erfolgte die Entscheidung für Vertagung.

Daneben spielte eine Rolle, dass man bei einer Reform keine neuen Fehler machen wollte, also genaue astronomische Kenntnisse brauchte. Lange Zeit stritten die Gelehrten, selbst Kopernikus hielt die Zeit für verfrüht. Aber am Ende des 16. Jahrhunderts waren die Kenntnisse da, zu den Befürwortern gehörte (der protestantische) Johannes Kepler. Vielleicht hat den Ausschlag gegeben, dass im Jahre 1596 der dritte 532-jährige Osterzyklus (s. Karfreitag) zu Ende ging, der folgende vierte also erstmals korrekt sein sollte. Ein Mathematiker mit dem Namen Luigi Giglio organisierte auf schonendste Weise die Durchführung der Reform: Ausfall von zehn Tagen, neue Schaltregelung (um nicht erneut einen Fehler zu programmieren) sowie eine vereinfachte Methode zur Berechnung des Ostertermins (des *computus paschalis*).

Wie aber setzte sich der gregorianische Kalender und mit ihm der 1. Januar als Jahresbeginn durch? Natürlich spielten dabei die Konfessionen eine entscheidende Rolle. Während die katholischen Länder dem päpstlichen Gebot folgten, weigerten sich die protestantischen oft wider besseres Wissen, den neuen Kalender anzunehmen. Vor allem im gespaltenen Deutschland herrschten lange Zeit chaotische Verhältnisse. Italien, Polen, Portugal, Spanien (und die Kolonien der beiden Letzteren in Lateinamerika) bildeten die Spitze, gingen 1582 vom 4. zum 15. Oktober über. Frankreich und die katholischen Niederlande zogen noch im selben Jahr im Dezember nach. Die Länder des katholischen Deutschland sowie die katholische Schweiz folgten 1583 (zwischen Oktober und November an verschiedenen Terminen), Böhmen und Österreich 1584, Ungarn 1587. Im 17. Jahrhundert wechselte das Herzogtum Preußen (1610), weiterhin kamen kleinere Regionen bzw. einzelne Städte wie etwa Straßburg hinzu. Dann schlossen sich 1700 auch das protestantische Deutschland (Übergang vom 18. Februar zum 1. März), Dänemark samt Färöer-Inseln und Island sowie die protestantischen Niederlande an. Großbritannien samt Kolonien folgte 1752, Finnland und Schweden 1753. Im 18. Jahrhundert stellten auch noch Nachzügler aus katholischen Ländern wie Florenz und Pisa um (jeweils 1749).

Damit bot Europa ein durchweg einheitliches Bild. Im späten 19. Jahrhundert folgte Japan (1872). Ein letzter Umstellungstermin fällt ins frühe 20. Jahrhundert: China 1912, Russland 1918, Jugoslawien 1919, Rumänien 1920, Griechenland 1923, die Türkei 1927, Ägypten 1928. Nicht gerechnet sind die großen Kalenderrevolutionen, die kurzfristig aus dem gregorianischen Kalender ausscherten: Frankreich in den Jahren 1793–1806 (s. 22. September), Italien 1922–43 und Sowjetunion 1929–40. Trotz Umstellung auf den gregorianischen Kalender konnte der Jahresbeginn aber immer noch vom 1. Januar abweichen. Dies war beispielsweise bis 1797 in Venedig der Fall, wo man beim 1. März blieb. Nur nebenbei sei bemerkt, dass sich aus dem Nebeneinander der Kalender Datierungskuriosa ergeben können. Karl der Große wurde eigentlich nicht – wie jeder in der Schule gelernt hat – Weihnachten 800, sondern (nach dem damaligen Jahresanfang) 801 zum Kaiser gekrönt. Die russische Oktoberrevolution vom 26. Oktober 1917 fand (nach dem eigenen, nämlich julianischen, Kalender) am 8. November statt.

Neujahr

oder: Von Friedenssehnsucht
und Dämonenaustreibung

Janus, der Gott mit den zwei Gesichtern

Die vielleicht schönste dichterische Behandlung des
Kalenders stammt bereits aus der Antike: Ovids *Fasten*. Mit spielerischer Souveränität erklärt der Autor
die römischen Feier- und Arbeitstage (die *dies nefasti*
und *dies fasti*, die dem Werk den Namen gegeben haben). Leider ist nur die erste Hälfte des Jahres fertig
geworden, wohl auch eine Folge der noch immer rätselhaften Verbannung des einstigen Freundes von Kaiser Augustus in die Provinzstadt Tomi am Schwarzen
Meer. Denn Ovid nahm 8 n. Chr. das Werk ebenso mit
wie seine *Metamorphosen*, feilte auch weiter am ersten
Teil, ließ den zweiten aber liegen. Weil das römische
Jahr mit dem 1. Januar begann, beginnen auch die *Fasten* mit diesem Tag, der dem Gott Janus geweiht ist.
Mit ihm selbst führt Ovid ein fiktives Gespräch und
lässt sich alles Wissenswerte gewissermaßen aus erster
Hand berichten.

Janus mit dem Doppelhaupt also, der als einziger
Gott auch das sieht, was hinter ihm geschieht – einzig
in der Antike auch insofern, als in diesem Fall einmal
nicht die Griechen das Vorbild stellten. So hören wir
denn, dass Janus der Gott des Chaos ist, der formlosen
Masse – deshalb die Ununterscheidbarkeit von Vorne
und Hinten. Nach der Erschaffung des Weltalls wurde
er dessen Türhüter: als Bewahrer des Ein- und Aus-

gangs, woher sein Name stammt (*ianua* ›Haustür‹, *ia-nus* ›Torbogen‹). Die Doppelgesichtigkeit ist also letzt-lich von dieser Tür genommen, die nach zwei Richtun-gen schaut – wie das Jahr an seiner Wende vom alten zum neuen. Ein Wendepunkt, angesichts dessen Ovid die treuherzige Frage einfällt, warum dieser unbedingt im Winter liegen müsse, in der Zeit der Kälte, wo der Frühling doch passender wäre. Die Antwort lautet: Der 1. Januar bezeichne die Wintersonnenwende, das Jahr beginne mit der (wieder) zunehmenden Sonne. Dies ist nicht ganz korrekt gerechnet, weil auch die Römer wussten, dass die Wintersonnenwende schon einige Tage früher liegt, am 25. Dezember, der später sogar als Tag des *Sol invictus* ein Feiertag der Sonnen-wende wurde (s. Weihnachten). Dazu äußert sich Janus jedoch nicht, und Ovid hakt nicht weiter nach.

Dafür stellt er andere interessante Fragen, die uns ei-niges davon mitteilen, wie die Römer den 1. Januar fei-erten. Überraschend sogleich, dass dieser Tag kein Fei-ertag (*nefas*), sondern ein Wochentag (*fas*) war, wozu Janus den verblüffenden Grund angibt, dass man das Jahr nicht schon am ersten Tag in Untätigkeit verbrin-gen solle. Andererseits ist am Festcharakter des 1. Ja-nuars nicht zu zweifeln, sofern man sich gegenseitig frohe Wünsche übermittelte und Geschenke machte: besonders in Form von Datteln, Feigen und Honig. Dies erklärt Janus aus der Süßigkeit der Früchte, die die Annehmlichkeit des Jahres garantieren sollten. Als Ovid weiter nachfragt, warum man denn auch Geld schenke, erfährt er etwas über die schon damalige Um-stellung aller Werte auf den schnöden Mammon, die der Gott wortreich bedauert.

Unter den allerlei weiteren Erörterungen, die sehr speziell ausfallen (u. a. wird die Bedeutung des Janiculum-Hügels aus dem Namen Janus abgeleitet), erscheint uns diejenige nach dem Tempel des Gottes am interessantesten. Der nämlich ist in Friedenszeiten geschlossen, in Kriegszeiten geöffnet. Janus erklärt, dass die Öffnung im Krieg mit dem Wunsch nach der Rückkehr der ausgezogenen Truppen zusammenhänge, während die Schließung im Frieden dazu beitragen solle, dass dieser nicht entweiche. Mit einem Lob des Friedens endet denn auch das Kapitel. Neben Arbeit ist Friede also das Stichwort zum Jahresbeginn, ein durchaus nüchterner Start. Davon sollte sich der 1. Januar in christlichen Zeiten erheblich unterscheiden.

Von Rau- und Klopfnächten, Bleigießen
und anderen Wunschträumen

Sofern nämlich der 1. Januar als Jahresbeginn gewählt wurde, schloss er an die wilderen Formen einer Feier der Wintersonnenwende an. Dem christlichen 1. Januar stecken gewissermaßen die römischen Saturnalien in den Knochen: das Fest des Umsturzes, das nicht mehr im Dezember gefeiert wurde, sondern nun besonders zwischen Weihnachten am 25. Dezember und Epiphanie am 6. Januar. So ungewohnt die Nähe von Weihnachten und saturnalischer Feier erscheinen mag, im Brauchtum hat sich dies (zum Teil bis heute) erhalten. Nacht für Nacht zogen ganze Trupps mit Lärminstrumenten und Vermummung durch die Straßen, um in der Dämonengestalt den Dämonen Paroli zu bieten. Auch Feuer wurden entzündet, die mit ihrem Rauch wahrscheinlich den Raunächten (nach der alten Rechtschreibung noch wesentlich klarer: Rauhnächten) den Namen gegeben haben. In der St.-Martins-Nacht am

11. November begann der Spuk, der sich heute so
ganz anders als harmloser Fackelumgang der Kinder
darstellt. Er zog sich hin über St. Nikolaus am 6. Dezember, St. Luzia am 13. Dezember (der im Mittelalter
übrigens als kürzester Tag des Jahres galt), weiter über
St. Thomas am 20. Dezember bis zur Silvesternacht
am 31. Dezember und führte schließlich bis zum 6. Januar.

Diese Form der saturnalischen Ausgelassenheit ging
im Spätmittelalter auf den Karneval über, aber der
1. Januar hat noch einiges davon bewahrt, obwohl die
Kirche kräftig dagegenhielt. Sie feierte am 1. Januar
den Oktavtag von Weihnachten, den letzten Tag der
Fest*woche*, die jedes große Fest erhält, und besetzte
ihn mit dem Gedenken an die Gottesmutterschaft Mariens. Gleichzeitig wird (nach Lk 2,21) die Beschneidung und Namengebung Jesu begangen. Aber damit
war der alte Charakter des Tages nicht zu bändigen.
Wenigstens in der vorangehenden Nacht behielt der
Spuk bis heute sein Recht. Auch wenn dabei kaum
noch jemand an Dämonen denkt: Das laute Fest zeugt
noch von ihnen.

Lärm also zur Vertreibung des Bösen, um Platz zu
machen für das Gute, für ein fruchtbares neues Jahr.
Zu diesem Aspekt von Neujahr tritt ein weiterer,
ebenso abergläubischer wie der erste. Die Grundidee
liegt darin, dass der Anfang das Spätere in sich enthält.
Daher die besondere Rolle der zwölf Tage, die als Vor-
boten der folgenden zwölf Monate ›gelesen‹ wurden
(in Russland bis heute als die *swjatki* bekannt). Wie an
jedem einzelnen Tag das Wetter war, so sollte es in den
folgenden Monaten werden, um mit dem Harmloses-
ten zu beginnen. Ganz allgemein aber ist die Zeit der
Jahreswende Orakelzeit. Die Prediger des Mittelalters

überliefern in ihren Ermahnungen das, was überall
verbreitet war. Wer sich in diesen Nächten an einem
Kreuzweg auf eine Ochsenhaut setzt oder sich mit einem Schwert umgürtet, könne in die Zukunft schauen,
heißt es bei Burchard von Worms im 11. Jahrhundert.
Auch vom Dach aus lässt sich in die Zukunft schauen,
weiter hilft der Blick in den Schornstein oder ins
Schlüsselloch. Wer so schlichten Umständen misstraut,
kann in der Silvesternacht mit dem Daumen an beliebi-
ger Stelle die Bibel aufschlagen (›däumeln‹) und findet
prompt das Passende für sich. Auch Träume seien in
dieser Zeit von besonderer Art, da sich erfülle, was der
Träumer ›sieht‹. Man kann aber auch der Zukunft
nachhelfen, indem man seinen Tisch mit Gaben über-
häuft, um das ganze Jahr im Überfluss zu leben.
Schicksals- oder Glücksfrauen waren in diesem Fall
zuständig, von denen auch ein Name überliefert ist:
derjenige der ›Frau Percht‹, nach der in einer althochdeutschen Glosse gefundenen *giperahta naht* für ›leuch-
tende Nacht‹, das heißt: Weihnachten. Dazu passt es,
dass man sich wie in römischen Zeiten gegenseitig Geschenke machte, um das Glück zu zwingen. Sebastian
Brant prangert in seinem *Narrenschiff* von 1494 den
Aberglauben an, dass es mit dem ganzen Jahr nichts
werde, wenn man sich nicht entsprechend beschenkt
habe.

Am beliebtesten aber ist ein Orakel geblieben, das
wohl als letztes auch heute noch in der Silvesternacht
praktiziert wird: das Bleigießen. Schon Thomas von
Aquin behandelt den Brauch im 13. Jahrhundert in seiner *Summa theologiae* (II,II 95,3) an durchaus wichtiger Stelle. Er erwähnt das Bleigießen unter den Formen des Aberglaubens nämlich als Beispiel dafür, dass
auch bei scheinbar harmlosen Betätigungen dieser Art

der Teufel im Spiel sei, weil nun einmal ohne diesen
keine ›Wunder‹ zustande kommen: der berühmte im-
plizite Teufelspakt. Er sei nur wenig besser als der ex-
plizite, den später zum Beispiel Faust eingeht. Im Falle
des Bleigießens erscheint dies als eine harte Auslegung,
wenn man etwa im *Journal von und für Deutschland*
aus dem Jahre 1787 liest, um welche Art von Magie es
sich dabei handelt: »Will ein Bürgermädchen wissen,
was sein künftiger Gatte für ein Handwerk treibe, so
lässt es in der Andreasnacht Bley in einem Löffel zer-
schmelzen, und gießt das Geschmolzene durch einen
Schlüssel, in dessen Bart ein Kreutz ist, in Wasser, das
des Nachts zwischen 11 und 12 Uhr gehohlt worden
ist. Macht nun hier das gegossene Bley die Form einer
Scheere, so bekommt das Mädchen einen Schneider,
bildet es eine Schusterahl, so wird es einem Schuster
zu Theil werden usf.« Immerhin erscheint diese Methode mehr zu versprechen, als wenn man Eier in ko-
chendes Wasser wirft, um aus der Form des geronne-
nen Eiweißes die Zukunft abzulesen. Auch Talg oder
Wachs, in Wasser geträufelt, dürfte nicht halb so mar-
kante Gebilde produzieren wie eben Blei.
   Wer sich auf all dies nicht einlässt, muss trotzdem
nicht ganz frei von neujährlichem Aberglauben sein,
sofern man sich an die Praxis als solche hält und das
mangelnde Wissen um die Bedeutung nicht als Ent-
schuldigung gelten lässt. Neujahr nämlich ist die Zeit
des besonderen Backens bzw. Gebäcks. Burchard von
Worms rügt den Aberglauben, dass künftiges Wohler-
gehen daran abzulesen sei, wie gut der Teig für das
Brot in der Silvesternacht aufgehe. Dass Neujahrsbrot
glückverheißend sein soll, war im Mittelalter überall
verbreitet und gehört zu den abergläubischen Praktiken, die noch von den Reformatoren aufs Korn ge-

nommen wurden. Dabei gab es ausgesprochen spezielle Formen des Glücks, wenn etwa vom Genuss des
Neujahrsbrotes später der Rücken beim Fruchtschnei-
den nicht schmerzen werde, wie es aus Nassau überliefert wird. In einer preußischen Chronik des Jahres
1397 liest man von dem etwas weniger abergläubischen
Brauch, die Nachbarn mit Neujahrsgebäck freundlich
zu stimmen. Um den Charakter des Besonderen her-
vorzuheben, formt man das Brot bzw. das Gebäck zu
Kränzen, Wecken, Schnecken oder (am Dreikönigstag)
Sternen – noch die Nürnberger Lebkuchen sollen darauf zurückgehen. Aber der Aberglaube dominiert doch
allenthalben. Gebäck bzw. dünne Kuchen werden in
bestimmten Formen hergestellt, die beim ›Glücksgrei-
fen‹ Zukünftiges enthüllen. Selten waren dagegen die
Brezeln, die ursprünglich in die Fastenzeit gehören
und Volkskundler früher zu mehr oder weniger tief-
sinnigen Gedanken über die Bedeutung der gekreuzten
Teigwürste anregten.

Heilige Drei Könige

oder: Ein Fest entwickelt sich

Epiphanie, Theophanie, Erscheinung

Will man verstehen, wie die christlichen Feste entstanden, muss man sich in die Zeit der jungen Kirche zurückversetzen. Noch gab es kein Kirchenjahr, sondern nur jüdische Traditionen – und den Wunsch nach Eigenem. Schon der Sonntag setzte sich mit der Erinnerung an die Auferstehung Jesu bewusst ab vom Sabbat, dem Samstag: Der jüdische erste Tag der Woche wird den Christen nach dem Galaterbrief 4,10f. zum letzten (bis eine DIN-Norm im Jahre 1977 den Montag als Wochenbeginn festlegte). Aber Verrücken allein ist nicht Neuschaffen. Selbst das erste Fest überhaupt, Ostern, war noch stark jüdisch geprägt, setzte das Passahfest fort, auch wenn rasch Tendenzen einsetzten, den Termin vom Vollmondtag auf den Sonntag (nach dem Vollmond) zu verlegen (s. Karfreitag). Und so tauchen denn die ersten wirklich eigenen Feste als Erinnerung an die Lebensgeschichte Jesu auf, wie sie in den Evangelien dargestellt ist. Dazu gehört die Leidensgeschichte insgesamt, die Himmelfahrt, die Herabkunft des Heiligen Geistes, vorher die Taufe, die Darstellung im Tempel, die Huldigung der Magier. Aber ein Ereignis fehlte lange – die Geburt. Ob es daran lag, dass Lukas bei seiner Erzählung der Vorgänge in Bethlehem keinen genauen Termin angab: Jahrhundertelang blieb die Frage offen. Als man anfing zu rechnen, gab es keinerlei historischen Anhaltspunkt mehr. Davon wird noch die Rede sein (s. Weihnachten).

Aber es hatte immer einen Ersatz gegeben. Die junge Kirche feierte die Geburt am Tag der Taufe mit, mehr noch: sah in der Taufe (nach dreißig Lebensjahren!) die wahre Geburt des Gottessohnes. Noch war die theologische Entscheidung über die Natur Jesu nicht gefallen, noch gab es den Doketismus: die Lehre, dass dieser Gott nur dem Schein nach Mensch gewesen sei. Daher die Bedeutung der Taufe, bei der Gott selbst seinen Sohn ›anerkannt‹ hatte. Diese Taufe oder Tauf-Geburt aber wurde am 6. Januar begangen. So war es jedenfalls in Ägypten, von wo aus sich das Fest verbreitete. Auf Zypern feierte man die Geburt am gleichen Tag zusammen mit der Huldigung der Magier und jener Hochzeit zu Kana, mit der Jesus dreißig Jahre später seine Wundertätigkeit eröffnete. In Spanien und Italien gibt es weiter die Erinnerung an ein noch (genau ein Jahr) jüngeres Wunder, die Speisung der Fünftausend mit fünf Broten und zwei Fischen (Lk 9,10; Matthäus und Markus überliefern geringfügig andere Zahlen). Die Frage stellt sich: Warum so viel und wie passt das alles zusammen? Und weiter: Warum bekam die Geburt später ein eigenes Fest an einem anderen Tag? Weshalb blieb am 6. Januar schließlich die Anbetung der Magier hängen, die im Westen für Rom charakteristisch war?

Zur Annäherung an diese Fragen zunächst der Hinweis, dass der Begriff der Epiphanie, der ›Erscheinung‹ (daneben auch: Theophanie, ›Erscheinung Gottes‹), wie der Terminus selbst aus dem Osten stammt. Zwar ist er erstmals 361 ausgerechnet im Westen bezeugt, genauer: im gallischen Vienne, wo Kaiser Julian Apostata, der ›Abtrünnige‹ (weil er wieder zum Mithraskult überging), das Fest mitfeierte. Damals aber lag der Schwerpunkt des Römischen Reiches im Osten, Hauptstadt war das von Konstantin dem Großen neu gegründete Konstantinopel. Hier entwickelte sich der Kaiserkult und strahlte aus auch auf den wahren Herrscher dieser Welt. Zwar gehört zu Jesu Geburt die provozierende Krippe, aber es war eben der wahre König, der in ihr lag. So signalisiert es jedenfalls der Begriff der Epiphanie, der dem höfischen Protokoll entspringt: der Ankunft des Herrschers in einer fremden Stadt etwa, die mit vollem Prunk verbunden ist. Der kaiserlichen Epiphanie entspricht die göttliche: die überirdische Geburt aus der Jungfrau, der stellvertretende Auftritt der Magier, die einem König huldigten. Bei der Taufe offenbart sich die ganze Würde Jesu in der Anerkennung, die Johannes ihm als dem Größeren zollt. In Kana und bei der Brotvermehrung bezeugt sich die göttliche Kraft im Wunder, auch noch in diesem: Wasser wird zu Wein, ein paar Brote werden gewissermaßen lebendiges Brot, so wie sich später Wein und Brot in Blut und Fleisch verwandeln sollten. Zeitlich weit Auseinanderliegendes wird nicht nur durch das gleiche Datum vereint, es gehört zusammen, steigert sich gegenseitig, summiert sich als Ausdruck des Erstaunens über diesen Auftritt des göttlichen Sohnes, neben dem der des Kaisers verblasst.

Theologischer Spürsinn (Karl Holl) hat sogar noch mehr Parallelen zutage gefördert. Mit dem Gedächtnis der Taufe bzw. der Einsetzung des Taufsakraments war im Osten eine unscheinbare Handlung verknüpft. Vor dem Taufritus schöpfte man aus dem Becken Wasser und nahm es mit nach Hause in der Hoffnung auf Wunderkräfte etwa bei Krankheiten. Dazu zog die Jerusalemer Gemeinde in der Nacht zum 6. Januar nach

Bethlehem. Wieso dieses Wasserschöpfen? Wer sich an den Bericht über die Hochzeit von Kana erinnert, weiß wohl auch noch, dass Jesus die Jünger hinausschickte, um Wasser zu holen – daher also der Gang nach Bethlehem. Und die Bedeutung der Nacht, wo Jesus doch am Tage getauft wurde? Hier ließ sich ein altägyptischer Brauch ausfindig machen, bei dem ebenfalls am 5./6. Januar Wasser geschöpft wurde, Nilwasser. Dies aber geschah anlässlich der Geburt des ägyptischen Gottes Aion aus einer Jungfrau – in der Nacht. Wir haben es also mit typischen Umbesetzungen zu tun: Von heidnischen Festen bzw. Bräuchen gehen Bestandteile ins christliche Fest über, vor allem dank der Ähnlichkeiten. Gerade weil es eines der ersten Feste der jungen Christenheit überhaupt war, fließen ihm offenbar Motive von allen Seiten zu.

Aber man merkt auch deutlich die Richtung des Ganzen: Es ist keines der historisierenden Feste, wie sie später typisch wurden, vielmehr ein abstraktes, ein ›mystisches‹ Fest. Und vor allem ist die Erinnerung an die Geburt kein Geburtstagsfest. Von daher verständlicherweise der neue Anlauf, der im Westen genommen werden sollte. Die Geburt erhielt ein eigenes, nämlich das Weihnachtsfest am 25. Dezember. Damit konnte Epiphanie am 6. Januar diesen Aspekt verlieren. Im Osten blieb die Taufe dominant. Im Westen bemächtigte man sich der Magier.

Drei Könige, viel Legende

Sie hatten also seinen Stern gesehen: So sagt es Matthäus (Mt 2,1–12), und nur er sagt es. Damit ist ein wichtiges theologisches Motiv verbunden. Wer auch

immer genau diese Drei waren, die Matthäus auf Griechisch als *magoi*, lateinisch *magi*, bezeichnet, es waren
Heiden. Augustinus wird bald sehr darauf pochen: Die
jüdischen Gelehrten wussten längst Bescheid, verfügten über die Verheißung des Jesaja 7,14: »Seht, die
Jungfrau wird ein Kind empfangen, einen Sohn wird
sie gebären, und man wird ihm den Namen Immanuel
geben, das heißt übersetzt: Gott ist mit uns.« Sie kannten sogar den Ort der Geburt nach dem Propheten
Micha 5,1: »Du, Bethlehem im Gebiet von Juda, bist
keineswegs die unbedeutendste unter den führenden
Städten von Juda; denn aus dir wird ein Fürst hervor-
gehen, der Hirt meines Volkes Israel.« Schließlich –
dies teilt Matthäus nicht mit – mussten sie vom Stern
nach dem vierten Buch Mose, Numeri 24,17, wissen:
»Ein Stern geht in Jakob auf, ein Zepter erhebt sich in
Israel ...«

Aber die jüdischen Schriftgelehrten reagierten nicht.
Schlimmer noch: Während Heiden den Erlöser suchen
(und finden), erschrickt Herodes und ganz Jerusalem
mit ihm. *Das* Ereignis der Menschheitsgeschichte löst
statt Freude Ängste aus angesichts möglicher Unan-
nehmlichkeiten, die mit einem jüdischen König bei den
Römern verbunden waren. *Das* Ereignis der Menschheitsgeschichte droht in der Tagespolitik unterzuge-
hen. Aber es gibt eben diese Fremden, denen Gott freilich einen himmlischen Tipp gegeben hat. Er ließ den
Stern erscheinen, der den Sternkundigen etwas sagte.
So kommen sie zunächst nach Jerusalem, wo sie Herodes treuherzig ausplaudern, er werde bald Konkurrenz
bekommen. Herodes aber ist schlau, lässt die Weisen
nicht umbringen, sondern das Versteck suchen. Dafür
erkundigt er sich sogar bei den jüdischen Gelehrten,
wo es zu finden ist: in Bethlehem. Die Magier sollen

ihm den genauen Ort verraten, damit auch er hingehen könne, um dem neuen König zu huldigen. Man weiß, wie dies gemeint war. Noch merken die Magier es nicht, machen sich erneut auf, und auch der Stern ist wieder da. Er bleibt über der Krippe stehen, die Magier sind am Ziel.

Die folgende Szene gehört zu den bekanntesten der Bibel, ist tausendfach gemalt worden (etwa von Stephan Lochner und Albrecht Dürer). Die Magier sinken in die Knie, huldigen dem wahren König, der als hilfloses Kind im Stroh liegt. Die Szene war dem Typus nach im Altertum jedem bekannt: als Barbarenhuldigung mit Tributleistung. Dazu gehört ein Auftritt in angemessener Kleidung: Die Magier entsprechen dem mit der standardmäßig abgebildeten phrygischen (persischen) Mütze, deren Zipfel nach Art der heutigen Schlumpfmütze nach vorn geneigt ist. Die Geschenke werden sogar mit verhüllten Händen übergeben. Alles ist demnach vom Hofzeremoniell übernommen, aber alles ist auch entscheidend verändert. Statt Tribut im materiellen Sinne zollt man Symbolisches: Gold, Weihrauch und (von Matthäus über Jesaja 60,6 hinaus zugefügt) Myrrhe. Wieder und wieder ist es ausgedeutet worden. Nach Bernhard von Clairvaux opferten die Magier Gold für die Armut der Maria, Weihrauch gegen den bösen Geruch des Stalles, Myrrhe, um die Glieder des Kindes zu kräftigen und die bösen Würmer zu vertreiben. So berichtet es die bekannteste Legendensammlung des Mittelalters, die *Legenda aurea* aus dem späten 13. Jahrhundert, deren Verfasser Jacobus de Voragine sich beeilt, es bei so Profanem nicht bewenden zu lassen. Gold, so heißt es nämlich, könne als Zins für den höchsten König gelten, Weihrauch das würdige Opfer Gott gegenüber sein, Myrrhe an das

einstige Begräbnis gemahnen, da dieser Gott auch ein
Mensch war. Und es folgen noch weitere Auslegungen:
Gold stehe für die göttliche Liebe, Weihrauch für ein
andächtiges Gebet, Myrrhe für die Ertötung des Flei-
sches und so weiter.

Dabei nennt die Legende auch Namen. Nachdem
die Magier nach dem Kirchenvater Tertullian mit Bezug auf Psalm 71,10 (»Die Könige von Tarschisch und
von den Inseln bringen Geschenke ...«) zu Königen
erklärt waren, hießen sie seit dem 9. Jahrhundert Caspar, Melchior und Balthasar, was auf persisch so viel
wie ›Schatzmeister‹, ›Lichtkönig‹ und ›Gottesschutz‹
bedeuten soll. Die Dreizahl geht bereits auf Origenes
zurück, der aus den bei Matthäus genannten drei Gaben auf drei Überbringer schloss. Die Namen selbst
hat Beda Venerabilis, der angelsächsische Universalge-
lehrte aus dem 7./8. Jahrhundert, verbreitet. Natürlich
schloss sich auch daran mancherlei Deutung an. Am
geläufigsten ist die Verteilung auf die drei damals bekannten Erdteile, weshalb einer von ihnen zum Mohren wurde. Aber auch die Altersstufen Knabe, Mann,
Greis sind vertreten. Man staunte nicht schlecht, als
sich bei der Umbettung der Gebeine im Jahre 1864 tatsächlich herausstellte, dass diese zu einem Knaben, einem Mann und einem Greis gehörten. Übrigens war
einem der drei, Caspar, ein Fortleben ganz außerhalb
der Legende beschieden: als Kasperle, dessen wahre
Herkunft die phrygische Mütze immerhin noch deutlich erkennen lässt.

Die Tat eines homo perversus

Wo von der *Legenda aurea* die Rede ist, soll auch die ältere Fassung des Stoffes erwähnt werden, die nicht nur Geschichte erzählte, sondern buchstäblich ›machte‹. Und zwar handelt es sich um die *Vita Beati Eustorgii Confessoris*, die legendenhafte Lebensbeschreibung jenes Bischofs Eustorgius von Mailand, der im 4. Jahrhundert die Gebeine der Magier als Geschenk erhielt. Kaiserin Helena, die Mutter Konstantins des Großen, die schon das Kreuz entdeckte, soll also auch diese Gebeine gefunden, geborgen und dann an würdiger Stätte zur Aufbewahrung gegeben haben. Nur blieb es nicht dabei. Obwohl die mittlerweile Heiligen Drei Könige zu Stadtpatronen von Mailand geworden waren, gewannen sie kaum überregionale Bedeutung. Immerhin schafften die Mailänder die Gebeine in Sicherheit beim Krieg gegen Friedrich Barbarossa, indem sie diese aus der außerhalb gelegenen Kirche Sant'Eustorgio ins Stadtinnere holten. Barbarossa aber eroberte die Stadt, ließ sich anschließend die Gebeine herausrücken und übergab sie einem wichtigen Helfer als Lohn für seine Dienste: seinem Kanzler und Erzkanzler für Italien Rainald von Dassel, der bereits zum Erzbischof von Köln gewählt war, ehe er 1165 die Priesterweihe empfing und das Amt auch antreten konnte.

Der aber erkannte den Wert offenbar besser als die Mailänder (die sich anschließend wohl allzu zaghaft um Rückgabe bemühten), als er die Gebeine über die Alpen nach Köln brachte – auf der Translationsroute erinnern noch heute Wirtshäuser *Zum Mohren* oder *Zur Krone* daran. Die Ankunft war am 23. Juli 1164 (lange als Feiertag begangen), damals noch im alten romanischen Dom. Obwohl die Stadt ohnehin an Reliquien geradezu überquoll – man denke nur an Ursula und ihre elftausend Jungfrauen –, war mit den Heiligen Drei Königen ein Gipfel erreicht, der Köln nicht nur zum wichtigsten Wallfahrtsort nach Jerusalem, Rom und Santiago de Compostela machte, sondern direkt machtpolitische Folgen hatte. Dem Kölner Erzbischof stand seit 1028 das Recht der Krönung des Königs in Aachen zu, der anschließende Zug ›zu den Königen‹ (*ad reges*) aber wurde zum unüberbietbar symbolkräftigen Argument für den vom Papst bestrittenen Anspruch des Königs auf Gottunmittelbarkeit. Papst Alexander III. bezeichnete Rainald von Dassel, den konsequenten Vertreter der königlich-kaiserlichen Politik gegen das Papsttum, entsprechend wütend als *homo perversus*. Friedrich Barbarossa hatte also gewusst, was er tat, und Rainald von Dassel die Umstände richtig eingeschätzt: Die *Eustorgius-Vita*, aller Wahrscheinlichkeit nach aus Köln, bot nur noch die nötige Propaganda. Schon Otto IV., welfischer Gegenkönig gegen den Staufer Philipp von Schwaben, suchte seine Legitimation in Köln, als er in die Herstellung des Schreins eingriff und jenes Geld spendete, das ihm die Verewigung als vierter König neben den Heiligen Drei einbrachte.

1181 hatten die Arbeiten begonnen, ins erste Drittel des 13. Jahrhunderts fällt die Vollendung des größten Goldsarkophags des Mittelalters, der neben den Heiligen Drei Königen selbst auch noch die Märtyrer Nabor und Felix aus Mailand sowie Gregor von Spoleto aus Köln beherbergt. Die Länge beträgt 220 Zentimeter, die Höhe 153, die Breite 110. Der Eichenholzkern ist in eine Metallhülle gefasst, die überwiegend aus reinem Gold getrieben wurde, darin Emailarbeiten und

Edel- sowie Halbedelsteine samt Gemmen und Kameen. Könige des Alten Testaments und Apostel sind mehr als nur halbplastisch dargestellt (Antikerezeption), die Dachreliefs (verloren und heute ergänzt) schildern Szenen aus dem Leben Jesu, die Stirnwand zeigt die entscheidende biblische Szene der Anbetung zur Linken, zur Rechten die Taufe Jesu durch Johannes – ein letzter Rest der Erinnerung an das einstige Epiphaniefest. Darüber befindet sich eine abnehmbare Trapezplatte, hinter der sich ein Gitter verbirgt, durch das man wohl an hohen Festtagen sogar nach innen sehen durfte. Das hohe Mittelalter kennt ein Schaubedürfnis, das wir uns heute kaum noch vorstellen können. Auf der Rückwand ist neben Passionsszenen die Büste Rainalds von Dassel angebracht, der damals längst verstorben war.

Wie so häufig im Mittelalter lässt sich nicht mehr klären, wer dieses Prachtwerk geschaffen hat. Normalerweise wird Nikolaus von Verdun genannt, von dem etwa der Altar in der Stiftskirche Klosterneuburg bei Wien stammt, vielleicht auch der Annoschrein in der Köln benachbarten Abtei St. Michael in Siegburg. Der Dreikönigenschrein wird allerdings von einer ganzen Goldschmiedewerkstatt hergestellt worden sein, der Nikolaus auf jeden Fall die Vorlagen, vielleicht auch die Gesamtkonzeption, zur Verfügung gestellt hat. Er sollte nur auf den Schultern von weltlichen und geistlichen Fürsten getragen werden, wofür es jedoch keine Zeugnisse gibt, weil das Gold offenbar viel zu schwer war (das Gewicht beträgt etwa sechs Zentner). Damals war Köln durch aufsehenerregende Prozessionen zum Anziehungspunkt geworden, woraus noch andere politisches Kapital schlugen. Als der Erzbischof 1288 den Kölnern in der Schlacht bei Worringen unterlag, über-

nahmen diese die Macht in der Stadt und setzten die
Könige in ihr Wappen, das ihnen schon auf Fahnen in
der Schlacht vorangeweht war und den Sieg gebracht
haben soll. Und auch sonst verbreitete sich der Kult
um die heiligen Könige schnell. In England und
Frankreich kommt im 16. Jahrhundert das Festgelage
mit eingebackenen Bohnen auf, deren Finder Bohnen-
könig wird. Die ersten Sternsinger lassen sich 1551 in
Oberbayern ausmachen. Dass heute Messdiener ihr
CMB für Caspar, Melchior und Balthasar samt neuer
Jahreszahl auf Türen schreiben (als andere Deutung:
Christus mansionem benedicat, ›Christus segne das
Haus‹), ist dagegen ein viel jüngerer Brauch aus dem
19. Jahrhundert. Mittlerweile empfängt der Bundes-
kanzler bzw. die Bundeskanzlerin jedes Jahr eine Ab-
ordnung von Sternsingern im Kanzleramt, die ihren
Segen überbringen und Glück beim Einsatz für Kin-
derrechte in aller Welt wünschen.

Übrigens ziert den Vierungsturm des Kölner Doms
bis heute nicht ein Kreuz, sondern ein Stern. Die große
gotische Kathedrale, Grundsteinlegung 1248, ist zur
Hülle des Schreins geworden, so wie Ludwig der Heilige in Paris die Sainte Chapelle über der Dornenkrone
Christi errichten ließ. Im Mittelalter sollte der Schrein
in der Vierung aufgestellt werden, was nicht zustande
kam, weil der Dombau bekanntlich stockte und nur
der Chor wirklich fertiggestellt wurde. Als Napoleon
anrückte und die Kathedrale zum Pferdestall umfunk-
tionierte, hat man das kostbare Stück ins weit entfernte
Arnsberg in Sicherheit gebracht – die Rückführung am
4. Januar 1804, kurz vor dem Fest, war ein großes Ereignis, zu dem alle Glocken läuteten und ganz Köln
auf den Beinen gewesen sein soll. 1889, ausgerechnet
nach der Fertigstellung des Doms, verschwand der

Schrein in der Schatzkammer. Aber seit 1948, zum siebenhundertsten Gründungstag, steht er wieder im Chor. Beim Weltjugendtag 2005 bildete der Stern das Logo und der Schrein den Mittelpunkt: Die einst dem Stern folgten, wurden selbst Ziel neuer Pilgerschaft.

Himmlisches GPS

Dabei sorgte dieser Stern auch sonst immer wieder für Aufmerksamkeit: als ›Zeichen‹ am Himmel, das die Magier führte. Die *Legenda aurea* mutet bei ihrem Bericht den Hörern oder Lesern auch für mittelalterliche Verhältnisse einiges zu. Es gemahnt schon an eine Verschwörungsgeschichte, wenn von zwölf Meistern die Rede ist, die – über Generationen hinweg immer wieder ersetzt – auf einem Berg Ausschau hielten nach einem Stern, der ihnen von Balaam angekündigt worden sei. Sogar der Begriff Epiphanie wird von diesem Stern abgeleitet – als ›Erscheinung von oben‹, was die griechische Zusammensetzung mehr als stümperhaft wiedergibt. Und dann kam er »über den Berg herauf«, in Gestalt eines wunderschönen Kindes, über dessen Haupt ein Kreuz leuchtete. Sogar sprechen konnte er, und zwar die Aufforderung, einen neu geborenen König aufzusuchen.

Die Magier setzten sich sofort in Bewegung, auf Tieren mit dem Namen *dromedarius*, was ›laufkräftig‹ bedeute, weil sie an einem Tag so schnell liefen wie Pferde an dreien. Auf ihnen folgten die Magier dem Stern, der an das heutige *Global Positioning System* erinnert, ein himmlisches GPS also. Denn es war kein Stern wie die Fixsterne oder Planeten am Firmament, sondern ein einzigartiger: zwischen Himmel und Erde in der

Luft schwebend, so nahe, dass man ihn sogar am Tage beim Schein der Sonne sehen konnte. Wie ein Wanderer ging er den Magiern voran, bewegte sich also nicht auf einer Kreisbahn. Und so konnte er schließlich über der Hütte stehen bleiben, die auch der in Sternkunde Uneingeweihteste gefunden hätte. Danach war seine Aufgabe erledigt. Wie er von Gott nur für diesen Zweck geschaffen worden war, verschwand er wieder.

Klar, dass das später niemand mehr glauben wollte. Johannes Kepler, der große Astronom mit beträchtlichem astrologischem Engagement (dem u. a. das berühmte Horoskop für Wallenstein entsprang), wollte es genauer wissen. Wenige Jahre, nachdem er Hofastronom Rudolphs II. in Prag geworden und mit der Berechnung der Marsbahn beschäftigt war, ereignete sich 1603 eine Konjunktion bzw. Zusammenkunft der großen Planeten Jupiter und Saturn im Sternbild Schütze (im September 1604 kam noch der Mars in die Nähe), die 7 v. Chr. genauso stattgefunden haben musste. Als sich im Oktober desselben Jahres auch noch ein neuer Stern am Fuße des Sternbilds Schlangenträger zeigte (eine Supernova, wie man heute weiß), war es für Kepler klar: Dies musste der ›Stern‹ gewesen sein, den die Magier gesehen hatten, eine irritierend helle Stelle am Himmel, erzeugt von zwei Planeten zusammen. Als der Wiener Astronom Konradin Ferrari d'Occhieppo im 20. Jahrhundert nachrechnete, bestätigte er eine dreimal kurz hintereinander erfolgte Jupiter-Saturn-Konjunktion im Jahre 7 v. Chr., die sich genau beim Frühlingspunkt *Zeta piscium*, beim Übergang von den Fischen zum Widder, ereignet hatte. Wenn man bedenkt, dass Jupiter der königliche Stern war und Saturn die Zeit verkörperte, musste das Ereignis für einen antiken Betrachter mit Astronomie- und

Astrologiekenntnissen mehr als aufregend gewesen
sein. Tatsächlich fand Ferrari d'Occhieppo Keilschrift-
tafeln eines babylonischen Beobachtungszentrums, weiter Papyri und eine Inschrift auf einem Isistempel in
Ägypten, die das Ereignis festhielten. War dies die historische Grundlage für die Magiererzählung des Matthäus?

Der Theologe August Strobel hat dazu in *Der Stern
von Bethlehem* (1985) eine faszinierende Theorie entwickelt. Sie basiert auf der Überlegung, dass Matthäus
die Geschichte vom Stern keineswegs ›bildlich‹ verstanden wissen wollte, sondern unter Rückgriff auf historische Ereignisse der Geschichte Jesu und seiner eigenen Zeit (zwischen 70 und 80 n. Chr.). Dazu muss man
wissen, dass Herrscherlegitimation und Sternerscheinung in der antiken Welt eng zusammengehören. Die
biblische Erzählung von Herodes, der auf die Kunde
vom Stern so merkwürdig erschrickt, passt sehr gut zu
seiner tatsächlichen Biographie. Als er 40 v. Chr. durch
Antonius zum König von Judäa ernannt wurde (um ein
Bollwerk gegen die Persergefahr an der römischen
Ostgrenze zu bilden), glaubte man in Rom, dass ein
Stern eine hohe Geburt ankündige. Die astronomisch-
astrologischen Verhältnisse waren gerade dramatisch:
Saturn trat vom Zeichen der Fische in das des Widders
ein – am Frühlingspunkt also, der immer als Anfangstermin der Welterschaffung gegolten hatte. Vergil, der
mit seiner *Aeneis* das römische Staatsepos schaffen sollte, arbeitete die Ankündigung der Geburt dieses Kindes (eines Abkömmlings Jupiters) in eines seiner Hir-
tengedichte, die *Bucolica* (als 4. Ekloge), ein. Mit ihm
kehre das Goldene Zeitalter zurück:

Schon kehrt wieder die Jungfrau, kehren wieder
    saturnische Reiche,
schon wird neu ein Sprössling gesandt aus
    himmlischen Höhen.
Sei nur dem eben geborenen Jungen, mit dem das
    Geschlecht von
Eisen vergeht und in aller Welt das von Gold wieder
    aufsteht,
sei nur, Lucina, du reine, ihm gut; schon herrscht
    dein Apollo!
Dir, ja mit dir, dem Konsul, hebt an einer Ewigkeit
    Kreisgang,
Pollio, und es beginnen zu steigen die mächtigen
    Monde …
Bald ist's Zeit, tritt an deine Bahn, o, strahlender
    Ehren,
teurer Sprössling der Götter, des mächtigen Jupiter
    Nachwuchs!

Die Jungferngestalt wie das Hirtenkolorit wurden von
den Christen nachträglich auf die Geburt Jesu bezogen. Die damalige Erwartung bezog sich allerdings auf
das Haus des Konsuls Pollio, dem Vergil die Ekloge
widmete, daneben auch auf das kaiserliche Haus selbst,
in dem man ebenfalls einer Geburt entgegensah. Herodes aber, ein Freund von Pollio seit seinem Romauf-
enthalt, muss die Ankündigung auf sich selbst bezogen
haben, wozu es passt, dass seine Frau Mariamne als
›Stern der Hasmonäer‹ galt. Tatsächlich wuchsen sich
seine Erwartungen zu einem regelrechten astrologischen Wahn aus; dazu kamen Intrigen, in denen ein
konkurrierender Nachfolger angekündigt wurde. Mes-
sianisch ausgerichtete Volksbewegungen waren in Judäa wie übrigens auch im Persien und Ägypten der da-

maligen Zeit an der Tagesordnung. Als die beiden Söhne des Herodes in diese Intrigen verwickelt wurden, führte der Vater einen Prozess gegen sie und ließ sie 7 v. Chr. hinrichten. Wenn Matthäus berichtet, dass Herodes über die Ankündigung eines Königs dank Sternerscheinung erschrak, passt dies also sehr gut zu den Verhältnissen, wartete Herodes doch sehnsüchtig auf einen eigenen ›Sternensohn‹.

Strobel aber geht einen Schritt weiter. Mit der Geburt Jesu im Zeichen des Sterns harmonieren noch mehr historische Ereignisse bzw. Fakten. Wenn es bei Vergil heißt, die Jungfrau werde ein Kind gebären, kann man darauf verweisen, dass das *Sternbild* der Jungfrau in der heiligen Nacht über dem östlichen Horizont stand. Vom Fest der Geburt des göttlichen Aionskindes in Ägypten am 6. Januar war schon die Rede. Aber es gibt noch ein weiteres astronomisches Ereignis, auf das Ferrari d'Occhieppo hingewiesen hat. Für das Jahr 7 v. Chr. ist mit der Konjunktion der großen Planeten Jupiter und Saturn ein Helligkeitsphänomen verbunden gewesen, das in der Astronomie als Zodiakallicht bezeichnet wird (aus der Bestrahlung der interstellaren Materie zwischen Sonne und Erde resultierend). Um den 12. November 7 v. Chr. kam es zur Stillstandsphase der Planeten, d. h. für einige Zeit blieben die Planeten scheinbar am Himmel ›stehen‹. Das Zodiakallicht muss dabei, von Jerusalem aus gesehen, genau in Richtung Süden gezeigt haben. Im Süden aber liegt Bethlehem, die Heimat des davidschen Königtums – und Edom, die Heimat der herodianischen Königsfamilie. Man kann sich denken, was im Kopf von Herodes vorging, als er hörte, ein *anderer* König sei geboren. Ob er wirklich zum Kindermord aufgerufen hat, ist eher unwahrscheinlich. Tatsächlich überlebte

Herodes selbst die familiäre Tragödie, die er angerichtet hatte, nicht lange – im Jahre 4 v. Chr. ist er gestorben. Friedrich Hebbel hat in seiner Tragödie *Herodes und Mariamne* übrigens nicht die Ereignisse mit den Söhnen des Königs in den Mittelpunkt gestellt, sondern dessen wahnhafte Angst vor der Untreue seiner Frau. *Deren* Tod verschuldet er, wobei der Kindermord in die gespenstischen Szenen des Schlusses hineinspielt.

Selbst wenn die Geschichte des Herodes schwer entwirrbar erscheint und schon deshalb, weil die Ereignisse schon so lange zurücklagen, von Matthäus nur noch schemenhaft wiedergegeben werden konnte: Es gibt nach Strobel noch einen allerletzten Punkt, dessen Historizität unbestreitbar ist. Im Jahre 66 n. Chr., also vielleicht nur wenige Jahre vor Abfassung des Evangeliums, gab es anlässlich einer Jupiter-Mars-Konjunktion (auch noch am Tag der Sommersonnenwende im Zeichen des Widders) einen spektakulären Auftritt vor Kaiser Nero in Rom. Ein Perserfürst war mit dreitausend Reitern auf dem Landweg nach Italien gezogen, um genau das zu vollziehen, was die Heiligen Drei Könige getan hatten: nämlich den Herrscher anzubeten. Die pomphaften Umstände kann man sich leicht ausmalen. Ob Matthäus von dem aufsehenerregenden Ereignis gehört hatte und die Anbetung in der Krippe als Gegenstück konzipieren wollte? Gegen die Utopie vom römischen Weltfrieden, der auf Waffengewalt gründete, die Utopie vom ganz anderen Frieden, der vom Kind in der Krippe ausgeht? Gegen die dreitausend Perser die Heiligen Drei? Und nicht zuletzt: Gegen den Weltherrscher in Rom derjenige in Bethlehem?

Fastnacht, Fasching, Karneval

oder: Keine Ordnung ohne Unordnung

Von Erntefeiern und nackten Wolfsmenschen

Mircea Eliade, der große Kenner archaischer Kulturen, hat ein Kapitel seines Buches *Kosmos und Geschichte* unter die Überschrift gestellt: »Die Erneuerung der Zeit«. Zu den provozierenden Thesen gehört die, dass der archaische Mensch die Geschichte schwer erträgt, sie periodisch zu vernichten sucht. Zeit erstreckt sich nicht von einem Anfang bis zu einem Ende – genau dies erfinden die Hochkulturen –, Zeit verbraucht sich und muss deshalb immer wieder erneuert werden. Schöpfung ist entsprechend kein einmaliger Akt, vielmehr auf Wiederholung angelegt. Dem Verbrauch steht die Regeneration gegenüber. Das Leben des Einzelnen vollzieht sich in dauernder Gegenwart, wenn es denn gelingt, die Gegenwart immer wieder zu verlängern, aufs Neue hervorzubringen – so wie der Mond als der erste Tote, der regelmäßig wiederersteht. Die theoretische Form für diese Vorstellung von Zeit heißt Zyklus. Jeder Zyklus aber braucht einen Anfangspunkt: das neue als das erneuerte Jahr. Sein Kennzeichen ist ein Fest. Und dieses Fest hat überall ein gleiches Gesicht: Das Chaos, etwa in der Verkörperung eines Meerungeheuers, wird besiegt, um die Nahrung des nächsten Jahres sicherzustellen. Sünden werden ausgemerzt. Vor allem aber geht es um Umsturz, Umsturz aller Werte, um sie neu hervorzubringen. Für einen Moment kehrt das Chaos zurück, die Zeit ohne

Gesetz, ohne Unten und Oben. Dann gebiert es die
›Normalität‹ neu.

Die entsprechenden Szenarien sind in der ganzen
Welt greifbar. Alle Hochkulturen haben dieses Fest
übernommen, es verfeinert, den eigenen Voraussetzungen angepasst. Für die europäischen Traditionen kann
man auf das antike Rom verweisen. Hier sind es drei
Feste, die sich durch Ausgelassenheit, ja Exzesse aus-
zeichnen. Einmal handelt es sich um die Saturnalien,
ein Saturnfest also, das seit 217 v. Chr. am 17. Dezember begann und sieben Tage währte, bis zum 23. also.
Gefeiert wurde das Ende der Ernte, genauer: des Ein-
sammelns der Feldfrüchte. Nachdem die Arbeit und
überhaupt das gesellschaftliche Leben eines Jahres beendet war, durfte den Leidenschaften freier Lauf gelassen, der Instinkt entfesselt werden. In ältesten Zeiten,
vor Gründung der Republik, trat dem König ein *Satur-
nalicus princeps* entgegen, der sich verführerisch ein-
deutschen lässt zu einem Saturnsprinzen, ja Karnevals-
prinzen. Er übernahm für einige Tage die Herrschaft,
um dann vertrieben zu werden. Genauso wichtig war
das öffentliche Festmahl, bei dem die ständischen
Schranken als wichtigstes Fundament gesellschaftlicher
Ordnung überhaupt aufgehoben wurden: Die Sklaven
hatten frei, saßen neben ihren Herren. Sogar seine Meinung konnte der Sklave dem Herrn während der ›De-
zemberfreiheit‹ sagen, wie es Horaz in einer seiner *Sa-
tiren* (2,7) lebhaft ausmalt. Die Autoritäten werden in
allerlei Bräuchen verspottet, ein parodistischer Erlass
verkündet endlose Tafelfreuden.

Als weiteres Erntefest wurden im Dezember (und
vorher im August als eine Art erster Teil) die Konsua-
lien gefeiert. Während im Mittelpunkt der Saturnalien
die Feldfrüchte stehen, geht es nun um das Vieh. In

Festzügen wurden mit Blumen bekränzte Pferde und
Maultiere durch die Stadt gezogen, begleitet von Tänzen, mit denen die Erdgottheiten dazu ermuntert werden sollten, die Pflanzen- und Tierwelt zu erneuern.
Das dazu angestimmte Gelächter, verbunden mit aller-
hand Schabernack, hatte erkennbar abwehrende, apo-
tropäische Funktion. Und noch ein drittes Erntefest
wurde gefeiert, die Luperkalien am 15. Februar. Dabei
traten *luperci*, Wolfsmenschen, auf, die mit Riemen auf
die Zuschauenden einschlugen. Ovid berichtet in seinen *Fasten*, dass diese *luperci* nackt waren, und führt
diese Nacktheit auf die Götter zurück, die selbst gerne
nackt und damit besonders bequem die Gegenden
durchstreiften.

Wir wissen heute, dass diese Erklärung das Wichtigste vorenthält: die wiederum Schaden abwehrende
Funktion. Das neue Leben ist nackt, und nackt soll die
Erneuerung erzwungen werden. Zügellosigkeit dieser
Art gehört genauso zur Erneuerung der Ordnung wie
die Umstürzung aller Hierarchien, die Rückkehr zum
Urzustand, der nicht nur das Chaos bedeuten musste,
sondern auch das Goldene Zeitalter, für das besonders
Saturn stand. Immer gibt es ja auch die Hoffnung *dieser* Wiederkehr, die Erneuerung nicht nur des Jahres,
sondern der Welt, die sich insgesamt zum Schlechten
wendet, um irgendwann wieder erneuert zu erstehen –
am besten für immer.

Trinkgelage am Altar

Als Fortsetzer wüster Zeremonien erweisen sich im
Mittelalter die Kleriker. Natürlich kannten sie als La-
teinkundige die römischen Traditionen, speziell die Sa-

turnalien mit ihren Ausschweifungen. Und der Ausschweifung bedurfte es offenbar auch in einer Welt, die
durch Hierarchie und Reglement der Psyche hart zu-
setzte. Nur stand diese Ausschweifung in einem neuen
Rahmen. Es ging nicht mehr um Erneuerung mit dem
Hintergrund von Ernte und Fruchtbarkeit – das archaische Motiv. Es ging eher um Ausgleich. Hierarchie
und Reglement bezogen sich auf die göttliche Ordnung, alles Streben diente ihrer Verwirklichung. Aber
dies ist schwer durchzuhalten, die menschliche Natur
widersetzt sich, es bedarf des Korrektivs. Einmal im
Jahr sollte dies seinen Ausdruck finden, auch der ver-
drängte Teil sich ausleben dürfen. Wir wissen aus
Jacques Heers' *Vom Mummenschanz zum Machtthea-
ter* (1986), dass dem das Narrenfest der Kleriker entsprach. Nahe der Wintersonnenwende wie die Saturnalien, vom 25. Dezember bis zum 6. (und manchmal
darüber hinaus bis zum 14.) Januar wird es gefeiert,
von Weihnachten bis Epiphanie also. Es sind die zwölf
Tage oder besser zwölf Nächte, die offenbar in christlichen Zeiten alles an sich zogen, was an heidnischem
Brauchtum übrig geblieben war. Nirgends sonst waren
die Dämonen so aktiv, blühte Zauberei, der Blick in
die Zukunft (s. Neujahr). Entsprechend siedelte sich
hier das neue Fest des Umsturzes an, in nur leichter
Verschiebung, wenn man von den Saturnalien ausgeht.
   Aber man darf die Kontinuität zur Antike nicht
überbetonen. Denn am Ausgangspunkt des Narrenfes-
tes der Kleriker steht die christliche Tradition: nicht
der Sklave, sondern das Kind als unterste Stufe der
Hierarchie. Weihnachten selbst bietet den Ausgangspunkt mit der Demonstration, dass Gott Kind wurde.
Das Fest der Unschuldigen Kinder am 28. Dezember
belegt, dass Kinder die ersten Märtyrer wurden. Wenn

in der Gesellschaft das Unterste zuoberst zu kehren ist, dann vom Kind her, von den Unschuldigen, von den Rechtlosen. Tatsächlich ist der 28. Dezember der wichtigste Termin der Feiern. An diesem Tag wird der Kinderbischof gewählt, unter den Klerikern der Jüngste zum Herrn gemacht. Und es kann noch chaotischer kommen. Überhaupt kein Mensch, ein Esel übernimmt das Regiment. Unter den Narrenfesten der Kleriker ist das Eselsfest das beliebteste. Auch dieser Esel hat übrigens einen biblischen Hintergrund: Es ist der Esel der Krippe bzw. derjenige, der Maria und das Kind auf der Flucht vor Herodes nach Ägypten trug.

Man ist dabei nicht auf Mutmaßungen angewiesen. Kanoniker, sogar Bischöfe haben das Narrenfest beschrieben, ihm Eingang in die Missalien (Messbücher) gegeben. Eines davon aus Besançon vom Anfang des 13. Jahrhunderts gibt wieder, wie der Esel in die Kathedrale einzieht, bietet die derben Lieder, die dabei vorgetragen wurden, verweist auf das Eselsgeschrei als Hintergrundmusik. Vom Bischof von Sens stammt das bekannteste, weil meistkopierte, in dem sich der Kehrreim findet:

He, Herr Esel, singt doch mit,
das schöne Maul kommt in Verschnitt,
Heu wird sein für jeden Ritt
und Hafersaat auf Schritt und Tritt.

Ein kompletter Gottesdienst entfaltet sich, mit eingelagerten Trinkgelagen, an denen selbstverständlich der Esel teilnimmt. In festlichem Geleit wird er durch die Kirche geführt, immer unter Liedern, die die liturgischen Gesänge parodieren, wenn es etwa heißt: »Er ist geboren, er ist geboren, heute ist er uns geboren, die

Blüte der Wurzel Jesse erfüllt Jahrhunderte mit ihrer Frucht.« Wo das Kind im Mittelpunkt steht, kommt es zur Einsetzung als Bischof unter möglichst tumultuarischen Umständen. Die Chorknaben übernehmen die Plätze des hohen Klerus, ziehen deren Chorröcke an und lesen die Messe. Ein Kind erhält die Mitra samt Chorrock, Handschuhen und Krummstab. Die Stelle im *Magnificat*, dem Lobgesang der Maria, an der von den Gewaltigen die Rede ist, die vom Thron gestoßen, während die Niedrigen erhoben werden, bietet das Signal zum allgemeinen Umsturz. In Klöstern nimmt statt des Narrenbischofs der Narrenabt die Führungsrolle ein, es kann auch einmal ein Narrenpapst sein.

Natürlich ist gegen derlei Bräuche auch protestiert worden, hat es Verbote gegeben. Jean Gerson, ein Sitten- und Bußprediger hohen Ranges, Kanzler der Pariser Universität im frühen 15. Jahrhundert, beklagt sich über die Auswüchse. Die Universität selbst verurteilt diese wie das Konzil von Toledo als heidnische Bräuche. Mit Weinflaschen und Schinken im Chor zu erscheinen, sogar den Altar zur Tafel umzufunktionieren, während der Messe dem Würfelspiel zu frönen, sich zu entblößen und unzüchtige Gesten auszuführen – all dies erscheint in der Tat mehr als provozierend, direkt blasphemisch. Dazu kam noch der Umzug durch die Stadt, mit dem der Exzess gewissermaßen öffentlich gemacht wurde. Die Kleriker bewarfen von Karren aus die Umstehenden mit Dreck. Daneben sammelten sie auch Geld ein als Tribut, um den Exzess bezahlen zu können. Das Volk muss reichlich gespendet haben, wie die vielfach belegte Begeisterung bezeugt. Der Protest erscheint so gesehen als notwendig, plausibel – anders lässt sich die Mitwirkung hoher Kleriker nicht verstehen. Knapp zwei Wochen lang durfte sich die andere Welt zeigen, um die Psyche aufzurichten für das große Ziel, in eine höhere Welt hinüberzugleiten.

Fastnacht nach Augustinus?

Die Klerikerfeste bedurften wenig zu ihrer Organisation. Personal und Bühne des Geschehens existierten immer schon. Anders war dies, als sich die Bürger des Festes bemächtigten. Im Spätmittelalter, als die Macht der Kapitel abnimmt, treten Bürger in die Fußstapfen. Es bilden sich Närrische Gesellschaften mit verschiedenartigen Programmen. Schon im Hochmittelalter hatten Bruderschaften Passions- und Mirakelspiele organisiert. Nun kommt es zu weltlichen Veranstaltungen, parodistischen Turnieren zum Beispiel, zu denen auch der Adel eingeladen wird. Reiche Bürger finanzieren die aufwändigen Umzüge, in die parodistische Schauspiele eingelagert sind.

Noch ist dies freilich kein Karneval. Es fehlt der feste Zeitpunkt, der Bezug auf die Fastenzeit: eben die Fastnacht. Wann genau entwickelt sich *dieses* Fest: die Ausschweifung, die etwas mit dem liturgischen Jahr zu tun hat? Und wie ist dieses Fest mit den beschriebenen Vorgängerfesten verknüpft? Ist der Karneval das auf den Tag vor Aschermittwoch gerückte Narrenfest des hohen Mittelalters, das wieder auf die römischen Saturnalien zurückblickt? Jacques Heers hat es so dargestellt und dabei eine überraschende These verfochten. Der Karneval erweise sich als ein legitimer, aber auch äußerst fragwürdiger Fortsetzer der Tradition. Der Karneval nämlich werde zum gezähmten Fest. Was die Bürger im späten Mittelalter an Fastnacht veranstalte-

ten, habe nur am Anfang etwas mit Ausschweifung zu
tun gehabt. Dann sei die Obrigkeit mit ihrer Vereinnahmung gekommen. Die Medici feierten jedes Jahr
ihr Prunkfest mit Triumphzügen, die nur der Repräsentation der Macht dienten. Weder Burleskes noch
Aufmüpfiges blieb erhalten. Auch der römische Karneval geriet früh in den Sog der Politik und damit der
Domestizierung. Hier waren es ganz andere Auswüchse, die dem Fest seinen ursprünglichen Sinn raubten.
Neben den Wettläufen von Eseln und Prostituierten
wurden Juden zu entsprechenden Spektakeln gezwungen (›Judenläufe‹). Papst Paul II. führt sie um 1470 auf
dem Corso ein, der von diesem Ereignis seinen Namen
hat. Wenigstens sind sie kurze Zeit später wieder abgeschafft worden.

Aber hat Heers nicht den liturgischen Hintergrund
der Fastnacht übersehen? Diese These hat Dietz-Rüdiger Moser verfochten. Der Karneval beruht seiner
Meinung nach nicht auf all diesen Vorgängerfesten mit
ihren ausgelebten oder gezähmten Ausschweifungen.
Der Karneval wurzele vielmehr in einer theologischen
Grundansicht, die Augustinus in einem seiner berühmtesten Werke formuliert hat: in *De civitate Dei*,
Über den Gottesstaat. Darin geht es um die Vorstellung von zwei Reichen, die in der Heilsgeschichte immer nebeneinander existieren: dem Reich Gottes (*civitas Dei*) und dem Reich der Welt (*civitas terrena* oder
auch *civitas diaboli*, des Teufels). Im Kirchenjahr sei
nicht nur das Leben Jesu von seiner Geburt über Tod
und Auferstehung bis zum Wirken seiner Heiligen abgebildet. Im Kirchenjahr träfen auch Welt- und Gottesreich aufeinander, und zwar genau an dieser Nahtstelle: in der Fastnacht am Übergang von der Ausschweifung zur Fastenzeit. Die wichtigste Schaltstelle

auf dem Weg zum Karneval markiert für Moser dabei
Papst Gregor der Große (vor 600). Er hat dem ersten
Fastensonntag das Evangelium nach Lukas gegeben.
»Seht, wir gehen hinauf nach Jerusalem« (Lk 18,31),
heißt es dort, was immer auf Augustinus bezogen wurde. Jerusalem aber war Babylon entgegengesetzt, dem
himmlischen Reich das weltliche. Dieses weltliche gibt
es eben auch, es will ernst genommen, nicht geleugnet
werden. Deshalb also die Inszenierung, die Entfaltung
des Weltreichs für einen kurzen Augenblick.

Dass es gerade dieser Moment im Kirchenjahr wurde, hat nach Moser noch eine andere Stütze in den Lesungen der Sonntagsmesse. Die Epistel des ersten Fastensonntags war immer – in der evangelischen Kirche
bis heute, während das II. Vatikanum den Text ersetzt
hat – dem ersten Korintherbrief des Apostels Paulus
entnommen, wo es heißt: »Wenn ich mit Menschen-
und mit Engelszungen redete und hätte der Liebe
nicht, so wäre ich ein tönend Erz oder eine klingende
Schelle« (1 Kor 13). Die Schellenträger auf den Straßen
zur Karnevalszeit bedeuteten so gesehen nichts anderes als die im Weltlichen wurzelnden Laien. Sie machten die *andere* Gemeinschaft derer deutlich, die der
Welt angehören – jenseits der göttlichen Liebesgemein-
schaft. Die Schellenträger kleiden sich außerdem gerne
in Flicken- oder Fleckenkleider: Karneval sei das Fest
der Befleckten. Wenn man einmal aufmerksam geworden sei, entdecke man weitere Bezüge, die sich alle
letztlich auf das Zweistaatenmodell des Augustinus beziehen ließen: so etwa die im Karneval so wichtige
Zahl Elf, die die Zehn über- und die Zwölf unter-
schreitet. Es gehe eben um die Demonstration der Alternative: Das weltliche Leben tobe sich aus, um seine
Sinnlosigkeit ins Bewusstsein zu rufen. Die *vita carna-*

lis, das fleischliche Leben, solle sich in seiner Würdelosigkeit zeigen. Der Verzicht auf das Fleisch, der alsbald folgt, verweise auf das eigentliche, das geistliche Leben (die *vita spiritualis*).

Stimmt das? Ist die Fastnacht ein christliches Fest, also weder römisch-heidnisch noch eine Fortsetzung der Klerikerfeste des hohen Mittelalters? Die Etymologie des Wortes »Karneval« scheint dafür zu sprechen. Zwar hat man viel an ihr herumgerätselt, u. a. auf den *carrus navalis* (oder das *carrum navale*) verwiesen, jenen Schiffswagen, der im Mittelalter durch die Straßen gezogen wurde. Die überzeugendere Etymologie liefert *carne vale*, ›Fleisch ade‹, das auf das bevorstehende Fasten anspielt. Sicher bildet das lateinische Wort *caro*, ›Fleisch‹, den entscheidenden Bezugspunkt, wobei der »Karneval« ebenso wie aus *carne vale* auch aus *carnislevamen*, ›Fleischaufhebung‹, abgeleitet sein könnte. Das Wort *Carneval* ist jedenfalls spätmittelalterlich, in Deutschland sogar erst seit 1699 belegt. Eine Parallele bildet »Fasching«, das auf *vast-schanc*, ›Ausschank oder Trunk vor der Fastenzeit‹, zurückgeführt wird. Dass Karneval von Anfang an auf das Fasten bezogen wird, bezeugen allegorische Gespräche zwischen Karneval und Fasten, wie es Pieter Breughel in einem berühmten Bild festgehalten hat. Der Umsturz der Ordnung bekommt im Jahresablauf damit seine prägnante liturgische Stelle. Es ist nicht mehr die Nähe zur Wintersonnenwende und damit zur Erneuerung des Jahres wie in den Saturnalien, an die noch die Klerikerfeste des hohen Mittelalters anschlossen. Karneval rückt an die Grenze zu einer anderen Art von Erneuerung, zur österlichen. Mit Ostern ist das Reich Gottes verbunden, mit Karneval das irdische Reich. Passt dies nicht wirklich zu Augustinus?

Vom Potential der Ausschweifung

Es gibt Argumente, die dem entgegenstehen. Studiert man zunächst die Formen, in denen sich die Fastnacht entwickelt, spricht viel für eine große Gemengelage von Motiven, die eine unruhige Entwicklung hervorbrachte. Zunächst einmal gibt es kein klares Ursprungsdatum für die christliche Fastnacht. Erste Feiern zu diesem Termin, die eindeutig karnevaleskes Kolorit tragen, fallen in den Beginn des 14. Jahrhunderts. Selbst wenn diese Angabe zu ungenau erscheint: In die Zeiten Gregors des Großen, der die Lesung des ersten Fastensonntags festlegte, reicht das Fest ganz sicher nicht zurück.

Interessanter als die Zeit erscheint aber ein anderer Punkt, der eher mit Ort und Personal zusammenhängt. Wie so vieles an Neuerungen im Mittelalter geht auch dieses im Prinzip neue Fest auf die Stadt und deren Bürger zurück. Bürger organisieren im städtischen Umfeld das Jahr mit seinen Festen und setzen den Termin der Ausschweifung mit nicht schlechtem Gefühl auf die Fastnacht fest. Die Narrenfeste der Kleriker fanden um die Weihnachtszeit statt – eine unmögliche Wahl für ein Fest, an dem nun Familien teilnahmen, die ihren Kindern kaum plausibel machen konnten, was die Weihnachtsfreude mit Mummenschanz zu tun haben sollte. Demgegenüber ließ sich die Fastnacht gut ausgestalten. Eine ganze Woche konnte ungestört verplant werden: die »sechs fetten Tage« in Analogie zur Schöpfungswoche von Donnerstag bis Dienstag.

Brauchtum entwickelte sich dabei wie von selbst: Am Donnerstag beginnt die Zeit der verkehrten Welt mit der Übernahme der Herrschaft durch die Frauen, die die Rathäuser stürmen. Freitag ist Ruhetag mit

Rücksicht auf das Gedenken an die Passion Christi. Dann der Höhepunkt mit den Umzügen auf Rosenmontag (von *rasen*, nicht von *Rosen*!), der Ausklang am Dienstag. Sogar eine ganze Session ließ sich in Anlehnung ans Kirchenjahr konstruieren. Natürlich bildet der Aschermittwoch das definitive Ende als Beginn der vierzigtägigen Fastenzeit vor Ostern. Aber auch der 11. November entsteht mit liturgischem Hintergrund. Wie Ostern besaß Weihnachten eine sechswöchige Buß- als Vorbereitungszeit. Vom 24. Dezember zurückgerechnet, ergibt dies den 12. November. Also wird der 11. November zum Tag davor wie Fastnacht vor Aschermittwoch. Soweit der Rahmen, in dem sich die historische Entwicklung vollzieht. Im Einzelnen aber liegt das Charakteristische in der Regionalität – die gegen eine zu scharfe (also allgemeine) theologische Ursprungsthese spricht. Mindestens drei Formen sind zu unterscheiden: die schwäbisch-alemannische Fasnacht, der rheinische Karneval und das süddeutsch-österreichische Faschingsfest.

Am besten untersucht, weil am besten dokumentiert, ist die Nürnberger Fastnacht mit ihrem Charakteristikum, dem Schembartlauf. Seine Entstehung liegt in Ereignissen des Jahres 1349, als während Unruhen der Zünfte gegen das Patriziat die Metzger und Messerschmiede die Treue bewahrten. Als Belohnung gewährte ihnen Kaiser Karl IV. (als formelles Oberhaupt der reichsunmittelbaren Stadt) das Recht, zur Fastnacht einen Lauf oder Tanz auf den Straßen zu veranstalten, bei dem Vermummung (»Schembart« bedeutet ›Maske‹) erlaubt war. 1350 findet der erste Lauf statt, für die Zeit zwischen 1449 und 1539 existieren Bücher mit Aufzeichnungen einschließlich Abbildungen der Masken sowie des charakteristischen Umzugswagens, der ›Hölle‹. Jedes Jahr wird eine besondere Torheit vorgeführt, deren Maske am Ende feierlich in Flammen aufgeht. 1525 wird der Schembartlauf in der reformierten Stadt verboten. Nur noch einmal, 1539, führen Bürger ihn durch, um ausgerechnet ihren Reformator, Andreas Osiander, auf einem Wagen zu verspotten – Luther hat gegen das »höchst unfromme Schauspiel« energisch Einspruch erhoben.

Der Karneval in Köln, Beispiel für die rheinische Ausgestaltung der Fastnacht, hat sich noch viel später etabliert, ist im Wesentlichen ein Kind der Neuzeit. Seine interessanteste Zeit liegt im 18. und 19. Jahrhundert, als er 1794 zunächst als Relikt des Ancien Régime unter napoleonischer Herrschaft abgeschafft wurde, um dann 1823 als romantischer Karneval mit dem »Einzug des Helden Carneval« in die Stadt neu zu erstehen. Wie alles Mittelalterliche damals Konjunktur hatte, erschien auch der Karneval als mittelalterliches Fest, das es zu beleben galt. Gesellschaften gründeten sich, die vor allem den Umzug am Rosenmontag mit anschließendem festlichen Gelage organisierten. Von verkehrter Welt in irgendeinem theologischen Sinne kann dabei kaum gesprochen werden. Der Karneval ist das Fest des Jahres geworden, an dem Ausgelassenheit in gewissen (vom preußischen Militär sehr gut überwachten) Grenzen geduldet wurde.

Ganz ähnlich gestaltete sich das süddeutsch-österreichische Faschingsfest mit seinen Hochburgen in München und Wien. Auch hier liegt der Schwerpunkt der Ausbildung in der Neuzeit, auch hier tendiert alles zu Domestizierung, Folklore. Nicht nur augustinische Grundlagen werden damit problematisch. Man kann fragen, ob Karneval überhaupt ein christliches Fest ist.

Katholisch, unchristlich oder industriell?

Interessanterweise ist die Frage nach der Christlichkeit des Karnevals im 20. Jahrhundert noch einmal kräftig bejaht worden, und zwar vom Münchner Kardinal Faulhaber in Predigten um die Jahreswende 1934/1935. Die Fastnacht sei »Vorfeier der kirchlichen Fastenzeit«, bei der es um die »Verabschiedung der Fleischkost« gehe, lautete die Botschaft. Nur muss man dazu wissen, dass sich der Kardinal damit gegen die Entchristlichungstendenzen der Nationalsozialisten zur Wehr setzte. Wie Weihnachten wieder zum germanischen Julfest umfunktioniert werden sollte, so der Karneval zum Fruchtbarkeitsritus am Ende des Winters. Sachlich hatte der Kardinal, auch wenn man ihm für seine Verteidigung dankbar sein muss, zweifellos überzogen. Denn tatsächlich gab es schon immer Widerstand gegen die These vom ›christlichen‹ Karneval.

Man trifft sie an in dem Raum, in dem die Traditionen besonders stark waren, zum Beispiel in Basel. Dort erschien 1494 das *Narrenschiff* von Sebastian Brant. In diesem Werk, das *alle* Menschen als Narren schildert, die auf einem steuerlosen Schiff nach »Narragonien« treiben, sind auch die Fastnachtsnarren ›Narren‹. Ihr Wesen (im später eingefügten Kapitel 110b) liegt in ihrer närrischen Aufführung: in der Vermummung mit Torenkappe (der Dürer in seinen Holzschnitten die Schellen anhängt) und berußtem Gesicht, mit dem sie die Gassen bevölkern und mit wilden Tänzen Aufmerksamkeit zu erregen suchen. Aber Brant kann dem Treiben keinen, vor allem keinen theologischen Sinn abgewinnen, im Gegenteil. Er hält das Fastnachtsfest, »der Narren Kirchweih«, wie er sagt, für eine Erfindung des Teufels, wenn man erlebe, wie Völlerei ausufere, wie Frauen jeden Anstand aufgäben, die Männer bei Tanz und Stechspielen das Vermögen verprassten und dies alles nicht nur über Aschermittwoch ausgedehnt werde, sondern auch noch über Karfreitag hinaus.

Eine wilde Polemik also, die wahrscheinlich die Realität überzeichnet, allerdings auch deutlich macht, dass am Ende des Mittelalters die Fastnacht noch immer eine Zeit des Ausnahmezustands ist, die das Bürgertum gegen alle Zähmungsversuche seiner Obrigkeit verteidigt. Geiler von Kaisersberg, der Brants *Narrenschiff* in Straßburg einem Predigtzyklus zugrunde legte, spricht von noch viel derberen Bräuchen speziell beim Tanz: »Darnach findt man Klötz die tanzen also säuisch und unflätig, dass sie die Weiber und Jungfrauen dermaßen herumschwenken und in die Höhe werfen, dass man ihnen hinten und vorne hinaufsiehet bis in die Weich, also, dass man ihre hübsche weiße Beinle siehet und schwarze oder weiße Stiefele, die oft so voller Koth und unrein seyn, dass einer darob speien sollt.« Dagegen wurde die Ordnungsmacht aufgerufen, die jedoch offenkundig nichts ausrichtete. Das Ende dieser Ausschweifung kam nicht vom Staat, sondern aus dem Christentum selbst: von der Reformation.

Schon Luther, der sich als ehemaliger Augustinermönch in augustinischer Theologie bestens auskannte, konnte offenbar mit der Zweistaatenlehre als Rechtfertigung des Fastnachtsfestes nichts anfangen. Stattdessen sprach er von der »papistischen« Fastnacht, sein Mitstreiter Jacob Gretser von einem »katholischen Gewächs«. Tatsächlich haben die Reformatoren nicht nur den Karneval, sondern auch die Fastenzeit aufgehoben und damit den für den Karneval entscheidenden Zusammenhang zerrissen. Der Grund liegt nicht in einer individuellen Miesepetrigkeit Luthers, sondern in dessen Ablehnung jeder Werkgerechtigkeit. Fasten gehört nämlich genau zu den ›Werken‹, mit denen Christen fälschlicherweise das Heil erzwingen wollten, statt sich auf die allein selig machende Gnade Gottes zu verlassen. Wo aber das Fasten gekappt ist, muss auch eine Ausschweifung fallen, die sich als Ausgleich versteht. Damit wurde Karneval zu einem katholischen statt christlichen Fest, in protestantischen Regionen geht es bis auf Ausnahmen zurück.

Die interessanteste ist dabei wieder Basel, diesmal als Zentrum der Reformation. Was Brant nicht geschafft hatte, drohte hier tatsächlich einzutreten, wenn nicht eine Besonderheit des Brauchtums ihr Überleben gesichert hätte. Während andernorts die vierzigtägige Fastenzeit seit 1091 ohne die (fastenfreien) Sonntage auf Aschermittwoch als Beginn zurückgerechnet wurde, war man in Basel der alten Rechnung *mit* den Sonntagen gefolgt. Daraus ergab sich die Fastnacht zu einer Zeit, als andernorts bereits Fastenzeit war. Dies aber ließ sich offenbar unter den Voraussetzungen der Reformation als Provokation und damit Rechtfertigung verstehen. Evangelische Bürger retteten auf listige Weise einen Brauch, der mittlerweile zur städtischen Kultur gehörte und ganz nebenbei ihren katholischen Nachbarn die Fastenzeit verdarb. Natürlich haben sich die Katholiken gerächt. In der Gegenreformation wurde der Karneval sehr bewusst ausgebaut, teilweise unter Mitwirkung von Franziskanern und sogar Benediktinern, die die Umzüge organisierten.

Am Karneval schieden sich also die Geister, aber sie näherten sich einander auch wieder an. Insgesamt ging der Weg ohnehin ganz jenseits theologischer oder klerikaler Auseinandersetzungen in Richtung einer bürgerlichen Selbstdarstellung im städtischen Fest als Alternative zu den christlichen Festen, die das Jahr prägten. Einmal also nicht die Kirche als Organisator, einmal nicht die Religion als Hintergrund! Von da aus führte der Weg konsequent in die ›Industrialisierung‹, am perfektesten heute vielleicht im Karneval von Rio mit seiner ganzjährig vorbereiteten Parade im Sambódromo am Abend des Rosenmontags. Ob jedoch in Rio de Janeiro, in Venedig oder in Köln: Die Tage vor Aschermittwoch sichern Tausende von Arbeitsplätzen, haben ihre festen Sendeplätze in Funk und Fernsehen. Unterschiede sind unübersehbar, Gemeinsamkeiten aber auch. Sambaschulen, Pestnasen, Kamellen sind ortsgebunden, Ausgelassenheit, Masken, Völlerei gibt es überall. Mag karnevaleskes Treiben auch sonst vorkommen, immer noch wirkt die Fastenzeit als Motiv oder doch Terminspender nach. Nur kann niemand mehr im Ernst mit dem Münchner Kardinal von einem christlichen Fest sprechen. Wenn es dies einmal gewesen sein sollte, hat keines den Wandel perfekter vollzogen.

Aschermittwoch

oder: Fasten vor dem Schlankheitswahn

Gründe fürs Fasten

Fasten ist nicht an Religionen gebunden. In der antiken Medizin, die die Prophylaxe stärker betonte als die Therapie, gilt Fasten als eine Quelle der Gesundheit. Galen, die große Autorität des Faches neben Hippokrates, spricht im Zusammenhang von Bemühungen um ein langes Leben vom Fasten als der *summa medicinarum*, dem Gipfel der Medizin. Damit ist wohl ein insgesamt enthaltsames und sorgfältig die Nahrung auswählendes (diätetisches) Leben gemeint. Aber es gab auch radikalere Ärzte, die regelrechte Hungerkuren verschrieben. Dabei muss man sich vor Augen halten, dass Hungern ein vertrautes Phänomen war. Nicht nur, dass bei der Nahrungsversorgung der Bevölkerung immer wieder Engpässe auftraten. Soldaten, die sich im Krieg befanden, konnten auf langen Märschen nicht ausreichend ernährt werden. Weil jeder wusste, welche Leiden damit verbunden sind, wurde Hungern als Strafe eingesetzt. Interessant vielleicht, dass in der Antike auch schon der Hungerstreik bekannt war.

Aber Fasten hat nicht nur diese profane Seite. Wohl alle Weltreligionen kennen es als Teil einer Askese, die den Leib bewusst unterdrückt. Die ägyptischen Isispriester fasteten, um den Geist durch die Leichtigkeit des Körpers zu entlasten. Im Alten Testament spielt Demut als Grund des Fastens eine wichtige Rolle, auch die Konzentration aufs Wesentliche. Moses fastete vier-

zig Tage am Sinai, als er sich auf jene Begegnung mit
Gott vorbereitete, in der er die Zehn Gebote erhielt
(Gen 7,4). Auch in minder wichtigen Fällen fasteten die
Juden, anlässlich der Totentrauer zum Beispiel oder in
Dürrezeiten als Bitte um Regen. Daneben existierte das
Bußfasten, Hungern als Zerknirschung, als Selbstbe-
strafung, in der die überlegene Norm anerkannt wird.

All dies gerät im Judentum in den Zusammenhang
einer Zeremonialgesetzgebung, die auch die Speisen
umfasst. Kein Schweinefleisch, nichts Ersticktes darf
gegessen werden, Fleisch ist von Milchprodukten zu
trennen. Auch Fasten gehört zum Alltag. Die Pharisäer
fasteten zweimal pro Woche: dienstags und donnerstags. Wir kennen es lediglich aus der polemischen Sicht
Jesu im Neuen Testament: »Wenn ihr fastet, macht kein
finsteres Gesicht wie die Heuchler …« (Mt 6,16ff.).
Aber Jesus selbst fastete in ganz und gar alttestamentli-
cher Manier. Bevor er sein öffentliches Wirken beginnt,
geht er in die Wüste, fastet dort genauso vierzig Tage
wie einst Moses. Dabei geht es um eine Waffe gegen die
Anfechtungen Satans: Der gezügelte Körper gilt als der
besser vorbereitete. Noch zweimal wird das Fasten im
Neuen Testament an prominenter Stelle erwähnt. Jesus
sagt seinen Jüngern voraus, dass sie fasten werden,
wenn der Bräutigam gegangen ist (Mk 2,19f.). Und er
sagt, dass bestimmte Dämonen nur mit Gebet und Fasten auszutreiben sind (Mt 17,21 und Mk 9,29).

Fisch, Müsli und Möhren

Damit war dem Christentum der Weg gewiesen. Die
Apostelgeschichte berichtet in Nebensätzen von regel-
mäßigem Fasten in der Urgemeinde (Apg 13,2; 14,23).

Auf dem sogenannten Apostelkonzil in Jerusalem, in Anwesenheit von Petrus und Paulus, fällt die Entscheidung, dass Christen nicht nach dem mosaischen Gesetz leben müssen: Besonders die Beschneidung fällt weg, aber auch von den Speisegeboten soll lediglich weiter gelten, kein Götzenopferfleisch zu essen (Apg 15,1 ff.). In der Praxis bleibt die Beziehung zum Judentum jedoch enger. Sogar die regelmäßigen Fasttage in der Woche, die Stationstage, werden übernommen, nur sind es statt des Dienstags und Donnerstags nun Mittwochs (als Tag des Verrats an Jesus) und Freitag (als sein Sterbetag). Zwar gibt es später auch den Samstag als Fasttag zur Vorbereitung auf den Sonntag, aber letztlich sollte sich der Freitag durchsetzen. Einmal wöchentlich zu fasten bedeutete, einmal wöchentlich besonderen Kontakt zu Gott aufzunehmen. Das Gebet sollte verstärkt, das Ganze als Demutsübung verstanden werden. Um es nicht nach außen sichtbar werden zu lassen, sollte das Fasten vor der (gemeinsamen) Abendmahlzeit beendet werden.

Zwei Zeiten aber waren im Lauf des Jahres hervorgehoben als Vorbereitungszeiten für die ganz großen Feste: Weihnachten und Ostern. In beiden Fällen spielt die Vierzig, die Quadragesima, nach dem Vorbild Jesu eine Rolle. Auch vor Weihnachten gab es eine vierzigtägige Fastenzeit, ehe sich die vier Adventswochen durchsetzten. So blieb die längste Fastenzeit des Jahres diejenige vor Ostern (auch: Paschafasten) als Zeit der Trauer angesichts des Leidens Jesu. Es ist nicht geklärt, ob diese Quadragesima schon auf dem Konzil von Nizäa verordnet wurde. Das erste Zeugnis liegt in einem Brief vor, den der griechische Kirchenvater Athanasius von Alexandrien 334, also neun Jahre nach dem Konzil, geschrieben hat. In Rom spricht Hieronymus am

Ende des 4. Jahrhunderts von einer Quadragesima, wobei unklar ist, ob damit ein allgemeines Fasten oder doch nur das spezielle Fasten der Täuflinge und öffentlichen Büßer gemeint war. Die Osternacht wurde der wichtigste Tauftermin des Jahres, auf den sich die Täuflinge (Katechumenen) mit Gebet und Fasten vorbereiteten. Erst später muss dieses Tauffasten für alle Gläubigen gegolten haben, womit dann die allgemeine Vorbereitung auf das Osterfest verbunden war.

Dieses Fasten begann ursprünglich am Dienstag nach dem heutigen ersten Fastensonntag. Aber dann nahm man auf dem Konzil von Benevent 1091 die Sonntage mit Rücksicht auf die freudige Erinnerung an die Auferstehung aus, womit der Beginn vorverlegt werden musste: auf den Aschermittwoch. Noch später wurde dieser Quadragesima eine Vorfastenzeit vorgelagert, und zwar die Wochen mit den Sonntagen Quinquagesima, Sexagesima und Septuagesima. Zu den vierzig Tagen kamen also noch drei Wochen hinzu, womit – bis zum siebten Tag nach Ostern gerechnet – insgesamt die symbolische Zahl von siebzig Tagen erreicht war, die nach Amalar von Metz den siebzig Jahren des babylonischen Exils entsprachen. In der evangelischen Kirche, die seit der Reformation statt von Fasten- von Passionszeit spricht, sind diese Sonntage (als die drei Sonntage vor der Passionszeit) erhalten, während das II. Vatikanum die Vorfastenzeit abgeschafft und die Fastenzeit in vorösterliche Bußzeit umgetauft hat.

So wie sich die Zeitspanne des Fastens erst allmählich herausbildete, war auch die Art des Fastens lange umstritten. Wo Christen zu gnostischen Kreisen mit deren strikter Weltverachtung Kontakt hatten, entwickelten sich außerordentlich strenge Formen von Abstinenzübungen. Verzicht auf Fleisch und Wein galt für das ganze Jahr, darüber hinaus konnten auch Fische, Eier und Milchprodukte verboten sein. Sogar alles Gekochte wurde in Einzelfällen abgelehnt, weiter Brot und saftige Früchte, sodass zur Ernähung nur ungekochtes Gemüse, trockene Baumfrüchte, Getreide und Wasser übrig blieben – Hippolyt verspottete derlei Adepten als »Rettichesser«. Solche Trockenkost, bei der auch noch auf Getränke weitgehend verzichtet wurde, sollte die Körpersäfte und damit die Geschlechtslust mindern, um auf diese Weise letztlich ein vergeistigtes Leben führen zu können. Vom Evangelisten Matthäus heißt es, er habe nur Getreide, Nüsse und Gemüse zu sich genommen. In der Antike kannte man dies von Mysterienkulten, die sogar den Verzehr von Gemüse verboten, das in die Erde hineinwächst, wie etwa die Rüben. Aber genau diese Verbindung zu Mysterienkulten wurde auch kritisiert. In der Großkirche forderte man lediglich Enthaltsamkeit von Fleisch und Wein. Zum Fasten gehörte, sich auf eine Mahlzeit am Tag zu beschränken. Eine Verschärfung brachten allerdings die Quatembertage, die Gregor VII. auf die erste Oster-, die Pfingst-, die dritte September- und die dritte Adventswoche festlegte. Außerdem galt vielerorts an Karfreitag und Karsamstag (wieder in Analogie zum Fasten Jesu) ein vierzigstündiges Vollfasten.

Dabei wurden beim Fasten nicht nur die Vorzüge der Enthaltsamkeit betont. Es gibt die Forderung, das beim Fasten Ersparte den Bedürftigen zukommen zu lassen, was sich zu regelrechten Almosensammlungen auswuchs, die Tertullian bestimmten Bischöfen als Raffgier unterstellte. Aber Fasten, Beten und Almosengeben bilden als Buße und Genugtuung eine Einheit. Der Sinn liegt in Mäßigung, so wie Thomas von Aquin in seiner *Summa theologiae* das Fasten bei der

Kardinaltugend der *temperantia* behandelt. Dazu genügte die Beschränkung auf spezielle Fastenspeisen: Mehlspeisen, Trockenfrüchte, Fisch (mit Aufschwung des Fischhandels im Mittelalter). Sogar am Wasser lebende Tiere wie Enten oder Gänse waren gelegentlich erlaubt. Insgesamt kommt es zu einer Kombination von Demutsübung mit Gesundheitsprogrammen. Der griechische Kirchenlehrer Basilius der Große (gest. 379) ordnete das Fasten als Kur ein, sah den Sinn in einer vernünftigen Regulierung der Lebensweise. Ausdrücklich wird gesagt, dass die Kraft nicht unter der Wohlbeleibtheit zusammenbrechen solle.

Auch Hildegard von Bingen, die das Fasten durchaus in asketischer Tradition als Vorbereitung auf eine höhere Ordnung ansieht, spricht sich gegen unvernünftige Formen der Enthaltsamkeit aus, sofern die ›Grünkraft‹ der rechten Ernährung fehle. Immerhin galten im Jahr etwa 135 Tage als Fasttage. Allerdings gab es seit dem 15. Jahrhundert mancherlei offizielle Dispense. In ›Butterbriefen‹ wurde der Genuss von Milch und Milchprodukten ausgenommen (nicht jedoch Käse). Eier waren seltener, Fleisch so gut wie nie gestattet. Dabei profitierte die Kirche vom ›Schmalzgeld‹, wie es etwa beim Bau der Vinzenzkirche in Bern belegt ist. Als ein Grund für den Dispens vom Verzicht auf Fett galt in Deutschland der Mangel an Olivenöl (als Fettersatz). Man hat allerdings auch vermutet, dass Olivenöl damals wenig beliebt war.

Hochleistungsfasten

All dies reiht sich ein in Fastengewohnheiten, wie sie in so gut wie allen Religionen praktiziert werden. Auch der Islam kennt bei seinem Fastenmonat Ramadan, in dem tagsüber auf Nahrung verzichtet wird, Dispense. Ebenso aber finden sich in allen Weltreligionen asketische Schulen, gewissermaßen Hochleistungsformen des Fastens, die auf fast völligen Verzicht auf Nahrung hinauslaufen.

Schon von Augustinus stammt das Wort, der Mensch werde beim Fasten – dem Brote ähnlich – gleichsam gemahlen. Im frühen Christentum gilt der Wüstenvater Antonius als Extrembeispiel. Matthias Grünewald hat für das Antoniterkloster in Isenheim bei Colmar die berühmte Szene gestaltet, in der der Heilige Dämonen abwehrt. Nach dem Vorbild Jesu in der Wüste bietet nur ein abgetötetes Geschlechtsleben Sicherheit gegen die Anfechtungen, denen der Körper sonst hoffnungslos ausgesetzt ist. Gleichzeitig ist dies die (medizinisch leicht erklärbare) Voraussetzung für Erleuchtungen. Schon Athanasius begründete in seiner Schrift *De virginitate, Von der Jungfräulichkeit*, die Enthaltsamkeit einschließlich des Fastens damit, dass der Mensch sich auf diese Weise den Engeln annähere, die ja ohnehin keine Speise benötigen. Ausdrückliche Verbote, die Askese auf diese Weise zu übertreiben, waren offenbar nötig, richteten aber wenig aus. Auf Antonius bezogen sich ganze mystische Traditionen des Mittelalters, wie überhaupt die Mystik stark mit Askese verbunden ist. Für den Aufstieg der Seele zu Gott schien es nur zu verführerisch, den Körper entsprechend vorzubereiten, zu malträtieren (um nicht zu sagen: zu dopen). Es gibt ans Grässliche heranreichende Berichte über solcherlei

Übungen. Ein Beispiel mag genügen: der Fall Bernhard von Clairvaux.

Ein Mitstreiter des späteren Heiligen gibt als Grund für dessen Eintritt ins Kloster an, er habe sein Fleisch kasteien wollen, um seine Seele zu retten. Tatsächlich lag dem Entschluss des jungen Adligen, der zunächst ganz im Ritterleben seiner Zeit aufwuchs, ein Umkehrerlebnis zugrunde, als er zunächst in das Benediktinerkloster Cîteaux ging, um von dort aus das viel strengere Clairvaux zu gründen. Ein Mitstreiter berichtet, die Zisterzienser sähen sich als moderne Märtyrer, die gegen sich selbst wüteten und ihre Glieder ertöteten. Sie seien gleichzeitig Gefolterte und Folterer. Für Bernhard selbst lag der Nutzen des Leibes einzig darin, sich in Bußübungen zu ergehen. Darin folge er Christus (*imitatio Christi*). Diese Bußübungen aber bestanden aus Fasten und Wachen. Dabei sollte alles abgeblockt werden, was die Sinne dem Körper zutragen, um die Voraussetzungen zu schaffen für Meditation. Unter anderem zerstörte Bernhard systematisch seinen Geschmackssinn, bis er Butter nicht mehr von rohem Tierfett unterscheiden konnte. Nach eigener Aussage schränkte er selbst das Wassertrinken ein, um nicht die ›Geilheit‹ wachzukitzeln. Die Folge – Warnungen von Mitstreitern schlug er regelmäßig in den Wind – war ein lebenslanges Magenleiden: eine chronische Gastritis, verbunden mit einem Magengeschwür, dazu ständiges Erbrechen. Im Chor stand neben seinem Platz ein Napf für die Anfälle bereit. Heutige Medizin fasst all dies in einer nüchtern klingenden Diagnose zusammen: Anorexia nervosa.

Karfreitag

oder: Wann genau ist Jesus gestorben?

Keine Einigkeit bei den Evangelisten

Die Frage erscheint so einfach, so bescheiden: Wann
starb Jesus am Kreuz? Eine Weltreligion beruft sich
auf diesen Tod (mit anschließender Auferstehung) als
entscheidende Wende in der Menschheitsgeschichte.
Vier anerkannte Evangelien berichten ausführlich darüber. Auch sonst gibt es Belege. Der jüdische Schriftsteller Flavius Josephus, der sich nach der Unterwerfung der Juden (samt Zerstörung ihres Tempels 70
n. Chr.) von seinem Volk ab- und den neuen Machtha-
bern zuwandte, behandelt in seinen *Jüdischen Altertü-
mern* (93/94 n. Chr.) diesen Tod, auch wenn die Stilisierung von Jesus zum Gott (statt, wie Josephus selbst
wohl eher glaubte: zum Teufel) eine christliche Fäl-
schung darstellen dürfte. Rabbinische Quellen überliefern ebenfalls ein kritisches Bild, das jedoch zu den
von den Evangelisten berichteten Ereignissen sehr gut
passt: Die Kreuzigung wird auf den Vorabend des Passahfestes, das auf einen Sabbat fiel, datiert.

Weiter kann man Hinweise bei römischen Histori-
kern finden, die früh über die Störung durch die neue
Religion der »Christianer« und ihren seltsamen Hinge-
richteten informieren. Der jüngere Plinius gehört dazu,
der in einem Brief aus dem Jahre 110 Kaiser Trajan berichtet, dass Christen auch bei Todesandrohung die
Verehrung des Kaiserbildes verweigerten. Sueton teilt
in seinen *Lebensbeschreibungen der Kaiser* bei Claudi-

us mit, dass unter einem Mann namens »Chrestos« eine Abspaltung von den Juden erfolgt sei. Tacitus erwähnt in seinen *Annalen* (15,44), dass Nero »Christianern« die Schuld am Brand Roms zugeschoben habe und sie deshalb grausam verfolgen ließ. Diese Leute gingen auf einen gewissen Christus zurück, der unter Tiberius durch Pontius Pilatus hingerichtet wurde, worauf sich der »verhängnisvolle Aberglaube« bis Rom verbreitet habe. Und dann die fast unbegreifliche Feststellung: Niemand hat diesen Tod datiert. Schlimmer noch: Ausgerechnet die Evangelisten, die ihre Berichte als Information an ein Publikum weitergaben, das die Ereignisse nicht mehr aus erster Hand kennen konnte, machen auch noch direkt widersprüchliche Angaben.

Von den drei Evangelisten Matthäus, Markus und Lukas wissen wir, dass sie aus einer gemeinsamen Quelle schöpfen: Es sind die Synoptiker (wörtlich: die zusammen die gleiche Sicht haben), mit Markus als dem ältesten Zeugen. Diese drei sagen: Christus starb am Passahfest der Juden. In der Sprache des jüdischen Mondkalenders bedeutet das: am 15. Tag nach Erscheinen des neuen Mondes im Frühlingsmonat Nissan, nach der Nacht, in der er voll ist. An diesem und den folgenden Tagen aßen die Juden ungesäuerte Brote (Mazzot), um an den Auszug aus Ägypten zu erinnern, als keine Zeit war, ›richtige‹ Brote zu backen. Bei Johannes, dem letzten und jüngsten Evangelisten, der in seinem Evangelium auch sonst eigene Wege geht, steht dagegen: Jesus starb am Tag davor, am Vorabend zum Passahfest, am 14. Nissan also. An diesem Tag ließen die Juden im Jerusalemer Tempel (solange er stand, aber zu Jesu Zeit stand er eben noch) ein Lamm schlachten, das sie am Abend verzehrten. Das Passahfest verband ja diese beiden Elemente: das alte Hirtenfest, zu dem das Tieropfer gehörte (am Vorabend: dem Sederfest), und die Erinnerung an die wiedergewonnene Freiheit durch den Auszug aus Ägypten (am Tag danach: dem Mazzotfest).

Daraus ergeben sich nun zwei verschiedene Abläufe: Die Synoptiker machen das Abendmahl, das Jesus mit seinen Jüngern vor seinem Tod feierte, zum Passahmahl. Nach Johannes dagegen feierte Jesus mit den Jüngern sein *eigenes* Passahmahl, das Abendmahl fiel also nicht mit dem jüdischen Passahmahl zusammen, sondern ging ihm voraus. Merkwürdig ist nun, dass es neben diesem Gegensatz auch eine wichtige Gemeinsamkeit bei den Synoptikern und Johannes gibt. Kein Zweifel nämlich herrscht am Wochentag des Todes. Dieser war ein Freitag, so wie das Abendmahl an einem Donnerstag stattfand. Und noch etwas ist allen Evangelien gemeinsam: Der Tod fand an einem Rüsttag statt: am Tag, an dem sich die Juden auf den wöchentlichen Sabbat (Samstag) vorbereiteten. Zusammen ergibt dies nach den Synoptikern folgende Abläufe:

Donnerstag	14. Nissan	Sederabend: Abendmahl
Freitag	15. Nissan	Mazzotfest: Tod Jesu
Samstag	16. Nissan	Sabbat
Sonntag	17. Nissan	Auferstehung

Nach Johannes lautet die Chronologie:

Donnerstag	13. Nissan	Abendmahl
Freitag	14. Nissan	Sederabend: Tod Jesu
Samstag	15. Nissan	Mazzotfest am Sabbat
Sonntag	16. Nissan	Auferstehung

Wer hat Recht? Fragen wir zunächst etwas Leichteres: Wo liegt der Unterschied?

Die Synoptiker legten offensichtlich Wert auf eine Synchronisierung der Leidensgeschichte Jesu mit den Abläufen des jüdischen Passahfestes: Zuerst das Abendmahl als Passahmahl, dann der Tod am Höhepunkt des Passahfestes, womit ›Ostern‹ mit Passah zusammenfällt, sofern man bei Ostern noch nicht an die Auferstehung allein, sondern an den Tod (mit nachfolgender Auferstehung) denkt. Bei dieser Auffassung ist es übrigens lange geblieben. Tod und Auferstehung wurden als *ein* Fest gefeiert, wie auch jeder Sonntag (noch später: jede Gottesdienstfeier) der Erinnerung an Tod *und* Auferstehung diente. Matthäus, Markus und Lukas waren selbst Juden, ihnen lag offensichtlich an der Kontinuität dieses Hauptfestes. Auch die Christen hatten also ihr Passah, nur ist es ein ganz neues Passah geworden.

Und Johannes? Die Chronologie des Johannes hebt etwas anderes hervor: Ihm geht es um das Lamm. Jesus starb in dem Moment, als die Juden ihre Lämmer schlachteten, er ist zum *letzten* Lamm geworden. Noch mehr: Es ging Johannes zweifellos auch um ›jene Nacht‹, die anschließende Nacht des ersten Frühlingsvollmonds. In dieser Nacht hatte sich schon immer Großes ereignet. Abraham schloss mit Gott seinen Bund in einer solchen Nacht. Dann war es die Nacht der Befreiung aus Ägypten. Vor allem erwarteten die Juden in ihr das Kommen des Messias, die endgültige Erlösung. *Wenn* Moses und Elias auf der Wolke kommen würden, dann gewiss *in illa nocte*, ›in jener Nacht‹. Das Passahfest war deshalb zum Hauptfest der Juden geworden. Es war ein Wallfahrtsfest, an dem zuletzt mehr als 100 000 der insgesamt 400 000 Einwohner des Landes nach Jerusalem kamen, um vielleicht irgendwann einmal die Nacht der Nächte am richtigen Ort zu erleben. Man versteht nun besser, was es bedeutete, wenn Johannes sagte: An diesem Tag, genauer: am Nachmittag vor dieser Nacht starb Christus. Die Nacht, auf die die Juden seit Jahrhunderten hofften und gerade damals immer drängender, diese Nacht *war* gekommen. Nicht am Tag danach, sondern zur Zeit der Erwartung hatte sich das wichtigste Ereignis der Weltgeschichte vollzogen.

Noch einmal also: Wer hatte Recht? Sagen wir es zunächst ganz vorsichtig: Der Tod Jesu steht fest, und es ist ebenfalls so gut wie sicher, dass dies an einem Freitag (also dem Tag vor dem Sabbat) geschah. Der Rest sieht nach Stilisierung aus: *an* Passah oder in der Passah*nacht*? Man braucht bloß an das Wort vom »Lamm Gottes« zu denken, das in der Liturgie eine so überragende Rolle spielt, bloß an die bildnerischen Darstellungen dieses Lamms, um Johannes den Vorzug zu geben. Aber spricht nicht gerade diese ›gute‹ Theologie für Stilisierung? Hätten die Synoptiker eine Symbolik einfach übersehen, sie nicht begriffen, wenn der Tod wirklich auf die Zeit vor der Nacht gefallen wäre? Ergab sich nicht für diesen gebildeten Johannes mehr als nur eine Versuchung, die irgendwie ›flache‹ Synchronisation mit dem jüdischen Fest fahren zu lassen und seinen Lesern etwas weit Besseres zu bieten?

Hans Blumenberg hat in seinem Buch *Matthäuspassion* (1988), das den vielen theologischen Schwierigkeiten des Passionsgeschehens nachgeht (und sie alle von der Größe der Bachschen Musik zugedeckt sieht), eine provozierende These aufgestellt: Dem »Lamm« sei es zum Verhängnis geworden, dass es sich auf »Bräutigam« reimt. Die Pointe liege ja darin, dass einfach zu viel ›passt‹. Jesus bezeichnet sich selbst als Bräutigam (»Können denn die Hochzeitsgäste fasten, solange der Bräutigam bei ihnen ist?«: Mk 2,19) – und dann wird er zum Lamm, zum definitiv ›letzten‹ Lamm. Nach diesem Opfer muss nicht mehr geschlachtet werden, es ist ohnehin schon zu viel bei Schlachtversuchen passiert – siehe Abraham, der fast seinen Sohn umgebracht hätte, wenn dieser reichlich gabenheischende Gott nicht eingelenkt und ein noch viel größeres Opfer gefordert hätte: das Lamm, nicht den Widder (den Abraham als Ersatz schlachtete), wie Blumenberg ebenfalls spekuliert.

Osterfeier nach dem Mond

Was könnte man nicht noch alles über dieses Lamm sagen und damit immer mehr gegen die Wahrscheinlichkeit, dass Johannes historisch Recht gehabt hatte. Und doch spricht etwas sehr Interessantes für dieses historische Recht: die Praxis der frühchristlichen Kirche.

Am Anfang des christlichen Osterfestes, das (wohlgemerkt!) Tod und Auferstehung zusammensah, steht die sogenannte quartodezimanische Feier. Damit ist das Fest am vierzehnten Tag des Mondmonats (auch: Luna XIV) gemeint, der 14. Nissan – also die Chronologie des Johannes. Die Christen feierten demnach ihr Osterfest mit den Juden, vermutlich schon deshalb, weil es am Anfang überhaupt keine andere als die jüdische Tradition gab. Aber es war eben der 14. und nicht der 15. Nissan, es war der Sederabend und nicht das Fest der ungesäuerten Brote. Dies ist deshalb so gut bezeugt, weil von Anfang an neben der Aufnahme der Tradition eine Akzentverschiebung stand. Während die Juden bis Mitternacht fröhlich feierten und danach in Trauer die Erinnerung an die Flucht aus Ägypten begingen, kehrten die Christen die Abfolge von Freude und Trauer um. Bis Mitternacht wurde stellvertretend für die Juden gefastet, weil diese am 14. Nissan Christus gekreuzigt hatten, dann folgte die Freude über die durch den Tod bewirkte Erlösung. Die johanneische Chronologie ist auch deshalb gut gesichert, weil man später den Quartodezimanern vorwarf, sie würden die Auferstehung am falschen Tag, nämlich zu früh, feiern. Nur übersieht dieser Vorwurf, dass die synoptische Abfolge von Abendmahl, Tod, Ruhen im Grab (am Sabbat) und Auferstehung eine nachträgliche Historisierung des Einheitsfestes nach der jüdischen Festfolge mit zentraler Hervorhebung des Passahmahles (am Donnerstag) sein könnte.

Die Frage der richtigen Chronologie wurde freilich bald von etwas anderem überdeckt. Während in Jerusalem, also im historischen Zentrum des Judentums, die quartodezimanische Feier (die wie das Passahfest auch auf jeden Wochentag fallen konnte) dominierte, bildete sich im Westen eine neue Tradition aus: nämlich die Feier des Osterfestes an einem Sonntag – also die bis heute erfolgreiche Variante. Wie jeder Sonntag im Jahr der Erinnerung an Tod und Auferstehung Jesu galt, sollte das Osterfest als Hochfest dieses Gedenkens ebenfalls an einem Sonntag begangen werden. In der Konsequenz bedeutete dies eine Trennung vom jüdischen Passah. Aber es war immer noch ein Bekenntnis zum jüdischen Mondkalender bzw. der Feier nach dem ersten Frühlingsvollmond. Denn auch das hatte es mittlerweile gegeben: die Ablösung vom Mondkalender und die Verlegung der Feier auf fixe Tage. In Gallien und Kappadozien (Kleinasien) war dies zum Beispiel der Termin der (dort gültigen) Frühlingstagundnachtgleiche am 25. März: Der Tod Jesu sollte einen

›Anfang‹ markieren wie die Erschaffung der Welt, die man auf den Frühlingspunkt datierte. Andere feierten am Tag der Frühlingstagundnachtgleiche nach alexandrinischer Tradition, am 21. oder 22. März. Wieder andere Gruppen begingen das Fest konstant am 7. April, dem mutmaßlichen solaren Todestermin Jesu (von dem wir noch hören werden).

Erst um die Wende vom 2. zum 3. Jahrhundert verbreitete sich die Ostersonntagsfeier, vor allem in Rom. Wo eine Sonntagsfeier auf Synoden beschlossen wurde, musste jedoch keine terminliche Übereinstimmung zustande kommen. Ob am Sonntag oder an einem 14. Nissan gefeiert wurde: Immer war man abhängig von der Berechnung des ersten Vollmonds nach der Frühlingstagundnachtgleiche. Für diese Berechnung aber wurden unterschiedliche Modelle verwendet, existierten unterschiedliche Zyklen. In Rom rechnete man nach dem äußerst ungenauen vierundachtzigjährigen Mondzyklus, in dem sieben zwölfjährige Zyklen steckten. Die Alexandriner legten den alten und viel genaueren neunzehnjährigen Zyklus Metons zugrunde. Außerdem differierte man bei der Festlegung der Frühlingstagundnachtgleiche (in Rom: 25. März, in Alexandria: 21. März).

All dies erschien wenig befriedigend. Wünschenswert war in einem so wichtigen Punkt Gemeinsamkeit. Schon auf dem Konzil von Arles 314 gehörte die Sonntagsfeier zu den Hauptgegenständen der Beratung. In den gallischen Gebieten etwa, wo lange der feste 25. März verbreitet war, ging man schon im späten 3. Jahrhundert zum Sonntag über. Genau darauf reagierte das Konzil von Nizäa im Jahre 325. Dort stand zwar etwas anderes im Mittelpunkt der Verhandlungen: nämlich die Frage der Wesensgleichheit oder nur Wesensähnlichkeit von Gott und Mensch in der Person Jesu, was auf das berühmte Jota im Griechischen hinausläuft (*homoúsios* oder *homoiúsios*). Bekanntlich setzte sich die Wesensgleichheit durch, die auf weiteren Konzilien des 5. Jahrhunderts zum Dogma von der untrennbaren Einheit der Personen ausgebaut wurde. Aber es ging auch um die Vereinheitlichung des wichtigsten christlichen Festes. Den Sieg errang die Sonntagsfeier (übrigens ohne Sanktionsandrohung gegen Abweichler). Fiel dieser Termin mit dem jüdischen Passahfest zusammen, sollte Ostern auf den nächsten Sonntag verschoben werden. Man wollte ganz offensichtlich – und sagte es auch – Ostern nicht (mehr) »zusammen mit den Juden« feiern. Im Westen des Reiches, wo ehemalige Juden unter den Christen längst die Minderheit bildeten, überwog trotz der Gemeinsamkeit des Alten Testaments der Wille zur Absetzung. Nach der Ermordung Jesu hätten die Juden den Verstand verloren und rechneten deshalb falsch, hieß es in wilder Polemik. Und der Westen setzte sich tatsächlich durch, obwohl man davon ausgehen muss, dass damals die größere theologische Kompetenz eher im griechischen Osten angesiedelt war (der ›Westler‹ Augustinus gehört erst dem folgenden Jahrhundert an).

Leider sind die Konzilsakten in diesem Punkt nicht erhalten (die überlieferten zwanzig Canones enthalten nur theologische Fragen). Wir haben lediglich die recht genaue Beschreibung der Verhandlungen durch Eusebius in dessen Schrift *Über das Osterfest*. Darin tritt der Verfasser allerdings mehr als parteiisch, nämlich als glühender Verteidiger der Sonntagsregelung auf. Deshalb spielt die Chronologie des Johannes die entscheidende Rolle: Christus selbst habe das Passah nicht mit den Juden, sondern mit seinen Jüngern gehalten, heißt es. Auch hätten die Juden damals nur deshalb Zeit für ihre Anklage gegen Jesus gehabt, weil sie selbst *nicht* das Passahmahl aßen. Aufgrund der hohen Autorität der Evangelien versucht sich Eusebius aber auch in Harmonisierung. So behauptet er, die Juden hätten sich in ihrer damaligen Festlegung des Passahfestes (also der Mondberechnung) geirrt und einen Tag zu spät das Passah gegessen, womit trickreich die Mondalterberechnung der Synoptiker mit der Chronologie des Johannes in Übereinstimmung gebracht ist. Mit anderen Worten: Rechnerisch habe Jesus das Passah ›nach dem Gesetz‹, also johanneisch, gefeiert, faktisch jedoch nicht, also synoptisch. All dies – August Strobel hat es in *Ursprung und Geschichte des frühchristlichen Osterkalenders* (1977) penibel zusammengestellt – sollte wohl dazu dienen, die Konzilsteilnehmer zu einigen, und leistete dies auch.

Dabei ging es nicht nur um die richtige Chronologie. Es muss auch die starke eschatologische Erwartung eine Rolle gespielt haben, die mit dem jüdischen Passah verbunden war: das Warten auf den Messias (in der »Nacht der Beobachtung«). Bei den Christen richtete sich diese eschatologische Erwartung allerdings auf die *Wiederkehr* Christi, so wie sie in der Johannesapokalypse geschildert ist. Während man in den ersten Jahrhunderten damit in allernächster zeitlicher Nähe rechnete, hatte sich im 4. Jahrhundert die Naherwartung in eine Fernerwartung gewandelt. Dennoch kann man auch in der Sonntagsfeier noch Elemente der Parusieerwartung entdecken, sofern in der Samstagabendvigil weiterhin die Rede von ›jener Nacht‹ war. Von daher ist ebenfalls zu verstehen, dass man trotz der (durch die Feier am Sonntag bedingten) leichten Abweichung vom Eintreten des Frühlingsvollmonds am Erscheinen des Voll-

monds selbst immer noch so zäh festhielt. Alle Rechen-
künste wurden aufgeboten, um weiterhin Kontakt zu
dieser Nacht der Nächte zu halten, auch wenn die Er-
gebnisse differierten. Teils wurde der Frühlingsvollmond nach lunaren Daten (lunare Quartodezimaner),
teils nach solaren (solare Quartodezimaner) berechnet.
Wenn sich drei Gruppen an einen Tisch setzten, konnten drei verschiedene Termine herauskommen.

Stellen wir nach diesem Chaos einmal eine klare
Frage: Warum tat man sich das an? Warum fuhr man
fort, Ostern nach Methoden zu berechnen, die das
Chaos förmlich programmieren mussten? Die Antwort kann nur lauten: Weil an der lunaren Datierung
etwas außerordentlich Wichtiges hing. Tod und Auferstehung Jesu waren historische Gegebenheiten, alles
drehte sich um dieses faktische Geschehen. Dessen erste und einzige Datierung aber war lunar: an Passah. Es
gab keinen Tag, sondern einen Termin. Man hatte eben
damals nicht nach (solaren) Tagen, sondern nach (lunaren) Terminen gerechnet. Wenn aber die entscheidende
Beglaubigung der gesamten christlichen Religion die
Passahnacht war, musste diese Passahnacht auch tra-
diert werden – um jeden Preis, auch um den Preis der
Konfusion. Faktisch hatte es ja von Anfang an eine Alternative mit fixen Terminen gegeben. Aber sie war
eindeutig gescheitert. Nizäa sagte nicht nur: lunare
Feier, sondern lieferte dafür auch die Frühlingstagundnachtgleiche als Berechnungsgrundlage. Man war sich
also völlig klar darüber, dass die lunare Datierung auf
Schwierigkeiten hinauslaufen würde. Lieber jedoch die
Schwierigkeiten als die Abkoppelung von der entscheidenden Gewissheit: Ostern hat es wirklich gegeben, in
der historischen Realität, ›in jener Nacht‹. Der Zwang
zur lunaren Datierung resultiert aus der geradezu pa-

nischen Furcht vor dem Zweifel an der Faktizität von
Tod und Auferstehung.

Erst als diese Zweifel geringer wurden oder keine
Rolle mehr spielten, ertönte auch der Ruf nach Fixierung des Osterfestes (zum Beispiel bei Luther). Ausgerechnet im 20. Jahrhundert, als die Zweifel ein Höchst-
maß erreichten, waren die christlichen Kirchen sehr
nahe daran, diesem Ruf nachzugeben. Es ist schon be-
merkenswert, dass es dann doch beim Alten geblieben
ist. Immer noch haben wir im Kalender dieses lunare
Element (s. Ostern).

Die Rechenkünste der Komputisten

Die Entscheidung von Nizäa hatte zwei Folgen. Die
erste: Man musste rechnen, um den jeweiligen Ostertermin festzulegen. Daraus entwickelte sich jene Kunst,
die noch unsere heutigen Computer durch ihren Namen in Erinnerung halten: der Computus (ausgeführt
von den Komputisten). Die zweite: Man bezweckte
über die lunare Datierung ›jener Nacht‹ hinaus auch
deren solare Fixierung. Anders ausgedrückt: Man wollte wissen, in welchem Jahr (und dann auch: an welchem Tag) Christus gestorben war. Damit sollte dem
Glauben weiter eine rechnerische Begründung gegeben
werden – diesmal mit Bezug auf den Start der christlichen Ära. Aber wie vom lunaren Termin auf den solaren umrechnen? Mochte der *Tag* weiter lunar gefeiert
werden, für ein *Jahr* brauchte man solare Angaben.
Dazu wurden über den Tod am Freitag hinaus alle
Hinweise auf Lebensdaten Jesu durchforstet, die die
Bibel gibt: der Geburtstag, sein Wirken in Galiläa. Alle
diese wichtigen Daten sind jedoch vertrackt.

Markus, von dem die Synoptiker ausgehen, hat am wenigsten Material an die Hand gegeben, ausgerechnet die Todes*stunde* jedoch ganz genau bezeichnet: zur »neunten Stunde«, um drei Uhr am Nachmittag. Mehr verrät Lukas in seinem Weihnachtsbericht (s. Weihnachten). Dazu gehört die Datierung der Geburt auf die Zeit des Herodes (gest. 4 v. Chr.), und zwar während der Schätzung (des Zensus) unter Quirinius. Leider ist darüber viel Widersprüchliches bekannt. Wahrscheinlich hat Flavius Josephus bei seiner Datierung auf 6 n. Chr. zwei Schätzungen zusammengezogen, sodass tatsächlich eine Schätzung auf 5 oder 4 v. Chr. fallen könnte – dann würde das Evangelium demjenigen Termin sehr nahe kommen, der aus anderen Überlegungen resultiert. Diese beruhen auf dem Beginn des Wirkens Jesu, das Lukas scheinbar sehr präzise auf das 15. Jahr der ›Hegemonie‹ des Kaisers Tiberius ansetzt. Jesus soll damals »ungefähr dreißig Jahre« alt gewesen sein, das Wirken ungefähr dreieinhalb Jahre gedauert haben. Nur gibt es hier die Schwierigkeit, dass nicht klar ist, was ›Hegemonie‹ bedeutet. Tiberius wurde Kaiser als Nachfolger des Augustus 14 n. Chr., aber vorher war er Mitregent in einem nicht genau bekannten Zeitraum. Bedeutet das 15. Jahr der ›Hegemonie‹ also das 15. Kaiserjahr des Tiberius, oder rechnet die Mitregentschaft mit? Weil sich diese Mitregentschaft nun gerade auf den Osten bezog, spricht viel für sie, was auf 26/27 n. Chr. hinausläuft. Zusammen mit den dreieinhalb Jahren des Wirkens, die vor allem durch Johannes gestützt werden (er spricht von drei oder vier Passahfesten, die Jesus feierte), kommt man also auf eine Geburt 5 oder 4 v. Chr., die zum erschlossenen ersten Quiriniuszensus passen würde.

Denkt man nun an die Vollmondnacht nach einem Freitag, so ergeben sich astronomisch für die Zeit zwi-

schen 25 und 35 n. Chr. genau zwei Termine: der
7. April 30 oder der 3. April 33 n. Chr. Der 7. April
harmoniert genau mit der Mitregierung und der Quiriniusschätzung. Er wird deshalb heute allgemein als der
wahrscheinlichste Termin angenommen. Dabei gibt es
eine zusätzliche Sicherheit von unerwarteter Seite. Als
es eigentlich schon zu spät war, also Jahrhunderte nach
dem Tod Jesu, setzte man immer noch auf die historischen Grundlagen des Glaubens. In den Osterfestberechnungen, die von der Spätantike an notwendig wurden, steckt also das Bemühen um Kontinuität, um Anschluss an das erste Ostergeschehen. In der kaum
vorstellbaren Komplexität dieses Rechnungswesens
verbirgt sich – wie vor allem August Strobel in seinem
monumentalen Werk hervorgehoben hat – das historische Ereignis.

Dies zeigt sich in der ersten zyklischen Osterfestberechnung, die erhalten ist: bei Hippolyt (gest. 235).
Dieser Bischof war mit seinem wesentlich mächtigeren
römischen Amtsbruder in Konflikt geraten und nach
Sardinien in Verbannung geschickt worden, wo er eine
Sondergemeinde betreute – und für sie das Osterfest
ausrechnen musste. Hippolyt legte dabei noch den ungenauen sechzehn- statt neunzehnjährigen Zyklus zugrunde, wobei er übrigens keinerlei Beobachtung der
astronomischen Verhältnisse hinzuzog, sondern nur
eine Berechnung nach einem Anfangstermin und dem
16-Jahre-Schlüssel vornahm, den er für sieben Zyklen,
also insgesamt 112 Jahre, durchführte: von 222 bis 334.
Schon nach dem ersten Zyklus differierte der errechnete vom korrekten Termin um drei Tage, d. h. der
Ostertermin wich immer mehr vom tatsächlichen Erscheinen des Frühlingsvollmonds ab, was später entsprechende Reformen hervorrief.

Aber die Osterfestberechnung war eben nicht die einzige Aufgabe, die sich Hippolyt stellte. Er suchte vielmehr die Verbindung zum Leben Jesu, um mit ihm die neue Weltära beginnen zu lassen. Die Geburt datierte er auf das 42. Kaiserjahr des Augustus, Mittwoch, den 25. März 2 v. Chr., den Tod – genau dreißig Jahre später – auf den 25. März 29 n. Chr. Astronomisch kann Letzteres nicht zutreffen, weil das jüdische Passah damals nicht auf einen Freitag fiel. Es ging Hippolyt aber offensichtlich um etwas anderes als historische Korrektheit, nämlich um einen symbolischen Termin: Der Tod (wie die Geburt) fällt auf den Tag der (römischen) Tagundnachtgleiche, auf den vierten Schöpfungstag, den Hippolyt vor genau 5500 Jahren ansetzte. Entscheidend aber ist, dass Hippolyt den Ausgangspunkt seines Zyklus mit dem Jahr 222 ganz offensichtlich als Folge von Zyklen seit dem Todesjahr ansetzte – und in dieser Hinsicht fast ins Schwarze getroffen hätte. Zwölf Zyklen zu 16 Jahren ergeben ja 192, die vom Jahr 30 gezählt auf genau 222 führen. Dass Hippolyt dann doch statt des korrekten Jahres 30 das unkorrekte Jahr 29 ansetzt, beruht auf zusätzlichen, aber irreführenden Überlegungen (deren Einzelheiten wir übergehen). Hinter den Berechnungen – darauf kommt es hier allein an – steckt letztlich die Überzeugung, dass sich das gesamte Weltgeschehen nach einem göttlichen, und das heißt: zahlenmäßig harmonischen, Plan vollzieht. Nur so lässt sich der erbittert geführte Streit verstehen, bei dem niemand die astronomischen Verhältnisse überprüft hat, sondern immer neue Berechnungen angestellt wurden, die allerdings so auffällig an das historische Datum des Todes Jesu anschließen.

Die wichtigste dieser Neuberechnungen nach Hippolyt geht auf den skythischen, also vom Schwarzen

Meer stammenden, Mönch Dionysius Exiguus (›der
Geringe‹) zurück, der seine griechische Bildung nach
Rom importierte (gest. vor 556). Eher als Kirchen-
rechtler von Bedeutung, griff Dionysius in seinem *Li-
ber de paschate* in den damaligen Streit um den Ostertermin zwischen der West- und der Ostkirche ein.
Zwar hatte man schon zu Zeiten des Nizänischen
Konzils eine Abhängigkeit vom kompetenteren Alexandrien anerkannt, in der Praxis war es aber immer
wieder zu Abweichungen vom dort errechneten Termin gekommen. Nun machte Dionysius die (überlegene) Berechnung der Alexandriner verbindlich. Er legt
statt des 16-Jahres-Zyklus den wesentlich genaueren
19-Jahres-Zyklus zugrunde, den er für fünf Zyklen,
also 95 Jahre, auf einer berühmten Tafel festhielt (für
532 bis 626).

Die entscheidende Tat aber lag darin, dass er den
Anschluss an das historische Jesus-Geschehen nicht in
Zyklen versteckte, sondern nach außen hin deutlich
machte. Statt wie damals üblich die verflossenen Jahre
nach dem Kaiser Diokletian, einem Christenverfolger,
zu zählen, legte Dionysius den Beginn der Ära nun auf
die Geburt Christi: Das Jahr 248 nach der Diokletiani-
schen Ära wird das Jahr 532 *ab incarnatione domini
nostri Jesu Christi*, ›seit der Fleischwerdung unseres
Herrn Jesus Christus‹ oder abgekürzt: seit Christi Geburt. Neben der Vorausberechnung der fünf neunzehnjährigen Mondzyklen von 532 bis 626 nahm er
also auch eine Zurückrechnung vor, bei der ihn ein
fünfhundertzweiunddreißigjähriger Osterzyklus (als
Produkt von achtundzwanzigjährigem Sonnen- und
neunzehnjährigem Mondzyklus) auf das Jahr 1 brachte: 1 n. Chr. als Geburtsjahr – und nicht das Jahr Null
(das die damalige Mathematik nicht kannte). Diese

Rechnung war faktisch falsch, bewirkte aber die fortan gültige Fixierung von Christi Geburt auf den 25. Dezember 1 oder den 25. Dezember 753 *ab urbe condita*, seit der Gründung Roms, wie man in der heidnischen Antike (seit Varro, gest. 27 v. Chr.) gerechnet hatte.

Dionysius Exiguus war nach dem Motto vorgegangen, dass die Regeln der Berechnung »nicht so sehr aus weltlicher Kenntnis als aus Erleuchtung des heiligen Geistes« stammten – und dabei sollte es im Mittelalter lange bleiben. Rechnen galt mehr als messen, Arno Borst hat in seinem Buch *Computus* (1990) vom »Sinnbild gebildeter Umsicht inmitten barbarischer Verwirrung« gesprochen, sofern das höchste Fest der Christenheit nicht an einem beliebigen, sondern am von Gott einzig vorgesehenen Tag gefeiert wurde. Alle Überarbeitungen der Osterfestberechnungen nahmen Korrekturen vor, um lediglich die gröbsten Fehler zu beheben, die mit den Berechnungen jedes Mal verbunden waren. Als aus dem Kreis um den gelehrten Cassiodor 562 eine Schrift *Computus paschalis* entstand, die erstmals den Begriff des Computus (von lateinisch *computare* ›zusammenrechnen‹) als Osterfestberechnung benutzte, erhob Papst Gregor I. Einspruch gegen zu viel Quantifizierung und bezeichnete allegorische Zahlendeutungen als völlig ausreichend. Dies förderte eine ganz andere Art der ›Berechnung‹: die Weltchronologie.

Das dazugehörige Denken wurzelt in der jüdischen Vorstellung von einer Umsetzung der Schöpfungswoche in Jahrtausende (denn für Gott sind tausend Jahre ein Tag: 2 Petr 3). Nach 6000 Jahren setzt danach der (ewige) Sabbattag Gottes ein. Mit dem Tod Jesu verbanden sich bei den Jüngern sofort Hoffnungen, man befinde sich kurz vor der Vollendung dieser Jahre. Als sich die Wiederkunft jedoch herauszögerte, tauchen

erste Konstruktionen einer ›Verlängerung‹ auf. Aus der
Geschichte Noahs (Gen 6,3) wurde etwa eine hundert-
zwanzigjährige Buß- und Gnadenfrist abgeleitet. Ende
des 2. Jahrhunderts dehnte man die Zeit der Geschichte bereits um 500 Jahre aus: Hippolyt fixierte die Geburt auf das Jahr 5500. Dieses Datum dominierte lange, auch als etwa Eusebius und Augustinus anders
rechneten. Eusebius ging von der Geburt im Jahre
5200 aus, was sehr gut zum Zeitgeschehen bzw. zur
damaligen Propaganda passte. Die Vizennalien (das
zwanzigjährige Regierungsjubiläum) von Kaiser Konstantin (325 n. Chr.) lagen genau 300 Jahre nach dem
Beginn des Wirkens Jesu, sofern man vom 15. Jahr des
Tiberius ausging. Eusebius lässt Konstantin, den Hüter
des Konzils von Nizäa, damit in Parallele zu Jesus treten: Wie dieser verkündet nun Konstantin der Welt
den Frieden. Augustinus setzte die Geburt sogar zurück auf das Jahr 5000, womit noch mehr Luft entstand, andererseits die Endzeitfurcht der Jahre um
1000 programmiert war.

   Eine neue Situation trat ein, als der gelehrte angelsächsische Mönch Beda Venerabilis zu beobachten und
(mit Sonnenuhr und Schattenstab) zu messen begann,
womit er zum Beispiel die Frühjahrstagundnachtgleiche (als frühesten Ostertermin) auf den 22. März festlegte. In seinem Buch *De temporum ratione, Die Lehre
von der Zeitrechnung* (725), bestimmte er die Osterda-
ten für den zweiten großen Zyklus von 532 bis 1063,
also für die (von ihm aus gesehen) nächsten dreihun-
dert Jahre, und legte den Beginn der Welt auf den 18.
März 3952 v. Chr. nach der Zählung des Dionysius
Exiguus, die sich damit im Mittelalter endgültig durchsetzte. Gleichzeitig datierte Beda erstmals die Mär-
tyrertode nach historischen Quellen, wobei hundert-

vierzehn kritisch gesicherte Namen herauskamen. An diese Art des Rechnens, unter Einschluss von Beobachtung und Messung, schlossen im Hochmittelalter Gelehrte wie Abbo von Fleury (Berechnung des dritten großen Zyklus von 1064 bis 1595), Notker der Deutsche und Hermann der Lahme an, mit denen die Komputistik einen Höchststand erreichte. Das Konzil von Trient (1545 bis 1563) machte diese Kunst für alle Priester obligatorisch, noch Carl Friedrich Gauß entwickelte im 19. Jahrhundert eine perfekte mathematische Formel zur Berechnung des Osterfestes.

Mit der Komputistik war also nicht der Tod Jesu zum Angelpunkt der Orientierung geworden, sondern seine Geburt. Aber es blieb eben diese historische Person, die für die Einteilung der Zeit verbindlich wurde. Im Laufe des Mittelalters verlor sich allmählich das Interesse an der genauen Datierung des Todes, weil mit der Inkarnationsära alle praktischen Probleme gelöst waren. Wenn weitergerechnet wurde, dann in die andere Richtung: in die des Weltendes, obwohl Augustinus mit Berufung auf Matthäus 24,36 (niemand »wisse den Tag und die Stunde«) davor eindringlich gewarnt hatte. Diese Art der Rechnung aber bescherte dem Abendland noch mehr als der Computus mathematisches Wissen. Johannes Fried hat in seinem Buch *Aufstieg aus dem Untergang* (2001) von der »Entstehung der modernen Naturwissenschaft« aus dem »apokalyptischen Denken« gesprochen, ja darin den »Schlüssel zum welthistorischen Verständnis für den wissenschaftlichen Aufstieg [des] Westens« gesehen. Der Ausgangspunkt dafür aber lag in der Verknüpfung des Glaubens mit den historischen Ereignissen. Nur die Eckpunkte verschoben sich immer wieder: vom Tod auf die Geburt bis schließlich zur Wiederkehr.

Ostern

oder: Das Zentrum des christlichen Kirchenjahres

Allein mir fehlt der Glaube ...

Als Faust in der Studierstube sein Leben als Bücherwurm beklagt und den Ausweg nur noch in Form der lange vergessenen »Phiole« mit dem Gift sieht, setzt unter Glockenklang der Chor der Engel ein: »Christ ist erstanden! Freude den Sterblichen ...« Es ist kein Wunder, es ist nur die Erinnerung an den »von Jugend auf« gewohnten Klang, die ihn ins Leben zurückruft. Faust hat allenfalls Glück gehabt, dass er genau diese Stunde für den Selbstmord wählte. So bekommt die Erde ihn dank der »süßen Himmelslieder« zurück. Zuvor aber hat er etwas gesagt, was zur Szene nicht zu passen scheint: »Die Botschaft hör' ich wohl, allein mir fehlt der Glaube.« Aber es passt eben doch: Hier glaubt jemand nicht und folgt trotzdem der Botschaft – weil sie ihn geprägt hat. Viel besser konnte man zu Beginn der Moderne die aufklärerische Kritik am Christentum nicht auf den Punkt bringen. Weder Weihnachten noch sonst ein Fest war dazu geeignet, nur Ostern.

Denn Ostern bildet als die Feier von Tod und Auferstehung Jesu – die evangelischen Christen feiern den Tod, die katholischen die Auferstehung als Gipfel – das Zentrum des christlichen Glaubens. Und zu diesem Zentrum gehört das historische Geschehen. Man kann sich heute fragen, warum die ersten Führer der christlichen Kirche dieses Risiko eingegangen sind: die Be-

hauptung des ganz und gar Unglaublichen, Unglaub-
würdigen. Aber genau so war es. Paulus hat vielleicht
als Erster alles auf diese eine Karte gesetzt. Im ersten
Korintherbrief kündigt er seinen Lesern an, sie würden
durch das Evangelium gerettet, wenn sie am »Wortlaut«
festhielten. Und der sagt: Christus ist gestorben, begraben und auferweckt worden. Für die Auferstehung
nennt Paulus Zeugen: Jesus erschien zunächst Petrus,
dann den Zwölfen, weiter »mehr als fünfhundert Brü-
dern zugleich«, schließlich ihm selbst (1 Kor 15,3–9).
Wieder und wieder betont Paulus die historische Realität der Ereignisse, macht die Wahrheit der Lehre Jesu
abhängig von dieser ungeheuerlichen Beglaubigung,
am eindringlichsten in der folgenden Formulierung:
»Wenn aber Christus nicht auferweckt worden ist, dann
ist euer Glaube nutzlos … Nun aber *ist* Christus von
den Toten auferweckt worden als der Erste der Entschlafenen. Da nämlich durch *einen* Menschen der Tod
gekommen ist, kommt durch *einen* Menschen auch die
Auferstehung der Toten. Denn wie in Adam alle sterben, so werden in Christus alle lebendig gemacht werden« (1 Kor 15,17, 20–22; vgl. weiterhin etwa: Gal 1,3;
Röm 1,4; 5,6–18; 1 Kor 9,1; 2 Kor 5,18; 12,9). Die Evangelisten und weitere Briefverfasser sagen das Gleiche.
    Natürlich hat es sofort Widerspruch gegeben. Schon
Matthäus berichtet in seinem Evangelium (Mt 28,11–
15), die Juden hätten auf die bestürzende Nachricht
von der angeblichen Auferstehung hin die römischen
Wachen am Grab bestochen. Sie sollten bezeugen, dass
die Jünger den Leichnam gestohlen hätten, um die
Auferstehung vorzugaukeln. Der Bibelkritik der Aufklärung kam eine solche Argumentation sehr gelegen.
In Deutschland war es der Orientalist Hermann Samu-
el Reimarus, der die Diebstahlthese in seinem Buch

Von dem Zwecke Jesu und seiner Jünger aufnahm. Lessing veröffentlichte es zehn Jahre nach dem Tod des Verfassers gleichsam doppelt anonym, indem er weder den Autor noch sich selbst als Herausgeber nannte, sondern die Schrift als *Fragmente eines Wolfenbüttelschen Ungenannten* (1778) zirkulieren ließ.

Dabei folgte Lessing nicht unbedingt selbst der These des Reimarus, dass Jesus sich als politischer Erlöser der Juden von der römischen Fremdherrschaft sah, den seine Jünger nach dem Scheitern zum »leidenden göttlichen Erlöser« umfunktionierten. Es ging ihm eher um eine historisierende Sicht des Neuen Testaments und der Bibel insgesamt, wie er sie im Jahr zuvor in einer ebenfalls anonymen Schrift entwickelt hatte: *Die Erziehung des Menschengeschlechts* (1777). Statt wie Reimarus Offenbarung und Vernunft in einen unüberbrückbaren Gegensatz zu bringen, sieht Lessing in der biblischen Offenbarung den (frühen) Moment eines »Entwicklungsgangs«. Der besseren Erfassbarkeit wegen werde in der Offenbarung bildlich ausgestaltet, was später die Vernunft autonom formuliere. Wie die Menschen als Kinder eine andere Auffassung besäßen denn als Erwachsene, so auch das Menschengeschlecht. Dabei unterbreite die Offenbarung »nichts, worauf die menschliche Vernunft, sich selbst überlassen, nicht auch kommen würde«. Es kommt für Lessing darauf an, die »geoffenbarten Wahrheiten« in »Vernunftwahrheiten« umzuwandeln, z. B. ethische Gebote nicht aufgrund von Lohn und Strafe zu befolgen, sondern um ihrer selbst willen. Der *Nathan* mit seinem Toleranzaufruf geht in die gleiche Richtung.

Mit anderen Worten: Das Ostergeschehen kann bestritten, aber es kann auch umgedeutet werden. Auf dieser Linie liegt die Bibelkritik des 19. Jahrhunderts.

David Friedrich Strauß erklärte in seinem *Leben Jesu* (1835/36) die biblischen Wunder als mythische Konstrukte, als eine ›Sprache‹, in der der eigentliche Gehalt der christlichen Botschaft lediglich ›ausgedrückt‹ sei. Die Kritik der Wunder berührt also den Kern des Christentums nicht, vielmehr liege im Mythos eine Wahrheit, die philosophisch lediglich anders ausgedrückt werde (als »Idee der Menschlichkeit«). Die »Christusreligion« sei zur »Humanitätsreligion« fortzubilden – im Grunde die Perspektive Lessings.

Auch im 20. Jahrhundert sind Gedanken dieser Art zur Grundlage von Theologie gemacht worden. Rudolf Bultmanns Aufsatz *Neues Testament und Mythologie* (1941) geht ebenfalls von Denkformen eines mythischen Weltbilds aus, in denen das Heilsgeschehen des Neuen Testaments beschrieben sei. Damit wird Entmythologisierung zur theologischen Aufgabe. Sie erfolgt bei Bultmann nicht als Eliminierung der Mythologie, sondern versteht sich als deren »existentiale Interpretation«. Dabei wird die Person Jesu zum entscheidenden Heilsereignis, Gottes Tat sei das Christusgeschehen mit seiner mythologischen Beschreibung im Neuen Testament. Die Auferstehung verstehe sich dann nicht als beglaubigendes Mirakel (wie es Paulus will), sondern sage etwas aus über die je eigene Überwindung des Todes. In heutiger Zeit versucht Hans Küng die Begründung eines Weltethos, in das alle großen Religionen ihr historisches Erbe einbringen. Rein formal – so die These – lässt sich ein Weltethos nicht begründen. Dies gelingt nur mithilfe der konkreten Substanz, die die Religionen mitbringen. Dazu gehört eben bei den Christen der Osterglaube. Es geht nicht darum, ob die Bibel Recht hat oder nicht, sondern es geht um das *Ethos*, das im Osterglauben wurzelt.

Damit sind freilich samt und sonders Versuche wiedergegeben, die biblischen Erzählungen zu ›retten‹. Daneben gibt es eine ganz andere Geschichte der Kritik, die davon ausgeht, dass die biblischen Schilderungen gezielte Fälschungen waren. Die Wunder sind dann keine Mythen, sondern zielen auf puren Aberglauben. Vor allem die französische Religionskritik des 17./18. Jahrhunderts hat dies behauptet, an der Spitze Pierre Bayle, besonders in seinem *Dictionnaire historique et critique* (1697). Aberglaube sei schlimmer als Atheismus, heißt es, und Tugend könne ohne weiteres mit Atheismus einhergehen, weil Moralität ohne Gottesbegriff auskomme. Auf dieser Linie formiert sich der moderne Atheismus, wie ihn etwa Ludwig Feuerbach dargestellt hat, und zwar im *Wesen des Christentums* (1841), das ursprünglich heißen sollte: *Kritik der reinen Unvernunft*. Für ihn bedeutet Bibelkritik: Frage nach der Beweiskraft von Quellen und Zeugnissen. Sofern diese Beweise fehlen, ergibt sich der Vorwurf des Priestertrugs: trotz Kenntnis des Mangels an Beweisen so zu tun, als habe die Aufdeckung des Mangels nie stattgefunden. Auch Peter Sloterdijk hat diese Haltung in seiner *Kritik der zynischen Vernunft* (1983) als eine der großen Zynismen des modernen Bewusstseins hingestellt: in der Gestalt des Weitermachens, als brauche man aus den kritischen Entdeckungen keinerlei Konsequenzen zu ziehen. Eine zugespitzte Formulierung lautet: »In der Tonne einer löchrigen Dogmatik haben sie [die Theologen] sich bis zum Jüngsten Tag wohnlich eingerichtet.«

Die Mutter aller Vigilien

Wir fragen hier nicht nach der Historizität der Ereignisse, sondern nach der Geschichte des Festes. Dabei interessiert zunächst die Entstehung. Sie ist so klar wie keine andere: Ostern setzt das jüdische Passah fort. Aufgrund der Umstände von Tod und Auferstehung Jesu feierten die Christen Ostern lange Zeit am genau gleichen Tag wie die Juden ihr Passah, ehe im 4. Jahrhundert der Wunsch nach Differenz zu einer Fixierung auf den Sonntag führte (s. Karfreitag). Aber die Erinnerung an den Zusammenhang ist nie abgerissen. In einigen Sprachen ist er bis heute erhalten. Das hebräische *Passah* (*pesach*, *paesah*) kehrt wieder etwa im griechischen *Pascha*, aber auch noch im französischen *Pâques* oder italienischen *pasqua*.

In der Spätantike gab es einen Streit um die Etymologie, bei dem nicht sprachliche, sondern theologische Argumente dominierten, wie Wolfgang Huber in *Passa und Ostern* (1969) gezeigt hat. Passah sollte sich von lateinisch *passio*, ›Leiden‹, herleiten und bedeuten, dass das Leiden (Jesu) vom Leiden (der Menschheit) befreit habe. Noch Laktanz behauptet dies am Anfang des 4. Jahrhunderts. Dann setzte sich eine ebenso falsche, aber sehr interessante Etymologie durch. Hieronymus, dem Augustinus folgen sollte, ging davon aus, dass das hebräische *Passah* ›Übergang‹ bedeute (lateinisch *transitus*). Es gehe bei Ostern also um den »Fortschritt des Menschen von der Unwissenheit zur Weisheit«, heißt es. Dem modernen Leser klingeln dabei die Ohren, sofern er an Kants Definition von Aufklärung als »Ausgang des Menschen aus seiner selbstverschuldeten Unmündigkeit« denkt. Wenn man bei Hieronymus weiterliest, merkt man freilich, dass er es durchaus anders meint. So ist vom »Übergang von den fleischlichen Begierden zur Enthaltsamkeit der Tugend« die Rede. Daran wurde dann weitergearbeitet, der Übergang auch auf die Verwandlung von Brot und Wein in Fleisch und Blut Christi bezogen, wonach die Eucharistie das wahre Passah wird. Chrysostomus, der ›Goldmund‹, hat es so in einer seiner Predigten formuliert.

Auch die deutsche Bezeichnung »Ostern« war lange umstritten. Sie geht bis auf die Anfänge der deutschen Überlieferung zurück, existiert in einem frühmittelalterlichen (althochdeutschen) *ôstarun*, das sich in einem hochmittelalterlichen (mittelhochdeutschen) *ôsteren* fortsetzt. Die angelsächsische Parallele *eastern* führt zum heutigen englischen *easter*. Daneben gab es im Niederdeutschen auch die andere Wurzel: *pâsche(n)*, wahrscheinlich nach dem Niederländischen *pasen*. Woher aber stammt die deutsche Wurzel? Man wird vielleicht an die Manie des 19. Jahrhunderts denken, germanische Traditionen ›aufzudecken‹. Aber es war in Wirklichkeit der fromme Kirchenhistoriker Beda Venerabilis im 8. Jahrhundert (in *De temporum ratione*), der es mit einer germanischen Göttin Ostara versuchte, die irgendwie mit der indogermanischen *aurora* verwandt sei und damit auf die Morgenröte verweise. Nur lässt sich eine solche Göttin nicht finden. Richtig scheint zu sein, dass ein anderes indogermanisches Wort für die Morgenröte am Anfang gestanden haben könnte: *austro*, das mit althochdeutsch *ôsten* zusammenhängt. Mit Ostern wäre dann die Auferstehungsliturgie bezeichnet, die beim Aufgang der Sonne gefeiert wird. Tatsächlich bildet sich zu Ostern schon seit dem 4. Jahrhundert ein ganzes Programm von Feiern aus, unter denen die nächtliche die wichtigste darstellt: die Vigil, die Mitternachtsmesse – Augustinus sprach von der »Mutter aller Vigilien«. Sie ist liturgisch die am reichsten ausgestattete Gottesdienstfeier gewesen und hat auch heute noch in der katholischen Kirche viele alte Bestandteile bewahrt.

Dazu gehört zunächst die Lichtfeier. Noch vor der Kirche wird die Osterkerze entzündet und unter dem dreimaligen Ruf *Lumen Christi!*, ›Licht Christi!‹, in die dunkle Kirche getragen. Von der Osterkerze werden die Kerzen der Gläubigen entzündet, worauf das *Exsultet* ertönt, der Lichtdankgesang, einer der ältesten liturgischen Texte überhaupt (in prächtigen *Exsultet*-Rollen überliefert). Dann folgt ein Wortgottesdienst mit Lesungen und Gebeten. Den dritten Teil macht die Tauffeier (mit Weihe des Taufwassers und Taufe) aus, die in der frühen Kirche vorzugsweise in dieser Nacht ihren Platz hatte, nachdem sich die Täuflinge lange vorbereitet hatten. Besonders für sie war Ostern das Fest der Feste, das übrigens bis zum nächsten Sonntag (der Oktav) währte, an dem sie ihre weißen Festkleider, die Alben, ablegten. Danach ist bis heute der Weiße Sonntag benannt, also nicht nach dem *An*legen der weißen Kleider, wie es heute zur Feier der Erstkommunion gehört, sondern nach dem *Ab*legen: *Dominica in deponendis albis* oder *post albas*. Nach der Tauffeier folgt dann als vierter und letzter Teil die Eucharistiefeier. Sie ist ebenfalls reich mit Gesängen ausgestaltet, die stets ins feierliche Halleluja münden.

Auch der Ostersonntag kennt besondere Gesänge, darunter die Sequenz *Victimae paschali laudes*, ›Lob dem Osterlamm‹, die von Wipo (gest. 1046), dem Hofkaplan Konrads II., stammt. Auch der Hymnus *Christ ist erstanden* könnte von ihm gedichtet worden sein. Im Mittelalter wurde speziell in Klöstern im Anschluss an den Vortrag des Evangeliums (oder statt seiner) ein

kleines Spiel ausgeführt, bei dem Mönche den Gang
der Marien zum Grab darstellten. Sie finden es offen
und hören vom Engel, der es bewacht, die Frage:
Quem quaeritis? ›Wen sucht ihr?‹, um die Antwort zu
erhalten: *Jesum crucifixum*, ›den gekreuzigten Jesus‹.
Aus dieser Keimzelle sollten sich dann Osterspiele
entwickeln, die ihrerseits wieder eine der Keimzellen
für all die anderen Spiele wurden, die im Mittelalter
die biblischen Zeugnisse in diesem eindrucksvollen
Medium präsentierten.

Nicht nur die Liturgie von Ostern kennt eine besonders reiche Ausgestaltung, auch das Brauchtum. Im
Gottesdienst tauchen die Ostermärlein auf, die nach
dem Ernst der Fastenzeit die Gläubigen erheitern sollten: als *risus paschalis*, Ostergelächter. Früh verbreitet war auch das Osterei, in dem man wohl ein Symbol für die Erneuerung des Lebens sehen muss. Im
12. Jahrhundert ist es Hauptbestandteil einer Speisen-
weihe in der Sonntagsmesse (neben Brot und Fleisch).
Dabei mag eine Rolle gespielt haben, dass die Eier
nach dem Verbot ihres Genusses während der Fastenzeit wieder in den Speiseplan eingeführt wurden. Fla-
den aus Eiern charakterisieren die österliche Küche,
wobei man offenbar auf die Eier zurückgriff, die sich
angesammelt hatten. Allerdings sind *bunte* Ostereier
(*ova paschalia* bzw. *ova rubra*) eine späte Erscheinung,
begegnen erstmals 1553. Nach wiederum fast hundert
Jahren tritt der Osterhase in Aktion, für den 1638 als
Erstbeleg gilt. Noch ist er allerdings nicht der eierle-
gende Gabenbringer, der die Verkitschung dann per-
fektioniert hat. Seit dem 16. Jahrhundert gibt es weitere Bräuche wie das Osterfeuer, bezeugt zum Beispiel
im *Weltbuch* (1534) des Sebastian Franck. Dort liest
man auch von brennenden Rädern, die man von Ber-

gen zu Tal laufen ließ, womit möglicherweise ältere
heidnische Frühjahrsbräuche ins christliche Fest integriert wurden. Der sehr frühe mittelalterliche Beleg
(*ignis paschalis*) in einem Brief des Papstes Zacharias an
Bonifatius 743 scheint sich dagegen auf den kirchlichen Brauch einer Feuerweihe zu beziehen, die der
Wasserweihe (zur Taufe) entspricht.

Nicht vergessen sei allerdings auch eine andere
Form des ›Brauchtums‹, die besonders Markus J. Wen-
ninger beschrieben hat. Seit dem Hochmittelalter wird
Ostern für die Juden zum ›gefährlichen Fest‹. Nachdem schon 538 auf der Synode in Orleans beschlossen
wurde, dass sich Juden während der Osterzeit nicht in
der Öffentlichkeit zeigen durften, kommt es seit der
Dogmatisierung der Transsubstantiationslehre auf dem
vierten Laterankonzil (1215) zum Vorwurf des Hos-
tienfrevels, der sich sehr bald mit dem des Ritualmords
verbinden sollte. Angeblicher Verkauf von Hostien an
die Juden oder die ›Auffindung‹ von Kinderleichen bei
der Feier des Sederabends wurden die Auslöser von
Pogromen, die sich (wie die Durchsicht von Prozess-
akten zeigt) bevorzugt auf die Osterzeit konzentrieren.
Auch die Tatsache, dass die Osterspiele des Spätmittelalters ausgesprochen judenfeindlich sind, trug zu den
Gefahren bei, die Juden in der Osterzeit drohten. In
die Weltliteratur ging die Schilderung eines Sederabends von 1287 ein, bei dem der Rabbi in seinem
Hause eine Kinderleiche entdeckt und flieht, ehe das
Unheil seinen Lauf nimmt. Leider ist das Werk unvoll-
endet geblieben, zeigt nur in Andeutungen, was danach geschah. Sein Verfasser aber ist Heinrich Heine,
der Titel lautet: *Der Rabbi von Bacherach*.

Weg vom Schaukelfest!

Alle Feierlichkeit, alles (vernünftige) Brauchtum konnte nicht darüber hinwegtäuschen, dass ausgerechnet dem wichtigsten Fest der Christenheit ein Makel anhaftete: die zeitliche Uneinheitlichkeit seiner Begehung. Seit dem frühen Christentum hatte es Alternativen gegeben, auch grundsätzliche wie die Forderung nach einem fixen (solaren) Termin neben der wandernden (lunaren) Feier. Als Papst Gregor XIII. im Jahre 1582 den Kalender reformierte, blieb es jedoch beim lunaren Termin.

Man kann bezweifeln, ob dahinter wirklich eine theologische Entscheidung stand oder nicht doch eher die Furcht vor einer Kirchenspaltung, die so sehr über dem Unternehmen gelegen hatte. Denn die Forderung nach einem solaren Ostertermin war auch damals wieder aktuell. Dabei dürfte es kaum eine Rolle gespielt haben, dass etwa in Gallien im 6. Jahrhundert tatsächlich Ostern am 25. März begangen wurde. Dieser 25. März (als Frühlingstagundnachtgleiche und Weltschöpfungstermin) gehörte theologisch in eine Spekulation, die wohl niemand mehr beleben wollte. Es ist eher so, dass die theologische Kraft des lunaren Termins (als Feier ›jener Nacht‹) erloschen war, dass man nur noch die Folgen bedauerte: die Beweglichkeit, diese *vagandi facultas*. Genau dies spielt in der Argumentation Luthers die Hauptrolle, wobei man nebenbei sieht, dass sich wieder einmal Judenfeindschaft bemerkbar macht. Der Forderung nach einem einheitlich von Kaiser und Königen für alle Welt festgelegten Ostertag folgt in der Schrift *Von den Conciliis und Kirchen* (1539) die Bemerkung: »Wieviel besser hätten sie das Gesetz Mose vom Osterfest ganz und gar tot sein lassen und nichts von dem alten Rock behalten sollen. Denn Christus, auf den es gerichtet war, hat es durch sein Leiden und Auferstehen aufgehoben, getötet und begraben auf ewig, den Vorhang im Tempel zerrissen und hernach Jerusalem mit Priestertum, Fürstentum, Gesetz und alles zerbrochen und zerstört. Dafür sollten sie den Tag des Leidens, des Grabes und des Auferstehens nach der Sonne Lauf berechnet, festgestellt und in den Kalender auf einen festen Tag gesetzt haben, wie sie es getan haben mit dem Christtag, Neujahr, den heiligen Königen, Lichtmeß und Mariä Verkündigung, St. Johannes und noch anderen Festen, die sie unbewegliche und nicht Schaukelfeste nennen. So hätte man alljährlich sicher gewusst, wann der Ostertag und die davon abhängigen Feste fielen, ohne so große Mühe und Disputation.« Gregor XIII. wird kaum Luther gelesen haben, aber unter seinen Beratern konnte er im Prinzip das gleiche Argument hören. So sprach sich auch Christoph Colavius für einen solaren Ostertermin aus, weil der lunare dem »alten Gesetz« angehöre, »das für uns keine Gültigkeit mehr besitzt«.

Die Entscheidung ist konservativ gefallen, und die Befürchtung einer Spaltung hat sich dennoch bewahrheitet. Selbst in katholischen Ländern erfolgte der Anschluss an Rom nicht überall sofort, in protestantischen dauerte es Jahrhunderte bis zur Annahme (s. Einführung). Das Osterfest lief förmlich auseinander, vor allem im Bereich der orthodoxen Kirche, die am julianischen Kalender festhielt. Hier berief man sich auf Nizäa und nicht zuletzt auf die tatsächlich so lange Zeit überlegene Tradition der Ostkirche. Als 1918 das sowjetische Russland den gregorianischen Kalender annahm, wertete die ohnehin unterdrückte orthodoxe Kirche dies als Affront und behielt in ihren Kirchen

und Klöstern den julianischen Kalender weiter bei.
Erst nach und nach gingen einige orthodoxe Kirchen
zum gregorianischen Kalender über: so Finnland 1920.
Meist kam es jedoch zu einer Spaltung. Im bürgerlichen Leben übernahm man den gregorianischen Kalender, im kirchlichen blieb es beim julianischen. Allerdings gehen die Feinheiten noch weiter. Während die
altorientalischen Kirchen und die orthodoxen Patriarchate Moskau, Belgrad und Georgien die unveränderli-
chen Kirchenfeste nach dem gregorianischen Kalender
feiern, feiern sie Ostern (bis auf die Orthodoxe Kirche
Finnlands) nach dem julianischen. Es ist klar, dass dieser Zustand als wenig befriedigend empfunden wurde.
Tatsächlich kam es im 20. Jahrhundert wiederholt zu
Bemühungen um eine neue und einheitliche Regelung
(die der Grazer Liturgiker Philipp Harnoncourt für
die Kirchen, Hannes E. Schlag besonders für Völkerbund und UNO ausführlich dargelegt hat).

Osterspaziergang gemeinsam?

Dabei spielt schon früh der Vorschlag einer Fixierung
des Osterfestes auf einen solaren Termin eine Rolle.
Als der Direktor der Berliner Sternwarte und Präsi-
dent des Internationalen Komitees für Maße und Gewichte, Wilhelm Förster, 1895 den Sonntag nach dem
4. April vorschlug, erntete er wohlwollende Aufmerksamkeit. Zwei Jahre später wandten sich astronomische Kreise verschiedener Länder im gleichen Anliegen
mit einer Bittschrift an den Papst, der Zustimmung
signalisierte, wenn er auch die Entscheidung einem
Allgemeinen Konzil vorbehalten wollte. 1902 griff der
Ökumenische Patriarch Joachim III. von Konstantino-

pel die Frage nach einem einheitlichen Ostertermin als
wichtige Grundlage eines geeinten Christentums auf
und bat um Stellungnahmen. Nachdem die Frage während des Ersten Weltkrieges liegen geblieben war, rief
der Patriarch 1920 das Weltchristentum noch einmal
zu gemeinsamer Aktion auf. Dann kam das Jahr 1923.

Es begann mit zwei Ereignissen, die vielverspre-
chend aussahen. Auf der weltlichen Seite erfolgte die
Gründung einer Kalenderkommission im Völkerbund.
Auf der kirchlichen reformierte die orthodoxe Kirche
auf einer panorthodoxen Konferenz vorsichtig den Kalender, indem die Heiligenfeste fortan nach dem gregorianischen Kalender gefeiert werden sollten. Noch weiter ging die orthodoxe (Landes-)Kirche Finnlands. In
einem mehrheitlich christlichen Umfeld gelegen, be-
schloss sie unter Konsultation des Ökumenischen Pa-
triarchats, Ostern nach dem gregorianischen Kalender
zu feiern. Gleichzeitig führte die Regierung in Griechenland den gregorianischen Kalender als bürgerlichen Kalender ein. Zusammen löste dies in der orthodoxen Welt eine Reaktion aus, die in der Folge alle Versuche einer Reformierung sowohl des Osterfestes wie
des Kalenders ins Stocken bringen sollte.

Zum ersten Mal trat genau das ein, was alle Kalen-
derreformer seit den Päpsten des Mittelalters fürchte-
ten: das Schisma. Konservative Kreise der Orthodoxie,
darunter besonders die Mönche des Berges Athos, sagten sich von der Zentrale los, wurden zu »Altkalenda-
riern«. Es darf bezweifelt werden, ob die gegebene Begründung – u. a. eine Verschiebung der Fastenzeiten –
den Kern der Sache traf. Letztlich waren die Schwierigkeiten innerhalb der orthodoxen Kirche größer als
in den westlichen. Sie hingen immer noch mit der
›Wende‹ von 1582, mit der gregorianischen Reform,

zusammen. Damals war eine mehr als tausendjährige
Tradition christlicher Gemeinsamkeit zu Ende gegangen. Der neue Kalender galt als päpstliches Diktat, jede
Übernahme als ›Unterwerfung‹. Daran sollten alle
künftigen Versuche, zur Gemeinsamkeit zurückzufin-
den, scheitern. Es ist deshalb wichtig zu betonen, dass
es eben nicht theologische Argumente waren, die die
Gemeinsamkeit verhinderten. Das Festhalten am lunaren Osterfest hatte nichts mehr mit dem Bezug auf
›jene Nacht‹ zu tun. Der solare Termin wurde ja von
allen Seiten begrüßt. Nur zusammen mit dem gregorianischen Kalender war er unakzeptabel.

Dies zeigt sich sehr deutlich im Fortgang der Geschichte. Während der Völkerbund die Frage der Kalenderreform diskutierte, wurde 1930 die *World Cal-
endar Association* in den USA gegründet. Im Vordergrund stand dabei ein ›immerwährender Kalender‹, bei
dem die Wochentage jedes Jahr auf die gleichen Kalen-
dertage fallen. Dazu sollte das Jahr in 364 Tage geteilt
werden, die der Monats- und Wochengliederung zugrunde liegen, während der letzte Tag gewissermaßen außerhalb des Kalenders (und auch außerhalb der
Wochenzählung) anzuhängen war. Gleichzeitig sollte
Ostern fixiert werden, zum Beispiel auf den zweiten
Sonntag im April. Auch diesmal erfuhr der Vorstoß
vielfältige Zustimmung. Die meisten evangelischen
Kirchen äußerten sich positiv, auch das Ökumenische
Patriarchat war im Prinzip einverstanden. Das größte
Problem aber ergab sich für das Judentum, das eine
Durchbrechung der Sieben-Tage-Woche unter keinen
Umständen akzeptieren wollte. Deshalb lehnte auch
Rom ab.

Dann folgte der Zweite Weltkrieg, der alle Gespräche abrupt beendete. Aber die UNO als Nachfolgein-

stitution des Völkerbunds nahm die Reformdiskussion auf, setzte eine eigene Kommission zur Erörterung ein. Damit waren erneut die Kirchen gefragt. Und diesmal trat der Vatikan fast in eine Vorreiterrolle. Das II. Vatikanische Konzil äußerte 1963 in einer eigenen Stellungnahme zur Kalenderfrage die Bereitschaft, sowohl einen Weltkalender zu befürworten wie auch Ostern zu fixieren – immer unter der Voraussetzung eines gemeinsamen Handelns aller christlichen Kirchen. Während in der UNO schon 1956 ein Schlussstrich gezogen worden war – die letzte Sitzung wurde ohne neuen Termin vertagt –, startete der *Weltrat der Kirchen* (WCC) 1965–67 eine Umfrage, um die Meinungen aller Beteiligten einzuholen. Dabei wurde klar, dass im Westen eine Bereitschaft zur Fixierung dominierte, im Osten nicht. Auf einer anschließenden Konferenz im Jahre 1970 wurde betont, dass die religiöse Bedeutung von Ostern und das ökumenische Anliegen der Einheit aller Christen Vorrang vor wirtschaftlichen Erwägungen haben müsse. Darin klang wohl die Erfahrung mit der Reformdiskussion von Völkerbund und UNO nach. Was genau unter religiöser Bedeutung zu verstehen ist, trat dahinter zurück. Nichts spricht dafür, dass der lunare Termin als solcher zur religiösen Bedeutung gehörte. Jedenfalls galt dies nicht für den Vatikan. Denn noch 1975, also Jahre nach Beendigung des Vatikanischen Konzils, korrespondierte Papst Paul VI. mit dem Ökumenischen Patriarchen Dimitrios I. über diese Frage und schlug vor, Ostern für immer auf den Sonntag nach dem zweiten Samstag im April zu feiern.

Man kann sagen, dass dies der letzte bedeutende Vorstoß dieser Art war. Schon auf der Vollversammlung des WCC in Nairobi im gleichen Jahr 1975 sprach man sich für die Beibehaltung der Beschlüsse von Nizäa und damit für den lunaren Ostertermin aus. 1982 kam von den Athos-Klöstern das endgültige Nein zu einer solaren Fixierung. Zwar wurde auf zahlreichen Konferenzen der folgenden Jahre immer wieder auch über ein gemeinsames Osterfest beraten, aber die Beachtung war gering. Dies gilt ebenso für das *Middle-East Council of Churches* (MECC), die *Conference of Churches in South-India* oder die Beratungen des WCC in Genf in den 1990er Jahren. Immer dann, wenn der Ostertermin in Ost und West zufällig zusammenfiel, intensivierte sich das Gespräch, um danach wieder in sich zusammenzufallen. Der letzte bedeutende Akt des Dramas fand im März 1997 im syrischen Aleppo statt. Dort tagte der Gemeinsame Studienkongress von WCC und MECC unter beratender Teilnahme von Vertretern aus Rom. Die Prinzipien, die dort erarbeitet wurden, liegen offenbar bis heute allen ähnlichen Unternehmungen zugrunde, sodass man davon ausgehen kann, dass ein anderer Weg nicht mehr infrage kommt.

Dazu gehört als wichtigster Punkt die Tatsache, dass ein gemeinsames Osterfest aller Christen außerordentlich erstrebenswert ist. Dieses Osterfest aber soll ein lunar bestimmtes bleiben. Das große Angebot an die orthodoxe Kirche lag darin, dass zur Berechnung nicht mehr die gregorianischen Daten herangezogen werden sollten, sondern völlig neu zu erarbeitende Prinzipien auf der Grundlage moderner Astronomie. Damit war ganz nebenbei das endgültige Aus für die mittlerweile Jahrhunderte alte Komputistik ausgesprochen. Die Frühlingstagundnachtgleiche sollte für den Meridian von Jerusalem berechnet und für alle christlichen Kirchen verbindlich gemacht werden. Nicht endgültig geklärt wurde interessanterweise die Frage, ob Ostern

nach dem ersten Vollmond nach der Frühlingstagundnachtgleiche gefeiert werden oder ob auch noch die
zweite Bestimmung von Nizäa Gültigkeit haben sollte:
der Sonntag nach dem jüdischen Passahfest. Es ist klar,
was damit auf dem Spiel steht: nicht weniger als eine
Rückkehr zur gemeinsamen Feier mit den Juden. Philipp Harnoncourt hat die Einbeziehung der Juden, die
auf der Konferenz nicht vertreten waren, in die Lösung des Problems ausdrücklich angemahnt. Die Frage
ist jedoch, ob wenigstens eine Weltökumene der
Christen ein realistisches Ziel ist.

Jedenfalls ist die Lage im Augenblick eine völlig
andere als noch vor wenigen Jahrzehnten. Damals
herrschten ganz offensichtlich ›praktische‹ Gründe vor,
galt eine Fixierung von Ostern als *Rettung* des (weniger komplizierten) Festes in einer von wirtschaftlichen
Interessen geprägten Umwelt (wie es etwa der Bonner
Liturgiker Adolf Adam vertrat). Heute scheint dagegen etwas anderes zu dominieren. Gerettet werden soll
eher der traditionelle Ausgangspunkt des Osterfestes.
Der Bezug auf das jüdische Passahfest hat Vorrang,
auch wenn damit eben dieses lunare Element im Kalender verbleibt, das unter modernen Gesichtspunkten
als ›Störung‹ wahrgenommen wird. Kalenderspezialisten wie der Wiener Informatiker Heinz Zemanek haben dabei vor Reformen mit ›vereinheitlichenden‹ Zielen ausdrücklich gewarnt, und zwar mit dem Hinweis,
dass im heutigen Computerzeitalter ein wanderndes
Fest kein Problem darstellt. Damit ergibt sich eine interessante Lage. Die globalisierte und computerisierte
Welt verträgt ein wanderndes Osterfest offenbar besser, als es noch vor wenigen Jahrzehnten der Fall war.
Die uralte Theologie ›jener Nacht‹ kann bleiben, weil
ihre Berechnung ein Kinderspiel geworden ist.

Maifeiertag

oder: Von Arbeiterdemonstrationen, Hexenfeiern
und der Versteigerung von Jungfrauen

Brauchtum zum Sommeranfang

Unter den sechs verschiedenen Jahresanfängen, die im
Mittelalter und in der frühen Neuzeit in Europa geläufig waren, kommt der 1. Mai nicht vor. Aber auch dieser Tag markiert einen Anfang. Mit dem Mai beginnt
die freundlichere Jahreszeit. Es gibt keinen entsprechenden Herbst- oder Winterbeginn, allenfalls den
Erntedank, der aber deutlich rückwärts gewandt ist.
Den Winter begrüßt man nicht, von ihm verabschiedet
man sich nur. Anders der Frühling bzw. Sommer.

Daher erklären sich zahlreiche Bräuche, deren Alter
man freilich nicht überschätzen darf. Ausgesprochenen
Begrüßungscharakter hat der Auszug aufs Land, den
ein derber Schwank aus dem Spätmittelalter bezeugt.
Er ist mit dem Namen des hochmittelalterlichen Lyri-
kers Neidhart von Reuental verbunden, der als Figur
einer kleinen balladenartigen Handlung oder auch eines breiter ausgearbeiteten weltlichen Spiels auftritt.
Neidhart begibt sich ins Grüne und findet ein Veilchen. Er will es der Hofgesellschaft zeigen und legt
vorsorglich seinen Hut darüber, damit niemand es
pflückt. Aber ein Bauer kommt vorbei, hebt den Hut
hoch, verrichtet über dem Veilchen sein Geschäft und
deckt alles wieder zu. Als Neidhart danach mit der
Gesellschaft erscheint und den Hut hochhebt, kann
man sich die Reaktion denken. Ein derber Spaß also,

der einmal die sprichwörtliche Bauernfeindschaft des
Dichters begründen sollte. Uns belegt er den Maispa-
ziergang zum Sommerbeginn.

Es gibt zahlreiche weitere Bräuche, die alle etwas
mit der erwachenden Natur zu tun haben. Zu den bekanntesten gehört der Maibaum. Beim Einholen ist die
Rede davon, dass der Mai ›gesucht‹ wird. Beim Auf-
richten mag neben der Demonstration der neuerwach-
ten Natur Phallisches eine Rolle spielen, vor allem
wenn man daran denkt, dass die jungen Männer ihren
Mädchen kleinere Exemplare vor die Tür oder aufs
Dach pflanzten. Der aufgerichtete Baum kann dann er-
klettert oder Ziel von Wettläufen werden – Formen
der Aneignung von heilbringenden Kräften vermutlich, wozu auch das Stehlen gehört. Das älteste deutsche Zeugnis eines Maibaums stammt aus dem Jahre
1225. Dabei ist die Verbreitung erstaunlich: In ganz
Europa wurde aufgepflanzt, die Kolonialisierung trug
den Maibaum in die ganze Welt. In Mexiko findet er
sich ebenso wie in Indien und Afrika.

Lokaler bezeugt, aber nicht weniger alt ist die Wahl
eines Maikönigs oder einer Maikönigin als Verkörperung des Frühlings. Auf der englischen Kanalinsel Man
kämpfte eine *Queen of May* mit einer *Queen of Winter*. Ansonsten dominieren bloße Umzüge mit den Er-
wählten, die sehr unterschiedlich an ihr Glück kommen konnten. Mal stand der Preis auf den Sieg in irgendeinem Wettstreit, mal wurde gewählt, wer zuletzt
aus dem Bett aufgestanden war.

Wesentlich ernster ging es demgegenüber zu beim
Mailehen. Dabei wurden im Dorf unverheiratete Mädchen unter den Junggesellen versteigert (bzw. verlost),
um für den Mai oder auch bis zur Ernte dem Höchst-
bietenden anzugehören. Volkskundliche Forschung

(Gottfried Korff) hat gezeigt, dass diese Form der ritualisierten Eheanbahnung wirtschaftliche Wurzeln hat. Angesichts eines Erbrechts, bei dem der Landbesitz immer mehr zersplitterte, sollte die Heirat unter den Dorfbewohnern das Land zusammenhalten. Die dörfliche Gemeinschaft erweist sich so gesehen als Not- und Zwangsverband, was auch immer dies für die Ehen (und nicht zuletzt: für die Kinder aus diesen Ehen) bedeutete. Dabei muss die Beobachtung der Maibräute äußerst streng gewesen sein. Der ersteigerte ›Besitz‹ durfte lediglich an festen Terminen und dann nur in Gesellschaft besucht bzw. zum Tanz geführt werden. Für Verstöße gab es derbe Rügebräuche, zum Beispiel eine nächtliche Katzenmusik, die vielleicht besser zu ertragen war als die anschließende Ausgrenzung.

Erwähnen wir zum Schluss noch das Maifeuer, mit dem allerlei Magisches verbunden ist: die Vorsorge für Gesundheit und Fruchtbarkeit im kommenden Jahr besonders, aber auch die Vertreibung von Bösem, darunter den angeblichen Hexen. Denn damit sind wir bei einem ganz anderen Thema. Kirchlich-liturgisch ist der 1. Mai das Fest der heiligen Walpurgis, einer aus England stammenden Helferin des Bonifatius bei dessen Missionstätigkeit in Deutschland. Aber nicht dieser Tag, sondern die voraufgehende Nacht, die Walpurgisnacht, hatte es in sich. In ihr fand der Hexenflug zum Hexensabbat auf dem Blocksberg statt, der schon im 14. Jahrhundert erwähnt und seit dem 17. besonders mit dem Brocken im Harz (neben vielen weiteren lokalen Bergen) identifiziert wird. Wie auch bei anderen Anfängen, speziell im Januar, das Auftreten bzw. die Vertreibung von Dämonen eine Rolle spielt, so eben auch beim Sommerbeginn. Darauf begründet sich die

Gegenwehr: das (Walpurgis-)Feuer, der Abwehrzauber mit Kreuzen oder Kräuterbüscheln an der Stalltür, das Schlagen von Bäumen (auch des Maibaums) oder das Mitnehmen von Büscheln.

Johann Praetorius, ein Magieexperte, der sich mit vielerlei Formen der Hexerei beschäftigte, hat all dies 1668 in einem Büchlein mit dem Titel *Blockes-Berges Verrichtung* beschrieben. Davon profitierte Goethe, als er in *Faust I* die berühmte Szene einbaute, in der Mephisto Faust das Spektakel vorführt. Die offene Sexualität des Ganzen tritt freilich in Gegensatz zur Erscheinung der Gretchen-Gestalt am Schluss, die bei Faust wieder die (wahre) Liebe entzündet, als es reichlich spät dafür ist. Denn Gretchen hat schon ihr (und Fausts) Kind umgebracht und erwartet im Gefängnis das Todesurteil, das Faust auf dem Blocksberg schon vollzogen sieht: als den roten Ring um ihren Hals vom Henkersschwert.

Der rote Mai und der heilige Josef

Was auch immer in den Köpfen jener vorging, die im Juli 1889 beim Gründungskongress der Zweiten Sozialistischen Internationalen den 1. Mai zum alle Völker verbindenden »Kampftag« ausriefen: Zum alten Fest der Eröffnung des Sommers konnte es allenfalls noch metaphorische Verbindungen geben. Vielleicht erschienen schlicht die Witterungsverhältnisse an diesem Tag für Aufmärsche günstig. Möglich auch, dass in einigen Ländern der 1. Mai als Wechseltermin galt: als *moving day* wie in den amerikanischen Oststaaten, aber auch in vielen deutschen Regionen, an dem neue Miets- und Arbeitsverträge geschlossen wurden. Für die Stadt

Wuppertal hat Gottfried Korff gezeigt, dass am 1. Mai
die Straßen voll waren von Menschen, die mit Sack und
Pack neue Wohnungen bezogen: eine völlig ungeregelte
Demonstration der Armutsverhältnisse in der beginnenden Industriegesellschaft. Von Franzosen konnte
diese Art des 1. Mai nicht vorgeschlagen worden sein,
fiel ihr Wechseltermin doch auf Michaelis, also den
29. September.

Wie auch immer es mit den Wurzeln war: An den
»roten Mai« sollten sich hochfliegende Hoffnungen
binden (die Jens Flemming beschrieben hat). In
Deutschland fiel 1890 das Sozialistengesetz, und sein
Urheber, Bismarck, wurde im gleichen Jahr vom Kaiser
entlassen. Die Sozialdemokraten errangen hohe Stim-
menzahlen bei den Reichstagswahlen, man hoffte auf
Reformen, speziell eine Verkürzung der Arbeitszeit.
Dazu sollte auch der 1. Mai dienen, zum Beispiel mit
demonstrativer Niederlegung der Arbeit. In der Realität aber schreckte man vor der Staatsmacht zurück,
suchte Kompromisse, um Gegenschläge zu vermeiden.
Dies galt besonders für die noch jungen Gewerkschaften, die die wenigen errungenen Erfolge nicht verspie-
len wollten. Von Anfang an nämlich gingen Polizeibe-
hörden gegen alle Arten von Aktivitäten vor. Wo dennoch gestreikt wurde, reagierten die Unternehmer mit
Aussperrungen. Schon 1890 siegten Staat und Unternehmer (teilweise unter Einsatz auswärtiger Arbeits-
kräfte) auf ganzer Linie. In Hamburg wurde mit Ge-
fängnisstrafen der letzte Wille gebrochen. August Be-
bel zog ein deprimiertes Fazit, als er zum Ausdruck
brachte, die Arbeiterschaft sei damals »kampfunfähig«
gemacht worden. Trotz einer Erholung in den nächsten
Jahren konnte weiterhin keine Arbeitsruhe am 1. Mai
durchgesetzt werden. Nur wenn der 1. Mai auf einen

Sonntag fiel, kam es zu Massendemonstrationen, ansonsten wurde die Zahl der Streikenden über das Mittel der Aussperrung klein gehalten. 1906 waren knapp 50 000 Arbeiter davon betroffen, die Mehrzahl Metallarbeiter. Angesichts dieses Drucks zog man sich in Gartenlauben zurück und traf sich auf abendlichen Festveranstaltungen. Der Sozialdemokrat Karl Kautsky bezeichnete 1909 die Maifeier als »Schmerzenskind«, das »nicht leben und nicht sterben« könne.

Während des Ersten Weltkriegs kamen alle Aktivitäten zum Erliegen. Dann aber schuf die Revolution vom November 1918 eine neue Situation: 1919 verabschiedete die Nationalversammlung ein Gesetz, das den 1. Mai zum allgemeinen Feiertag erklärte. Nur wenige Länder wie Sachsen oder Hamburg führten dies auch durch, weil schon zwei Monate nach dem Erlass eine bürgerliche Mehrheit im Reichstag erfolgreich Einspruch eingelegt hatte. Als verheerend aber erwies sich die Spaltung der Arbeiterschaft in Sozialdemokraten und Kommunisten, die sich erbittert bekämpften. Als der sozialdemokratische Polizeipräsident von Berlin am 1. Mai 1929 alle Demonstrationen verbot, kam es zu schweren Zusammenstößen mit zahlreichen Toten. Carl von Ossietzky bezeichnete den ›Blutmai‹ dieses Jahres als »letzte Erinnerung an die alte sozialistische Weltgemeinschaft«. Die scheinbare Rettung kam dann ausgerechnet von den Nationalsozialisten, die nach ihrer Machtergreifung den 1. Mai zum Feiertag der nationalen Arbeit ausriefen. Die Gewerkschaften gingen der Propaganda auf den Leim, marschierten zusammen mit den braunen Horden, um anschließend brutal unterdrückt zu werden. Während der Jahre der Diktatur diente der 1. Mai einer Demonstration vorgeblicher ›Volksgemeinschaft‹.

Dass unter diesen Umständen nach 1945 die neuen Gewerkschaften das Fest von 1889 beerbten, mag erstaunen. Während die Brisanz in dieser Zeit verloren war und sich die alljährlichen Kundgebungen in Routine auflösten, verkündete Papst Pius XII. 1955 ein *katholisches* Arbeiterfest: den Tag des heiligen Josef des Arbeiters am 1. Mai (neben dem Fest des heiligen Josef, Bräutigam der allerseligsten Jungfrau Maria, am 19. März). Die Arbeiter selbst, deren Definition immer schwieriger wird, bedenken heute wohl in der Mehrzahl weder die sozialistischen noch die christlichen Wurzeln des Gedenktages, wenn sie ins Grüne fahren.

Muttertag

oder: Von einer unglücklichen Initiatorin
und glücklichen Blumenverkäufern

Ein Vorspiel führt ins 17. Jahrhundert. In England hatten damals am Sonntag Lätare, also am vierten Sonntag in der österlichen Fastenzeit, Knechte und Mägde frei, um ihre Eltern zu besuchen, und brachten dazu einen Kuchen (den *simmel cake*, einen Semmelbröselkuchen) mit. Auch in Thüringen, in der französischen Champagne und im belgischen Wallonien gab es an Lätare Verwandtenbesuche, bei denen umgekehrt die Besucher offenbar reich bewirtet wurden. Vielleicht wäre es besser dabei geblieben.

Dann tritt Ann Jarvis in Erscheinung, die sich im amerikanischen Bürgerkrieg (dem Sezessionskrieg) von 1861 bis 1865 für die Behandlung von Kriegsverletzten und die Versorgung der Witwen einsetzt. Sie gründet den *Mother's Day Work Club*, bei dem erstmals der entscheidende Begriff auftaucht. 1872 findet sie Nachfolge bei der Publizistin und Suffragette Julia Ward Howe, die – ebenfalls eine strikte Kriegsgegnerin – die Einrichtung eines nationalen Feiertags für Mütter fordert: den *Mother's Day of Peace*. Dann stirbt Ann Jarvis am 9. Mai 1905. Ihre gleichnamige Tochter, vom Anliegen der Mutter ebenso beeindruckt wie von dessen Aufnahme durch Julia Ward Howe, feiert erstmals 1907 den Todestag der Mutter am zweiten Sonntag im Mai als *Memorial Mother's Day Meeting*: zunächst zu Ehren aller Mütter in ihrer methodistischen Heimatkirche in Virginia. Bei der Presse ruft dies ein erhebli-

ches Echo hervor, 1910 wird der *Mother's Day* bereits
in ganz West-Virginia begangen. 1912 gründet Ann
Jarvis Junior einen Verein zur weiteren Propagierung
des Festes (die *Mother's Day International Association*), schreibt dazu Briefe an die amerikanischen Präsi-
denten Theodore Roosevelt und Woodrow Wilson, bis
Wilson weich wird und tatsächlich 1914 den 8. Mai für
die gesamten USA zum Muttertag erklärt.

Möglich, dass dabei der Beginn des Ersten Weltkriegs eine Rolle gespielt und die alte Friedensidee
befördert hat. Freilich hinderte dies nicht die anschließende gnadenlose Kommerzialisierung des Gedenk-
tags. Aber Ann Jarvis blieb eine wirkliche Friedensak-
tivistin. Sie ist betroffen von der Entwicklung und
prozessiert 1923 *gegen* das Fest. Als dies erfolglos
bleibt, stört sie offenbar in handgreiflicher Weise eine
Feier und kommt ins Gefängnis. 1948 sagt sie einem
Journalisten, dass sie es bedaure, den Muttertag begründet zu haben. Zu dieser Zeit ist es jedoch längst zu
spät. Im gleichen Jahr, in dem Ann Jarvis prozessierte,
taucht das Fest bereits in Deutschland dank des Ver-
bands Deutscher Blumengeschäftsinhaber auf, der mit
der Arbeitsgemeinschaft für Volksgesundung zusam-
menarbeitet. Die Nationalsozialisten, die an Müttern
sehr interessiert waren, machen es sofort nach ihrer
Machtergreifung 1933 zum Feiertag. Sechs Jahre später, der Zweite Weltkrieg steht vor der Tür, kommt das
Mutterkreuz hinzu: in Bronze für vier bis fünf, in Sil-
ber für sechs bis sieben, in Gold für acht Kinder. Auch
in Österreich wird das Fest, das 1927 von der Frauenrechtlerin Marianne Hainisch durchgesetzt wurde, ab
1934 von den Austrofaschisten vereinnahmt.

Es ist schon erstaunlich, dass trotz dieses unüberbietbar zynischen Hintergrunds der Muttertag nach

1945 weitergefeiert wurde. In Deutschland und vielen anderen Ländern wie Belgien, der Türkei, aber auch Australien und Japan wurde er auf den zweiten Sonntag im Mai festgelegt. Andernorts wählte man andere Termine. Norwegen am ersten Sonntag im Februar, Albanien am 8. März, Ungarn, Portugal, Spanien am ersten Sonntag im Mai, Mexiko, Hong Kong, Malaysia am 10. Mai, Polen am 26. Mai, Frankreich am letzten Sonntag im Mai, Argentinien am zweiten Sonntag im Oktober und so fort. Der Grund des Erfolgs liegt überall in den verständlichen Initiativen der Blumenhändler. Sechs Millionen Gestecke sollen es jährlich in Deutschland sein, für Österreich liegt die Zahl von 130 Millionen Euro vor (wobei Geschenke anderer Art eingerechnet sind). Daran gemessen ist der Valentinstag der Verliebten am 14. Februar eher eine ärmliche Veranstaltung. Er geht auf einen heiligen Valentin im 3. Jahrhundert zurück, der römische Soldaten heimlich getraut und sie mit Blumen beschenkt haben soll.

Seit 1910 gibt es im Übrigen eine ganz andere Form von Konkurrenz zum Muttertag, die nicht im entferntesten eine Chance bekam, in der Popularität gleichzuziehen. Damals hatte die Internationale Sozialistische Frauenkonferenz in Kopenhagen den Internationalen Frauentag gegründet und auf den 8. März festgelegt. Initiatorin war eine Deutsche, die bekannte Frauenrechtlerin Clara Zetkin. Die Nazis verboten die Feier im gleichen Jahr, in dem sie den Muttertag einführten. Man muss es der DDR lassen, dass sie den so belasteten Muttertag nie anerkannte, sondern allein den Sozialistischen Frauentag feierte.

Noch ein Kuriosum am Ende. Es gibt noch einen wesentlich absurderen Feiertag, für den freilich kein eigenes Fest eingerichtet wurde: den ›Vatertag‹ an

Christi Himmelfahrt. Christi Himmelfahrt war – wir
werden es noch sehen – immer ein Prozessionsfest, das
auf Feldumgänge zur Frühlingszeit zurückweist. Wer
nach ›Wurzeln‹ von Festen sucht, wird also bei dem
Bollerwagen, mit dem man vor allem in Norddeutsch-
land ins Grüne zieht, endlich einmal bei germanischen
Bräuchen fündig. Wenn das nicht ein Grund zum Feiern ist!

Christi Himmelfahrt

oder: Ein Rechenfehler wird korrigiert

Von heidnischen und christlichen Bittprozessionen

Christi Himmelfahrt fällt auf einen Donnerstag, denn es hat im Kirchenjahr seinen festen Platz. Vierzig Tage weilte der auferstandene Jesus nach dem Zeugnis des Neuen Testaments bei seinen Jüngern, ehe er vor ihren Augen in den Himmel auffuhr. Von Ostern bis Himmelfahrt sind es genau diese vierzig Tage. Sie wurden immer als Gegengewicht gegen die andere Quadragesima empfunden: als nachösterliche Freudenzeit gegenüber der vorösterlichen Buß- bzw. Fastenzeit. Bei dieser zahlenmäßigen Harmonie überrascht es, dass sich das Fest nur zögernd durchgesetzt hat. Lange Zeit wurde die Himmelfahrt zehn Tage später, an Pfingsten, begangen, wo doch nicht Auffahrt, sondern Herabkunft das Thema ist: die Herabkunft des Heiligen Geistes. Natürlich war so oder so die große Osterfeier abgeschlossen. Tod und Auferstehung münden in Himmelfahrt und das Auftreten der dritten göttlichen Person, des Heiligen Geistes. Aber wieso diese eigenartige Unlogik in der Anlage des Festes? Die Antwort lautet: Die Himmelfahrt hatte etwas anderes an sich gezogen. Auf diesen Tag konzentrierte sich die wichtigste Prozession des Jahres, die Bitte um Wachstum und Gedeihen im kommenden Jahr. Die Himmelfahrt fällt ja in den Mai, in den Beginn der Aussaat. Schon in römischer Zeit war dies mit entsprechenden Bräuchen verbunden gewesen. Dagegen formierte sich das neue

Fest. Statt der Anrufung der heidnischen Götter waren es nun besonders die christlichen Heiligen, von denen Hilfe erfleht wurde.

In Rom sprach man von der *Großen Litanei* am 25. April, am Fest der Göttin Rubigo, zuständig für den gefährlichen Getreidebrand: den Rost, der sich auf Früchte und Weinreben legt. Zu Ehren der Göttin hielt man einen Umzug in weißen Gewändern, wie Ovid berichtet und hinzufügt: Lieber sollten die Schwerter in ihren Scheiden festrosten, als dass diese Form des Rostes die Pflanzen befalle – dramatischer kann man die Gefahr kaum ausmalen. Man verließ damals die Stadt durch die Porta Flaminia, überschritt die Milvische Brücke und opferte in einem Tempel u. a. einen Hund, weil zu dieser Zeit jener Hundsstern (der Sirius) am frühmorgendlichen Himmel aufging, der den Hochsommer ankündigte. Fast den gleichen Weg aber nahm am gleichen Tag (jetzt: am Markusfest) schon unter Papst Hadrian I. die christliche Prozession. Sie begann an der Laurentiuskirche an der Porta Flaminia, führte über die Milvische Brücke und bog dann ab in Richtung Vatikan, wo statt des Hundeopfers eine Messe stattfand. Diese Prozession wurde dann überall übernommen, und zwar als eine Prozession, die durch die Felder führte. Das Gebet, das dabei gesprochen wurde, hieß nach den römischen *litaniae* »Litanei«. Es war die große Allerheiligenlitanei, in der Maria, die Engel und die Heiligen, von den Patriarchen und Aposteln über die Märtyrer bis zu den Jungfrauen und Frauen um Hilfe angefleht wurden. Stücke davon reichen zurück bis ins 4. Jahrhundert.

Demgegenüber trat das Himmelfahrtsfest anfangs zurück, noch Eusebius platziert in seiner Schrift *Über das Passah* die Himmelfahrt auf Pfingsten. Als sich das Fest

jedoch durchsetzte, verband es sich mit der alten Bittprozession, wurde offenbar das christliche Frühlingsfest in Konkurrenz zu heidnischen Maifesten mit ihren
Begehungen der Feldflur. In karolingischer Zeit spricht
Hrabanus Maurus von großen Prozessionen an den drei
Tagen vor Himmelfahrt und schimpft bei dieser Gelegenheit auf all den heidnischen Brauch, der damit zu seiner Zeit offenbar noch immer verbunden war. Statt am
Gebet teilzunehmen, wenn die Reliquien durch die Felder getragen wurden, schwängen sich die Prozessions-
teilnehmer auf ihre Pferde und galoppierten unter brül-
lendem Gelächter über die Felder, um sich anschließend
die Mägen zu füllen und sich zu betrinken. Einige Jahrhunderte später ging es wesentlich züchtiger zu. Vor allem ist die Prozession nun endgültig an Himmelfahrt
angelangt. So wird in Magdeburg Mitte des 13. Jahrhunderts der Schutzpatron der Stadt, der heilige Mauritius,
über die Felder bis in das Dorf Ottersleben getragen.
Nach Beendigung der Prozession findet ein Mahl statt,
anschließend werden die Reliquien in die Domkirche
zurückgeführt. Dort nehmen die Geistlichen sie in
Empfang, und diesmal sind es die Geistlichen selbst, die
hoch zu Ross und wohl ohne Grölen die Felder umrei-
ten.

Ein Ring im Meer und ein Ritt mit Blut

Grenzabschreitung also ist der Sinn der Prozession,
nicht mehr die Sorge wegen des Getreidebrands, der
eher bei den alten Bittprozessionen *vor* Himmelfahrt
verbleibt, sondern eine Art symbolische Besitzergrei-
fung von Grund und Boden. Ihre wohl glanzvollste
Form hat diese Prozession in Venedig erhalten, die
Hermann Schreiber nachgezeichnet hat.

Man weiß, wie Venedig entstanden ist: als Fluchtziel
in Zeiten der Auflösung des Römischen Reiches. Nur
Einheimische fanden sich in diesem seltsamen Ge-
misch von Land und Meer zurecht, das allmählich zur
Stadt heranwuchs, zur neutralen Republik, die sich
selbst als *Serenissima* feierte und ihre Handelsmacht
zum Aufbau einer der erfolgreichsten Kräfte des
Hoch- und Spätmittelalters nutzte. Schon Kaiser
Friedrich Barbarossa beendete hier seinen Streit mit
Papst Alexander III. mit einem legendären Fest. Und
Feste konnte man feiern. Übers ganze Jahr zogen sich
kirchliche Feiertage und Gedenktage an große Ereignisse hin: die Vollendung der Markuskirche am 14. Januar, das Eintreffen der Gebeine des heiligen Markus
am 31. Januar (oder am ersten Februarsonntag), am
16. April die Niederschlagung der Verschwörung des
Jahres 1345, am 13. Juni die Ausstellung der Reliquien
des heiligen Antonius in Santa Maria della Salute mit
festlicher Anfahrt, am 10. Juli die Errettung von der
Pest des Jahres 1576, am 6. August der Seesieg über die
Türken 1656, dazwischen die Wahl des neuen Dogen.
Nichts aber erreichte den Glanz des Festes aller Feste im Jahr mit dem Namen *La Sensa* (auch: *La Scensa*),
das Casanova in seiner französisch geschriebenen Beschreibung von Venedig einfach als *foire*, also »Fest«,
wiedergibt, obwohl es sich um ein ganz bestimmtes
handelt: nämlich das Himmelfahrtsfest, in ausführlicher Lesart: *Ascension*. Bis nach Asien sollen die Feier-
lichkeiten bekannt gewesen sein, zu denen die Besu-
cherscharen aus ganz Europa eintrafen. Dafür gab es
Großartiges zu sehen: die Zeremonie der *sposalizio del
mare*, die Vermählung des Dogen mit dem Meer. In
allen Einzelheiten waren die Abläufe protokollarisch
vorgeschrieben. Der Doge fuhr im Bucentoro (nach

bucina d'oro, der Goldenen Barke) hinaus. Die letzte und vermutlich prächtigste aus dem Jahre 1729 maß 30 Meter Länge und wurde von 168 Ruderern an 42 Riemen angetrieben. Begleitet wurde sie von einer Flotte kleinerer Schiffe bzw. Gondeln, darunter diejenige des Patriarchen von Venedig. Am Lido traf man zusammen, wo der Patriarch dem Dogen auf einer silbernen Schüssel Rosen überreichte. Dann nahm man vereint Kurs auf die Adria, wo der Doge von der Brücke seines Schiffs aus einen schmalen Goldreif ins Meer warf und dazu die Worte sprach: *Desponsamus te, mare, in signum veri perpetuique domini*, ,Ich vermähle mich dir, o Meer, im Sinne einer wirklichen und dauernden Herrschaft‹. Anschließend fand der Festgottesdienst in der San-Niccolò-Kirche auf dem Lido statt, woran sich ein vierzehntägiger Jahrmarkt anschloss.

Statt Flurbegehung eine Seebefahrung also! Aber auch bei Flurbegehungen konnte sich Spektakuläres (im Wortsinne) ereignen. In Deutschland zählt dazu der sogenannte Blutritt, den man bis heute am Tag nach Christi Himmelfahrt (also an einem Freitag) in Weingarten abhält. Der Grund für die Verschiebung ist leicht verständlich. Auf dieser Prozession wird eine Reliquie übers Land getragen, die mit Karfreitag verbunden ist: ein Blutstropfen Christi, den 1094 die welfische Herzogin Judith von Flandern der Benediktinerabtei am Ort gestiftet hatte. Dass dies anfangs zu Pferde geschah, ist nichts Besonderes, wie das Beispiel Magdeburg lehrt. Im heutigen Zeitalter der Medienveranstaltungen hat das Zeugnis des Glaubens »hoch zu Ross« Raritätenstatus und zieht alljährlich 3000 Reiter an, die ein durchaus anstrengendes Programm absolvieren. Am Vorabend, also dem tatsächlichen Himmelfahrtstag, ist Sammlung. Am ›Blutfreitag‹ be-

ginnt um 6 Uhr die Frühmesse, um 7 setzt sich der
Tross mit Reliquie in Bewegung. Gegen 11 Uhr ist er
zurück, um am Pontifikalamt in der Basilika teilzunehmen. Im Internet findet man filmische Aufnahmen
vom Ritt vor achtzig Jahren zusammen mit dem jeweils neuesten. Am Begriff ‚Blutritt‹ wird man wohl
trotz naheliegender Missverständnisse nichts ändern.

Pfingsten

oder: Das Fest des Geistes und der Zungen

Ein Turnier fällt ins Wasser

»Pfingsten, das liebliche Fest, war gekommen ...« – so beginnt Goethe seinen *Reineke Fuchs* (1794), der das in ganz Europa verbreitete mittelalterliche Epos ins Hochdeutsche übertrug. Schlimmes wird sich vollziehen, denn der Fuchs kann auf zwei Hoftagen den macht- und geldgierigen Löwen (als König) dazu bewegen, die gerechten Anklagen fallen und den Schelm ziehen zu lassen. Hoftage also, die nicht nur im Tierepos auf dieses Fest fielen. Pfingsten war im Mittelalter einer der bedeutendsten Anlässe für politische Aktivitäten überhaupt. Als Friedrich Barbarossa 1184 in Mainz die Großen seines Reiches versammelte, um sie an der Schwertleite seiner beiden Söhne teilnehmen zu lassen, war ebenfalls Pfingsten. Die grandiosen Abläufe mit dem Einzug Hunderter Ritter, mit der Festkrönung des Herrscherpaares und anschließendem großen Bankett hat, wohl aus eigener Beobachtung, Heinrich von Veldeke in seinem Äneas-Roman wiedergegeben. Das Ende war freilich verdüstert. Ein fürchterlicher Sturm hatte die Zeltstadt zerstört und das geplante Turnier buchstäblich ins Wasser fallen lassen. Fromme Beobachter glaubten, dafür den Grund zu kennen – die Quittung für Maßlosigkeit.

Im Hochmittelalter hatte Pfingsten längst seine endgültige Stellung im Kirchenjahr erhalten: als zweites Hochfest im Osterfestkreis, mit vorabendlicher Vigil,

zweitem Feiertag und Oktav, also Festwoche danach.
Die Anfänge waren jedoch schwierig gewesen. Das
Wort »Pfingsten« ist abgeleitet von griechisch *pente-
koste* (›fünfzig‹), der fünfzigtägigen Freudenzeit nach
Ostern, und meinte ursprünglich diese Zeit insgesamt.
Hippolyt rechnet noch mit den symbolischen sieben
mal sieben Tagen, so dass Pfingsten als der fünfzigste
Tag erscheint, wie es sich schließlich durchsetzte.
Pfingsten wird so zum Fest der Zusammenfassung, des
letzten Höhepunkts, auf den man ja auch noch die
Aufnahme Jesu in den Himmel legte, ehe man sich an
den Text des Neuen Testaments hielt, der dieses Ereignis auf den vierzigsten Tag datiert. Damit wird Pfingsten endgültig frei für die Herabkunft des Heiligen
Geistes, die schon früh angelegt war. Denn nicht nur
Ostern hat seinen Ursprung im jüdischen Passahfest,
auch zu Pfingsten gibt es einen jüdischen Vorläufer: Es
ist das Wochenfest, an dem die Gesetzesübergabe am
Sinai gefeiert wurde: Gabe des alten Gesetzes dort,
Gabe des neuen hier. Im 5. Jahrhundert erst ist aus
dem ursprünglichen Christus- ein Heiliggeistfest geworden. »Pfingstlich« wird fortan den Sinn der Erneuerung im Geist haben, wie es Joachim von Fiore
dann im 13. Jahrhundert zum neuen Weltalter des
Geistes ausweiten sollte.

Damit war eine scharfe Gegenüberstellung zum
Buchstaben gegeben: Der alte Bund beruhte auf diesem Buchstaben, ›buchstabierte‹ aus, was zu tun und
zu lassen sei. Der neue Bund sollte frei machen von
bloß Fixiertem, dem Geist von Geboten folgen, nicht
ihrem Wortlaut. Dazu dienten sieben Gaben: Gottes-
furcht, Frömmigkeit, Rat, Stärke, Einsicht, Erkenntnis,
Weisheit (warum eigentlich nicht Kritik?). Der Hymnus des Festes ist wahrscheinlich von Hrabanus Mau-

rus gedichtet und gehört zu den schönsten überhaupt:
Veni, Creator Spiritus, den man am besten einmal mit
seiner gregorianischen Melodie vorgetragen hört. Martin Luther hat ihn kraftvoll ins Deutsche übersetzt:

> Komm, Gott Schöpfer, heiliger Geist,
> besuch das Herz der Menschen dein,
> mit Gnaden sie füll, denn du weißt,
> dass sie deine Geschöpfe sind …

Auch die Sequenz nach der Lesung der Messe (sie
stammt von Stephan Langton, Erzbischof von Canterbury im frühen 13. Jahrhundert) ist berühmt: *Veni,
Sancte Spiritus*, ebenfalls von Luther übersetzt:

> Komm, Heiliger Geist, Herre Gott,
> Erfüll mit deiner Gnade Gut
> Deiner Gläubigen Herz, Mut und Sinn,
> Dein brünstig Lieb' entzünd' in ihn'n! …

Bach hat diese Texte in höchster Kunstfertigkeit zu
Choralvorspielen verarbeitet (BWV 667 und 651).

Von der Glossolalie zum »Geschrey zur Mitternacht«

An Pfingsten kam – so berichtet es das Evangelium –
der Heilige Geist auf die Jünger herab. Die Szene wird
dramatisch geschildert: »Da kam plötzlich vom Himmel her ein Brausen, wie wenn ein heftiger Sturm da-
herfährt, und erfüllte das ganze Haus, in dem sie waren« (Apg 2,2). Darauf dann das eigentliche Geschehen: »Und es erschienen ihnen Zungen wie von Feuer,
die sich verteilten; auf jeden von ihnen ließ sich eine

nieder. Alle wurden mit dem heiligen Geist erfüllt und begannen, in fremden Sprachen zu reden, wie es der Geist ihnen eingab« (Apg 2,3 f.).

Ein Wunder also, das Pfingstwunder, dem in der Apostelgeschichte ein längerer Bericht gewidmet ist. Die Bewohner der Gegend um Jerusalem, Juden, von denen es heißt, dass sie aus den verschiedensten Regionen des Landes stammten, laufen zusammen, staunen darüber, dass jeder seine Muttersprache zu hören glaubt. Eigenartigerweise verstehen einige das Ganze anders. Sie spotten, die Redner seien betrunken. Da tritt Petrus auf und hält eine längere Rede. Die Männer seien nicht betrunken, beginnt er, und begründet dies nicht ohne Naivität auch noch damit, es sei erst die dritte Stunde am Morgen. Nach Trunkenheit muss es sich also auch angehört haben, vielleicht für die, die nicht hören wollten. Dann folgt der Kern der Rede, eine Erinnerung an den Propheten Joël, der schon im Alten Testament prophezeite, dass Gott seinen Geist aussenden und seinen Anhängern Visionen und Träume eingeben werde, bis endlich der letzte Tag komme, an dem nur die gerettet würden, die den Namen des Herrn anriefen. Jesus von Nazareth, gerade erst gekreuzigt, aber von den Toten auferstanden, wie er und die anderen Jünger bezeugen könnten, sei der wahre Messias, den alle als Herrn anerkennen sollten. Darauf folgen die ersten ›Aufnahmeanträge‹ in Form von Taufbegehren.

Die Stelle wäre nicht so interessant, wenn nicht Paulus im ersten Korintherbrief (1 Kor 14,13–23) zu ihr so eigenartig Stellung genommen hätte. Er behandelt das *glossais lalein*, das ›Sprechen (eigentlich: Lallen) in Zungen‹, als etwas durchaus Bekanntes, zu dem er jedoch Distanz hält: Er selbst wolle lieber fünf Worte

mit Verstand als 10 000 »in Zungen« sprechen, heißt es
drastisch. In Zungen zu beten, hält er zwar auch für
Beten, jedoch sagt er wieder deutlich: »… aber mein
Verstand bleibt unfruchtbar.« Gemeindemitglieder
könnten leicht Anstoß nehmen, ja ähnlich reagieren
wie die umstehenden Spötter damals: »Werden sie
denn nicht sagen: Ihr seid verrückt?« Paulus pocht also
sehr auf Einsicht, ist skeptisch gegenüber dem Lallen. Die Stelle erinnert ein wenig an eine Überlegung
des Ambrosius, des Lehrers von Augustinus. Als er
von dem Wüstenmönch Antonius berichtet, dieser habe nach einmaligem Lesen die Bibel auswendig beherrscht, räumt Ambrosius ein solches Wunder ein,
empfiehlt aber selbst eifriges Studieren. Hat Paulus das
Ganze auch für ein Wunder gehalten, für eine »Simul-
tan-Dolmetsch-Anlage des heiligen Geistes« (Thomas
Macho), auf dessen Wiederholung man besser nicht
vertrauen sollte?

Interessant ist, dass man sehr viel später in ganz anderer Weise auf die Bibelstelle zurückkam, wie Thomas Macho gezeigt hat. Herder, der sich sehr für die
Ursprache des Menschengeschlechts interessierte, interpretiert das Zungenreden als eine besonders geister-
füllte Rede jenseits von Fremdsprachenhürden. Es geht
ihm um eine Beseelung der Sprache, die im Hebräi-
schen ja wirklich dadurch zustande kommt, dass beim
Schreiben die Vokale den Konsonanten als eigene Zeichen hinzugefügt werden. Diese ›Befreiung‹ des Buch-
stabens durch den ›Hauch‹ setzt er in Parallele zum
Protestantismus, der den erstarrten Katholizismus
überwunden habe. Aber Herder reagiert damit auf eine
ganz andere Wiederbelebung der Glossolalie in seiner
Zeit: nämlich das tatsächliche Lallen in Erweckungsbe-
wegungen, zu denen ebenso die französischen Carni-

sards im 17. Jahrhundert gehörten wie die Quäker und
Mormonen sowie die Irvingisten (die Anhänger des
Pastors Edvard Irving) im 18. und 19. Jahrhundert.
1715 war von Johann Karl Gleim eine Schrift mit dem
Titel erschienen: *Das Geschrey zur Mitternacht, durch
den Geist der Weissagung gewürcket und verkündiget
und jetzo als ein Zeugnuß der wahren Inspiration dargelegt.* Darin beginnt ein Satz mit den ›Worten‹: »Sche-
takoro olahamanu, olaschemenetehora, tischama …«,
um unter all dem Kauderwelsch das Wort »Jesus« zu
enthalten. Auch die Pfingstbewegung des Methodis-
tenpfarrers Charles Fox Parham experimentierte mit
glossolalischen Vorträgen, sogar Gesängen.

Im 19. und 20. Jahrhundert hat sich die Psychologie
an diesem Phänomen interessiert gezeigt. Karl Wilhelm Ideler etwa behandelte die Glossolalie in seiner
Theorie des religiösen Wahnsinns (1848). Dann beschäftigte sich der psychoanalytisch gebildete Pfarrer
Oskar Pfister, ein Korrespondent Sigmund Freuds,
mit der Glossolalie und deutete sie als neurotische
Wunscherfüllung. Zu dieser Zeit bemächtigte sich auch
die Dichtung des entrückten Stammelns. Hans Arps
Lautgedichte ähneln der Glossolalie durchaus, bei
Hugo Ball ist ein Interesse an spätantiken Ekstasetech-
niken sogar ausdrücklich bezeugt. Ein eigenartiges An-
regepotential also, das die Erzählung der Apostelgeschichte zusammen mit der Interpretation des Paulus
bietet. Und noch immer ähnelt der Eindruck dem, den
die Apostelgeschichte schilderte: hier diejenigen, die
Erleuchtete wahrnehmen wollen, und dort die, die an
geistige Verirrung glauben.

Fronleichnam

oder: Ein spätes Fest mit Potential zur Spaltung

Vision einer Nonne

Mehrfach hat sich das Christentum auf klare, aber auch gewagte Formulierungen seiner Glaubensinhalte festgelegt. Dabei ging es zunächst um die Person Jesu Christi: War er Gott und nur scheinbar Mensch oder war er umgekehrt bloßer Mensch und Gott nur ähnlich? Die großen Konzilien von Nizäa 325 bis Chalkedon 451 haben darauf die Antwort erteilt: Nein, nicht nur zum Schein Gott und diesem auch nicht nur wesensähnlich, vielmehr war Jesus Gott wesensgleich, in einer Person Mensch und Gott. So steht es im Glaubensbekenntnis. Und dann das nächste Problem. Was genau geschieht in der Messe, wenn der Priester Brot und Wein in Fleisch und Blut Christi verwandelt? Handelt es sich um eine wirkliche oder nur um eine symbolische Verwandlung?

Im 9. Jahrhundert treffen die verschiedenen Auffassungen zum ersten Mal hart aufeinander. Hrabanus Maurus, der Berater Karls des Großen, kämpft für die Unvereinbarkeit von Symbol und Realität, will die Realität. Ein viel weniger Bekannter, Paschasius Radbertus, plädiert für tatsächliche und symbolische Wirklichkeit zugleich. Ohne wirkliche Einigung bricht der Streit im 11. Jahrhundert wieder auf. Berengar von Tours polemisiert gegen die damals dominierende Auffassung von der Realpräsenz: Diese würde die Einzigartigkeit des Kreuzesopfers gefährden, lautet die These. Und dann

unterschreibt er – wirklich freiwillig? – 1059 in Rom die
Realpräsenz in einer Form, die beinahe erschaudern
lässt: Ja, das Brot werde zum Leib Christi, dieser werde
im Mund »mit den Zähnen zerrieben«. Als im 12. Jahrhundert Aristoteles ins Abendland dringt, versucht
man dessen Kategorien von Substanz und Akzidenz auf
das Problem anzuwenden: Können nicht die Akziden-
zien (das Brot und der Wein) erhalten bleiben, wenn
sich die Substanz in den Leib Christi verwandelt? Darauf erteilt das IV. Laterankonzil von 1215 die Antwort.
Im Dekret *De fide catholica, Über den katholischen
Glauben*, wird festgelegt, was wirklich in der Messe als
der Eucharistiefeier geschieht: Bei der Verwandlung
von Brot und Wein in Fleisch und Blut Christi sei dieser
real anwesend, also nicht bloß in symbolhafter Form.

In der Konsequenz bedeutet dies, dass bei der Aus-
teilung speziell des Brotes (den Wein nahm nur der
Priester zu sich, daher später die Forderungen nach
dem Laienkelch) der Gläubige Christus selbst empfängt. Dies hat die Frömmigkeit tiefgreifend verändert.
Kniebeuge und Inzension (Beräuchern mit Weihrauch)
kommen auf, vor allem die Elevation: das Hochheben
von Hostie und Kelch nach der Wandlung, deretwegen
Gläubige am Sonntag von Kirche zu Kirche pilgerten,
um so oft wie möglich diesen Höhepunkt der Messe
zu erleben. Die Monstranz, bei der die Hostie im
Goldkranz ›ausgestellt‹ wird, erscheint, dient der Anbetung. Die Gottesfrömmigkeit des frühen Mittelalters
hatte sich in eine Christusfrömmigkeit verwandelt.
Die Darstellung des leidenden Körpers in der Gotik,
auch die Aufwertung Marias als der Mutter zielen in
die gleiche Richtung. Selbst ein Phänomen wie die
Kreuzzüge im 12. und 13. Jahrhundert hat etwas damit
zu tun: Es sollte das Land zurückerobert werden, in

dem Christus leibhaft (›mit seinen Füßen‹) gewandelt
war.

Da bedurfte es nur eines Anstoßes, um der Eucharistie ein eigenes Fest zuzuordnen. Dieser Anstoß kam
in Form der Vision einer Nonne. Der später heiligge-
sprochenen Juliane von Lüttich erschien 1209 nach eigenen Angaben Christus und verlangte die Einsetzung
eines solchen Festes. Er habe ihr das Bild des Mondes
gezeigt, auf dessen Scheibe ein dunkler Bruch zu sehen
war – das Fehlen des Kirchenfestes. Diese Vision kam
zwanzig Jahre später Bischof Robert von Lüttich zu
Ohren, der eine hochrangige Kommission zur Beurtei-
lung berief, darunter der Lütticher Archidiakon Jakob
Pantaleon. Als diese Kommission Zustimmung signalisierte, führte Bischof Robert 1246 das Fest (mit Bezug
auf Gründonnerstag als biblische Einsetzung des Al-
tarsakraments) am Donnerstag nach der Oktav von
Dreifaltigkeit ein und starb noch im Jahr der ersten
Begehung. Danach gab es ausschließlich regionale Aktivitäten, obwohl die Nachricht nach Rom drang und
vom Papst wohlwollend behandelt wurde. Ohne einen
Zufall wäre wohl trotzdem nichts mehr aus dem Fest
geworden. Dieser Zufall lag in der Wahl des ehema-
ligen Lütticher Archidiakons Jakob Pantaleon zum
Papst Urban IV. Drei Jahre nach Besteigung des päpstlichen Throns setzte dieser 1264 das Fest zu Ehren des
Altarsakramentes ein. Die Vision der Nonne Juliane ist
in der Bulle ausdrücklich als Motiv angegeben. Als ein
weiterer Papst, Klemens V., das Fest auf dem Konzil
von Vienne bestätigte, war die Verbreitung gesichert.
Nicht ganz unwesentlich wird es gewesen sein, dass
die Ausarbeitung des Messformulars (aller Wahrscheinlichkeit nach) von einem Hochberühmten übernommen wurde: von Thomas von Aquin.

Fronleichnam als Gegenfest?

Ein fehlendes Fest also, genauer: Ein Mangel wird bemerkt und behoben. Dietz-Rüdiger Moser ist dem nachgegangen und zu einer kühnen These gelangt: Fronleichnam, wie das Fest Corpus Domini in schöner deutscher Übersetzung (*frôn* ›Herr‹, *lîch(n)am* ›Körper‹) lautet, sei das Gegenfest zur Fastnacht. In der Tat ist die Argumentation verlockend: Schon die Fastnacht selbst stellt für Moser (s. Fastnacht) ein Gegenfest zu Ostern dar: Fastnacht verkörpere im augustinischen Geschichtsmodell das Weltreich, Ostern das Gottesreich. Aber nun betrachtet Moser die Fasten- und die Osterzeit insgesamt, die ja tatsächlich von bemerkenswerter Symmetrie sind: 64 Tage Fastenzeit, 64 Tage österliche Festzeit. Am Anfang der Fastenzeit (eigentlich muss man sagen: *vor* ihrem Beginn!) liegt die Fastnacht. Am Ende der österlichen Festzeit liegt Fronleichnam. Wie die Fastnacht das Reich des Teufels verkörpere, so Fronleichnam den Triumph des Reiches Gottes. Wie die Fastnachtszeit an einem Donnerstag begann, so liegt auch Fronleichnam an einem Donnerstag, weil es ja dem Gründonnerstagsgeschehen gewidmet ist. Die Konstrukteure des Fronleichnamsfestes im 13. Jahrhundert hätten diese Symmetrien im Auge gehabt und konsequent in den Ablauf des Kirchenjahres eingetragen. Damit seien sie (einmal mehr) dem Grundgedanken von der Zweistaatenlehre Augustins gefolgt. Zur Demonstration der Unheilsgemeinschaft sei so die Demonstration der Heilsgemeinschaft getreten. Den Schlussstein der Argumentation bildet die Prozession. Nicht nur die Konstrukteure des Fronleichnamsfestes, auch die des Karnevals hätten die Symmetrie erkannt und nun den

Karnevalszug in Analogie zur Fronleichnamsprozession eingeführt.

Bei aller Anerkennung des Scharfsinns und der zahlreichen Belege für die augustinische Zweistaatenlehre muss man spätestens an dieser Stelle Bedenken anmelden. Die Karnevalsumzüge wie etwa der Nürnberger Schembartlauf stammen tatsächlich aus dem 14. Jahrhundert, als Fronleichnam längst bestand. Aber Umzüge an Narrenfesten reichen ins Hochmittelalter zurück, wenn nicht in die Antike bzw. Spätantike. In diesem Punkt ist die Symmetrie künstlich, ja rein äußerlich. Vor allem hat der Inhalt von Fronleichnam wenig mit der Form des Gottesreichs zu tun, wie es aus augustinischer Sicht erscheint. Fronleichnam gehört eher in eine neue Vorstellung von Repräsentation, vom Hineinreichen des Göttlichen in diese irdische Welt, nicht vom (im Frühmittelalter bedeutungsvollen) Gegensatz von Teufels- und Gottesreich. Wenn Thomas von Aquin die berühmte Sequenz *Laude, Sion, Salvatorem,* ›Lobe, Zion, den Heiland‹, dichtet, denkt er wohl nicht (wie Moser will) an die Heimkehr der Gläubigen ins himmlische Jerusalem, sondern an das Lob dieses mitten in die Welt gekommenen und in der Gestalt des Altarsakramentes ständig in der Welt weilenden Heilands. Die ganze Theologie dieses realen Anwesens wird ausgebreitet, sogar mit deutlichem Hinweis darauf, dass man es eigentlich nicht ›begreifen‹ könne. Aber dies passe eben zum Neuen Bund, den Gott mit den Menschen geschlossen hat. Zum Alten Bund, auch dies flicht Thomas in den Hymnus ein, gehörte das Manna, mit dem das Volk Israel auf seinem Zug durch die Wüste gespeist wurde. Nun gebe es dieses neue und bessere Manna der Eucharistie. Auch im Hymnus *Pange, lingua, gloriosi,* ›Preise Zunge, das

Geheimnis‹, dreht sich für Thomas von Aquin alles um das Geheimnis, dass das Wort wirklich Fleisch geworden und damit der Alte dem Neuen Bund gewichen ist. Nicht Welt- und Gottesreich, sondern Alter und Neuer Bund stehen einander gegenüber.

Übrigens ist die Fronleichnamsprozession das jüngste Element des Festes. Zwar gibt es frühe Beispiele wie das für Köln um 1275 (hat es etwas mit der Anwesenheit von Thomas von Aquin in dieser Stadt zu tun?). Die heute bekannte Form der Fronleichnamsprozession geht auf das Trienter Konzil (1545 bis 1563) zurück und ist deutlich gegen die Reformation gewendet. Rom hat die Prozession erst im *Caeremoniale episcoporum* aus dem Jahre 1600 angeordnet, und zwar in noch sehr einfacher Form mit Umgang und Segen am Schluss. In Trient wurde das Fest übrigens als Sieg und Triumph Christi (*eius victoria et triumphus repraesentatur*: Akten der 13. Sitzung) interpretiert, worauf jene Triumphbögen zurückgehen, die in der Barockzeit das neue Schaubedürfnis der Neuzeit befriedigten. Nicht der Gottesstaat gegenüber dem Reich des Teufels bezeugt sich darin, sondern die triumphierende katholische Kirche gegenüber der Reformation Martin Luthers und seiner Mitstreiter.

Das allerschädlichste Fest

Denn genau dies war geschehen: Alle Reformatoren wandten sich gegen die katholische Auffassung von der Eucharistie im Allgemeinen und die Deutung der Wandlung in der Messe im Besonderen. Dabei spielt der Rückgang auf die Bibel eine entscheidende Rolle, wobei wieder einmal deutlich wird, dass selbst (ja

man möchte sagen: gerade) die zentralen Geschehnisse
im Neuen Testament unterschiedlich überliefert sind.
Markus schildert das Abendmahl, das Jesus mit seinen
Jüngern am Donnerstag vor dem Passahfest einnimmt,
als ein Passahmahl: ein gemeinsames Festmahl im
Kreis der Jünger. Dabei fallen die sogenannten Einset-
zungsworte, also die Worte, in denen Jesus das spätere
Altarsakrament als Zentrum der Messfeier festsetzt:
»Während des Mahls nahm er das Brot und sprach
den Lobpreis; dann brach er das Brot, reichte es ihnen
und sagte: Nehmt, das ist mein Leib. Dann nahm er
den Kelch, sprach das Dankgebet, reichte ihn den Jüngern, und sie tranken alle daraus. Und er sagte zu ihnen: Das ist mein Blut, das Blut des Bundes, das für
viele vergossen wird« (Mk 14,22–24). Matthäus hat
dies fast gleichlautend übernommen (Mt 26,26–28).
Bei Lukas steht dagegen das Kelchwort im Mittelpunkt, der Verweis auf die heilsstiftende Wirkung des
(später beim Tod) vergossenen Blutes (Lk 22,17–20).
Johannes bietet dagegen eine komplett andere Handlung Jesu, nämlich die Fußwaschung, und benutzt das
Brotbrechen lediglich dazu, den Verrat des Judas an-
zukündigen (Joh 13,26). Als wäre dies nicht schon unterschiedlich genug, überliefert Paulus die entscheidenden Worte im ersten Korintherbrief wieder anders:
»Nehmt, esst, das ist mein Leib …; solches tut zu mei-
nem Gedächtnis« (1 Kor 11,23–26). In der urchristli-
chen Praxis wird darauf nach dem Zeugnis der Apostelgeschichte (Apg 2,42) zunächst ein allsonntäglich
gefeiertes gemeinsames »Brechen des Brotes«, ein
wirkliches Mahl also. Vom Messopfer (im Sinne einer
Erinnerung an das Opfer Jesu) und einem Priester ist
erstmals im 2. Jahrhundert die Rede (bei Justin dem
Märtyrer).

Als Luther sich mit dem Problem auseinandersetzte, verhielt er sich erstaunlich konservativ und kam dennoch zu einer neuen Lösung. In seiner Schrift *Vom Abendmahl Christi* (1528) geht er weiter von der Realpräsenz aus. Er spricht vom »Leibsbrot« und vom »Blutswein«, »in, mit und unter« denen der wahre Leib und das wahre Blut Christi empfangen würden. Aber Brot und Wein verschwinden bei der Verwandlung nicht in ihrer Substanz, sondern sind genauso gegenwärtig wie Fleisch und Blut Christi – statt Transsubstantiation Konsubstantiation, wie die Formel dafür lautet. Auch Luther hält also an einer Verehrung des verwandelten Brotes und Weins fest, auch bei ihm gibt es noch Monstranz und Tabernakel. Die Kritik wendet sich gegen die Messe als Opfer. In einer früheren Schrift, die er dem Problem gewidmet hat: *Von der babylonischen Gefangenschaft der Kirche* (1520), stellt er die katholische Messe als »das größte und schrecklichste Gräuel« hin, bezeichnet Fronleichnam konsequenterweise als »das allerschädlichste Fest«. Das Abendmahl sei eben nicht Opfer (bzw. ›erneutes‹ Opfer), sondern diene zum Erlebnis der sichtbar gewordenen Gnade Gottes. Übrigens hat sich Luther scharf gegen ein bloßes Schauspiel gewandt: Das Abendmahl soll man nicht sehen, sondern man soll an ihm teilnehmen, heißt es.

Im Kreis der Reformatoren hat sich Luther mit dieser Lehre nicht durchsetzen können. Auf einem Treffen mit Zwingli 1529 in Marburg, dem sogenannten Marburger Religionsgespräch, an dem auch der Landgraf Philipp von Hessen (ein glühender Anhänger Luthers) teilnahm, erteilt Zwingli der Realpräsenz auch in der Lutherischen Kompromissformel eine Absage: Für ihn ist die Messe reine Erinnerungsfeier, die Wandlung

also symbolisch, eine Auffassung, der sich auch Calvin
anschloss. Dies war dann der Ausgangspunkt für eine
Polemik, auf die man von alleine wohl nicht kommen
würde. Im späten 16. Jahrhundert zeichnet sie sich ab,
im 17. Jahrhundert erlebt sie einen Höhepunkt im *Dis-
course against Transsubstantiation* (1684) des anglika-
nischen Erzbischofs John Tillosot. Dieser leitete nicht
nur aus der lateinischen Einsetzungsformel *hoc est corpus* den Begriff »Hokuspokus« ab. Die These lautet
vielmehr, die Lehre von der Realpräsenz mache die
Katholiken zu Kannibalen. Was man bei der schon zi-
tierten Formel des Berengar vom ›Zerkauen‹ wohl
noch nicht ahnen konnte, ist tatsächlich ein realer Vorwurf geworden. Die Voraussetzung dafür war in ge-
wissem Sinne die Entdeckung Amerikas. Denn dabei
wurde man mit Kannibalismus konfrontiert.

Es kann kein Zufall sein, wenn bereits 1557 ausgerechnet im protestantischen Marburg (mit Widmung
an den Landgrafen von Hessen) ein Reisebericht erschien, der zum ersten Mal in Deutschland über Men-
schenfresserei bei den südamerikanischen Tupinamba
informierte: die *Wahrhaftig Historia und Beschreibung*
von Hans Staden, übrigens damals ein Verkaufsschla-
ger. Bernd Bastert hat die teilweise sehr versteckten
polemischen Anspielungen klar herausgestellt. Dass
sich diese keiner Überinterpretation verdanken, ergibt
sich daraus, dass etwa gleichzeitig in Europa weitere
Texte dieser Art auftauchen, die weniger Mimikry betreiben, zum Beispiel die *Histoire d'un voyage faict en
la terre du Brésil* (1578) des französischen Calvinisten
Jean de Léry. Dort wird die Diskussion über Transsubstantiation oder Konsubstantiation mitten im Dschun-
gel ausgetragen. Dabei wird den Vertretern der katholischen Lehre vorgeworfen, sie verhielten sich sogar

schlimmer als die Kannibalen, sofern sie das Fleisch Jesu Christi nicht nur lieber real als geistig verzehren wollten, sondern dies auch noch in rohem statt (wenigstens) gebratenem oder gekochtem Zustand. Ob es mit dieser Schrift zusammenhängt: In der Polemik seit den Ereignissen der Bartholomäusnacht, als 1572 in Paris Tausende von protestantischen Hugenotten ermordet worden waren, kommt es sogar zu dem Vorwurf, dass katholische Priester Hugenotten brieten und der Papst sich von geschlachteten Protestanten ernähre.

Natürlich ist damit ein Grad an Absurdität erreicht, der auf Dauer nicht durchhaltbar war. Trotzdem muss man sehen, dass die unterschiedliche Deutung der Eucharistie bzw. des Abendmahls zu den größten Herausforderungen an die heutige ökumenische Bewegung geworden ist. Als auf dem Evangelischen Kirchentag 2001 von einem ökumenischen »Feierabendmahl« mit rein symbolischem Hintergrund die Rede war, kam es zu Protesten, die eine Rücknahme der Formel bewirkten. Ein katholischer Priester, der mit evangelischen Gläubigen zusammen nicht nur die Messe feierte, sondern auch die Kommunion zusammen beging, wurde exkommuniziert. Noch immer geht vom Blut und Wein Provokation aus. Schon Jesus selbst hat übrigens damit die Jünger gespalten, wenn man den Bericht des Johannes gelten lässt. Bei diesem heißt es: »Werdet ihr nicht essen das Fleisch des Menschensohnes und trinken sein Blut, so habt ihr kein Leben in euch« (Joh 6,53). Dies war auch damals offenbar manchen Zuhörern zu viel, denn Johannes fährt fort: »Viele seiner Jünger, die das hörten, sprachen: Das ist eine harte Rede, wer kann sie hören?« (Joh 6,60). Danach waren es nur noch zwölf.

Peter und Paul

oder: Apostelfürsten gemeinsam
und auf getrennten Wegen

Quo vadis?

Der älteste römische Heiligenkalender, die *Depositio martyrum*, stammt aus dem Jahre 336. Aus der Zeit vor 200 sind genau zwei Personen darin erwähnt: Petrus und Paulus. Danach wurde Petrus an der Via Appia, Paulus an der Straße nach Ostia verehrt. An der Via Appia, bei der heutigen Kirche San Sebastiano, gab es einen Ort *Ad catacymbus*. Bei Ausgrabungen im 20. Jahrhundert wurde dort eine römische Grabanlage freigelegt, in der sich Graffiti fanden, die auf beide Apostelfürsten verweisen: *Paul et Pedre petite pro Victore*, ›Paulus und Petrus, bittet für Victor‹, heißt es etwa. Man vermutet, dass an der Via Appia der sicherere Ort war in den Zeiten des Untergangs des Römischen Reiches. Paulus wurde also mit Petrus zusammengeführt, und zwar im Jahre 254. Später muss es eine zweite und dritte Überführung gegeben haben. Zunächst gelangten die Gebeine des Petrus in die von Konstantin errichtete Kirche Alt-Sankt-Peter beim Gräberfeld aus Neronischer Zeit, jene von Paulus nach St. Paul vor den Mauern an der Via Appia, der Stelle der Enthauptung (die heutige Kirche stellt eine Kopie der 1823 abgebrannten dar). Dann sollen sie anlässlich eines Sarazeneneinfalls von 846 in die besser geschützte Lateranbasilika (zunächst in die Papstkapelle Sancta Sanctorum) verbracht worden sein, wo seit 1367 die

Häupter in juwelenbesetzten Silberbüsten im Schrein
über dem Papstaltar ausgestellt sind. Ob und wie der
Leib des Petrus wieder nach Sankt Peter kam, wo man
bei Ausgrabungsarbeiten 1940 bis 1949 das Grab entdeckt haben will, scheint nicht mehr aufklärbar zu
sein. Das Fest am 29. Juni aber geht wohl nicht auf den
Todestag der Apostel zurück (obwohl später ein Martyrium am gleichen Tag behauptet wurde), sondern auf
die Translatio an die Via Appia im Jahre 254.

Ein Doppelfest also am Anfang, ein einträchtiges
zumal, wozu es allen Grund gab. Nach seiner Beke-
rung stößt Paulus zum Kreis der Apostel, wird der ak-
tivste Propagator des neuen Glaubens, wobei er von
Anfang an mit Petrus zusammenarbeitete. In der
Apostelgeschichte wird ihr Weg noch getrennt verfolgt. Petrus hält die Pfingstpredigt, heilt die ersten
Kranken in der Tradition Jesu, erlebt frühe Erfolge bei
der Gründung von Gemeinden. Dann aber kommt es
zu Verfolgungen, denen um 39 n. Chr. als Erster Jakobus, der Bruder des Johannes, zum Opfer fällt. Dann
ist Petrus selbst an der Reihe. Aber er wird durch
einen Engel von seinen Ketten befreit und verlässt un-
behelligt von den Wachen das Gefängnis. Das Wieder-
sehen mit Paulus erfolgt auf dem Apostelkonzil in
Jerusalem. Dann berichtet die Apostelgeschichte in geradezu epischer Breite von den Missionsfahrten des
Paulus, die jäh unterbrochen werden durch die von
den Juden angezettelte Anklage beim römischen Statthalter. Der Bericht schließt mit der Abfahrt des gefan-
genen Apostels nach Rom, um dort Berufung einzule-
gen. Die letzte Notiz lautet, Paulus habe noch zwei
Jahre in Rom gelebt und von seiner »Mietwohnung«
aus gepredigt.

An dieser Stelle übernimmt die Legende die Weiter-

führung der Viten, und zwar unter Zusammenführung
der Apostel. Beide sind beim Tod Mariens anwesend,
beide tragen die Bahre und erleben auch wieder gemeinsam die Himmelfahrt. Zusammen kommen sie
schließlich nach Rom. Dort findet zunächst eine Veranstaltung statt, die an Skurrilität kaum zu überbieten
ist. In der Apostelgeschichte war an Petrus ein Mann
namens Simon herangetreten, der als ›Magier‹ tätig
war, was in diesem Fall tatsächlich Zauberer bedeutet.
Als er von den Wunderheilungen des Apostels hört,
will er ihm den vermeintlichen Trick abkaufen und
wird natürlich zurückgewiesen. In der Legende folgt
darauf der Showdown. Simon hat es mittlerweile bei
Nero zum ›Hofkünstler‹ gebracht und lässt sich mit
den Aposteln auf einen Wettstreit ein. Als er sich flie-
gend in die Luft erhebt, übertrumpfen ihn Petrus und
Paulus, indem sie ihn kurzerhand abstürzen lassen.
Dies aber führt keineswegs dazu, dass Nero – wie be-
absichtigt – die Überlegenheit des Christengottes anerkennt. Vielmehr lässt er beide Apostel gefangen setzen,
um sie hinzurichten. Noch einmal kann Petrus (diesmal mit der Hilfe von Freunden) fliehen. Da kommt
ihm Christus leibhaftig entgegen. Petrus, sichtlich
konsterniert, stellt die ebenso berühmte wie reichlich
naive Frage: *Quo vadis*, ›Wohin gehst du?‹ – und erhält
eine geradezu sarkastische Antwort: »Mich nochmals
kreuzigen zu lassen.« Petrus versteht die überdeutliche
Anspielung, findet seinen Mut wieder und kehrt zurück. Bei der alsbaldigen Hinrichtung im Zirkus des
Nero bittet er sich aus Pietät gegenüber seinem Herrn
die Gnade aus, mit dem Kopf nach unten gekreuzigt
zu werden. Dies war 64 oder 67/68 n. Chr. Gleichzeitig soll Paulus (als römischer Bürger) ›nur‹ enthauptet
worden sein. Dass beide den Tod unter Nero gefunden

haben, bezeugt uns weder die Apostelgeschichte noch die fromme Legende, sondern die Tatsache der Verehrung am Grab einschließlich der Translationen, die den Festtag am 29. Juni begründeten.

Neben diesem gemeinsamen Termin haben die Apostelfürsten auch je für sich Gedenktage. Schon in der *Depositio martyrum* ist das Fest Cathedra S. Petri für den 22. Februar erwähnt: die Übernahme des römischen (Bischofs-)Stuhls durch Petrus. Solche Antrittsfeste sind auch für andere Bischöfe bezeugt, etwa für Ambrosius von Mailand am 7. Dezember. Im Fall der Cathedra S. Petri fällt das Fest allerdings auf einen außergewöhnlichen Termin: Es war im alten heidnischen Kalender der letzte Tag im Jahr, an dem ein Totengedächtnis gefeiert wurde. Weil dabei für die Toten ein Stuhl aufgestellt wurde, könnte die Cathedra auch diese Bedeutung des Totenstuhles gehabt und zu einer Totenfeier für Petrus gehört haben. Die frühen römischen Christen hätten also, da der Todestag des Petrus nicht bekannt war, diesen allgemeinen Tag des Totengedächtnisses für ihn ausgewählt. Die Legende wartet übrigens mit einem noch ganz anderen Stuhl auf. Als der Statthalter von Antiochien Petrus ins Gefängnis geworfen hat, wird er mithilfe von Paulus befreit, erweckt den Sohn des Statthalters zum Leben und wird anschließend zum Dank »auf einen hohen Stuhl« gesetzt, damit ihn alle predigen hören können.

Wie Petrus sein eigenes Fest hatte, so erhielt Paulus ebenfalls sein eigenes mit Pauli Bekehrung am 25. Januar. Das wichtigste aber blieb das gemeinsame: Peter und Paul, das Fest der Apostelfürsten.

Mit Petrus in die Ewigkeit

Und gemeinsam ging es zunächst auch weiter in der
Kirchengeschichte. Auf dem Apsismosaik der Kirche
Santa Pudenziana in Rom findet sich eine der ganz frühen Abbildungen Christi (die das jüdische Bilderver-
bot also überwand). Neben Christus sind Petrus und
Paulus dargestellt, Paulus zur Rechten, Petrus zu Linken, was einer Rangordnung gleichkommt, die stutzig
macht. Paulus muss zu dieser Zeit einen Vorrang gehabt haben, der sogar in einer Kirche durchschlug, die
dort errichtet war, wo Petrus einst jene Pudentiana
zum Christentum bekehrt hatte, der die Kirche gewidmet ist. Dass das Mosaik nicht einfach täuscht, ergibt
sich daraus, dass Paulus in der Ostkirche den Vorrang
dauerhaft behalten sollte. In Rom aber muss das Ruder
umgeschlagen sein. Zwischen 400 und 600 kommt Petrus an die Spitze, und dies nicht ohne Grund.

Als Kaiser Konstantin 312 an der Milvischen Brücke
seinen Gegenspieler Maxentius im Zeichen des Kreuzes
besiegte und ein Jahr später das Christentum als Religion anerkannte, folgte ein Aufstieg, der offensichtlich
viele Mitglieder des heidnischen Senats verstörte. Dies
war wohl der Grund, die Reichsverwaltung andernorts
aufzubauen, wozu sich der Kaiser das unbedeutende
Byzanz im Osten des Reiches aussuchte und seit 330 als
Konstantinopel zum neuen Rom machte. In Rom selbst
entstand damit ein Machtvakuum, das die Stadt an den
Rand ihrer Existenz bringen sollte, besonders nach den
Eroberungen, die seit dem Einfall der Westgoten unter
Alarich 410 einsetzten. Während die Senatspartei damals die Christen für den Untergang verantwortlich
machte, schrieb Augustinus im fernen Hippo als flam-
mende Antwort sein *De civitate Dei*, *Über den Gottes-*

staat. In der politischen Realität aber füllte der Bischof
der Stadt die Lücke aus, die der Kaiser hinterlassen hatte. Nachdem Konstantin die Bischöfe im gesamten
Reich zur Regierung heranzog, sie den heidnischen Re-
gierungsbeamten direkt an die Seite stellte, entwickelte
sich der römische zum führenden im Westen. Seit dem
3. Jahrhundert wird er gelegentlich, seit dem 5. immer
häufiger mit dem griechischen Begriff *pappas*, Papst,
bezeichnet. Dabei aber spielte eine entscheidende Rolle, dass Jesus einst einem seiner Jünger die Führungsrolle, die Schlüsselgewalt, zugesprochen hatte: »Du bist
Petrus, der Fels, auf den ich meine Kirche baue«, heißt
es bei Matthäus (Mt 3,16). Schon Ambrosius, ein Trie-
rer, also ein im Westen verankerter Kirchenführer,
sprach um 400 davon, dass das Imperium in die Kirche
und nicht die Kirche ins Imperium einzugliedern sei –
die Vorstufe des Heiligen Römischen Reiches, der
Rom-Idee. Den Rest übernahmen die Päpste.

Der Wichtigste in dieser Entscheidungsstunde der
Weltgeschichte war Leo I. der Große. In der Mitte des
5. Jahrhunderts, als Rom nach Hunneneinfällen sowie
Plünderung durch die Vandalen in Trümmern lag und
die Bevölkerung auf ein Minimum zusammengesunken
war, hielt er eine bemerkenswerte Predigt, und zwar
am 29. Juni, am Tag von Petrus und Paulus. Rom sei
die Stadt der Märtyrer, und unter ihnen besonders der
Apostelfürsten. Der Stuhl Petri aber erhebe Rom zum
Zentrum der Welt. Leo I. wusste, dass er damit weiter
ging, als die Realität zuließ. Im 28. Kanon des Konzils
von Chalkedon 451 war dem römischen Papst ein Eh-
renrang zuerkannt worden, kein Vorrang. Der konnte
nur aus Autorität entstehen, aber genau diese erlangte
Leo. Als er die entscheidende Lösung der christologi-
schen Schwierigkeiten auf dem Konzil formulierte, er-

klang der Ruf: »Petrus hat durch Leo gesprochen.«
Daran konnten die Päpste in den folgenden Jahrhunderten anknüpfen. Als Stellvertreter Christi bean-
spruchten sie, Stellvertreter Gottes auf Erden zu sein –
buchstäblich mit den Gebeinen des Petrus im Rücken.
Ihm hatte Konstantin den großen Kirchenbau über
dem Grab errichten lassen, begonnen zwischen 319
und 322, vollendet noch vor dem Wegzug nach Konstantinopel, 329. In der Apsis lag das Grab, darüber erhob sich ein baldachinartiger Bau, die Ädikula, die auf
vier spiralförmig gedrehten Säulen ruhte, die der Kaiser gestiftet hatte. Es gibt Zeugnisse, die den überwäl-
tigenden Eindruck dieses »Thronsitzes des Apostels«
schildern. Die Kirche selbst übertraf die Laterankirche,
die eigentliche ›Mutterkirche‹ der Christenheit, deutlich an Größe. Der Sinn des Aufwands war der, Platz
für Pilger zu schaffen. Und die kamen.

Der nächste ›Große‹ unter den Päpsten führte nur
fort, was Leo I. begonnen hatte: Gregor I. Dazu baute
er das Grab Petri zur Krypta unter dem Altar aus. Die
Messe wurde also direkt über dem Grab gefeiert, in
der Krypta entstand ein Wandelgang um das Grab, das
die Pilgerscharen nun umkreisen konnten. Der erste
Mönch unter den Päpsten gab auch dem Kirchenstaat
seine erste Gestalt, indem er die Landschenkungen zu-
sammenfasste und unter straffe Verwaltung stellte. Er
begründete weiterhin die Mission in Europa, speziell
im Westen und in der Mitte. Ein weiterer Gregor, Gregor VII., setzte im 11. Jahrhundert die Einzigartigkeit
des Papstes in der Christenheit endgültig durch. Er
verlangte den Heiligenschein in jeder Papstdarstellung
allein aufgrund des Amtes. Rom war endgültig zum
geistlichen Zentrum Europas, Hauptstadt der Christenheit im Westen geworden.

Christophorus

oder: Der unverzichtbare Heilige

Ein Hundskopf namens Abscheulich

Die kleinen Christophorus-Figürchen, die heutzutage
nicht nur italienische Taxifahrer im Cockpit ihres Au-
tos untergebracht haben, befinden sich – historisch gesehen – durchaus an der richtigen Stelle. Der Anblick
des Heiligen sollte vor plötzlichem Tod schützen, den
man früher fürchtete, weil man sich ohne Sterbesa-
kramente hoffnungslos dem Teufel verfallen glaubte.
Heute fürchtet man eher einen langsamen Tod – was
aber nicht heißt, dass der allzu plötzliche Tod im Auto
nun erstrebenswert würde. Wie gesagt: Hier hat sich
der Sinn durchaus korrekt bewahrt, wenn da nicht etwas Äußerliches stören würde. Die alten Christopho-
rusabbildungen waren fast immer groß, ja sehr groß.
Sie wurden an Häuserwänden, vornehmlich an Orts-
ausgängen, angebracht, weil Wanderer sich mit einem
letzten Anruf noch einmal gegen Unerwartetes wapp-
nen wollten. Außerdem war Christophorus ein Riese,
der sich für Miniaturen wenig eignet. Die Eichen-
holzfigur (vermutlich) Hans Brüggemanns im Schles-
wiger Dom aus dem frühen 16. Jahrhundert misst gut
vier Meter.

Dabei zeigt sich die Legendentradition, auf der die
spätere Verehrung des Nothelfers beruht, komplizierter als üblich, wie schon die *Legenda aurea* mit Bedau-
ern anmerkt. Zunächst geht es um eine Geschichte der
Gottsuche. Ein Riese aus kananäischem Geschlecht

(worauf noch zurückzukommen ist) will nur dem
›größten‹ Herrscher dienen. Er gerät zunächst an einen
König, der häufig den Teufel anruft und auf Anfrage
mitteilt, dieser sei mächtiger als er selbst. Christophorus macht sich sofort auf die Suche nach diesem, findet
ihn und verlässt ihn dann doch wieder, als er hört,
Christus sei noch mächtiger. Bei einem Einsiedler wird
er fast abgeschreckt von weiterer Suche, als er hört,
dass er bei diesem Christus fasten müsse; er übernimmt dann die für ihn leichtere Aufgabe, Menschen
auf seinem Rücken über einen Fluss zu tragen. Dabei
meldet sich eines Nachts ein Kind, das er wie gewohnt
hinaufhievt, womit dann die zentrale Handlung einsetzt. Das Kind wird schwerer und schwerer und erklärt dem Verdutzten, es sei der Erschaffer der Welt.
Zum Zeichen treibt am nächsten Tag der Stab, auf den
sich Christophorus bei seinen Flussdurchquerungen
stets stützte, Blüten. Natürlich ist er längst gläubig geworden.

Die Fortsetzung sieht nach einer älteren Stufe der
Legende aus, geht es doch um ein (fürchterliches) Martyrium. Nun ist der Riese auch noch hundsköpfig, was
aber auf einem schlichten Lesefehler beruhen könnte,
falls irgendwer einmal aus dem *genere cananeo*, also
dem ›kananäischen Geschlecht‹, *genere canineo*, eben
›hundsartig‹, gemacht hat. Jedenfalls zieht das bereits
getaufte Monster predigend durch die Lande, bis es in
eine Gegend kommt, deren Sprache es nicht versteht.
Sie wird ihm durch göttliche Eingebung geläufig. Darauf steht Christophorus Delinquenten bei ihrer Hinrichtung bei und vollbringt nebenbei ein Wunder, das
8000 Menschen zu Christus bekehrt. Da der König allerdings Christen verfolgt, will er Christophorus hinrichten lassen. Dies misslingt lange trotz aller Anstren-

gungen, ihn zu ergreifen, wobei u. a. Pfeile von 400 Bogenschützen in der Luft stehen bleiben. Weil der König sich verspottet fühlt, wird er von einem der Pfeile im Auge getroffen. Christophorus empfiehlt, von seinem eigenen Blut eine Salbe anzufertigen, lässt sich zu diesem Zweck enthaupten. Der König gewinnt daraufhin sein Augenlicht zurück und wird Christ. Mit viel Aufwand schleppen die Knechte den toten Riesenkörper mit dem Hundskopf aus der Stadt.

Neben dieser Version existiert eine weitere in den sogenannten *Akten der Apostel Andreas und Bartholomäus*, wohl der allerältesten Legendenversion. Hier treffen die beiden Apostel auf ihrer Missionsreise auf einen schwarzhäutigen riesenhaften Menschenfresser mit Sprachbehinderung und Hundskopf – ein neues Monster mit bekannten Ingredienzien und vor allem dem alten Lesefehler (falls es nicht doch Verbindungen zum ägyptischen Gott Anubis gibt, der ebenfalls hundsköpfig ist). Ausgerechnet dieses Monster, das auch noch den Namen »Abscheulich« trägt, bestimmen Engel den Aposteln zum Begleiter. Nachdem sie den ersten Schock verkraftet haben, stellen sie ihn als eine Art Pfadfinder in ihre Dienste. Natürlich wird »Abscheulich« getauft und nimmt darauf den Namen Christianus an.

Anerkennung per Volksbegehren

Christophorus, dies vorweg, hat heute seinen Gedenktag am 24. Juli im liturgischen Kalender der katholischen Kirche und wird auch im Ökumenischen Kalender der Glaubenszeugen aufgeführt, der katholische, evangelische, orthodoxe und anglikanische Namen zusammenstellt (herausgegeben von Joachim Januschek, einsehbar im Internet unter *Glaubenszeugen.de*). Dabei stellt er ein gutes Beispiel für die Diskussion dar, die im 20. Jahrhundert um die Heiligen geführt wurde. Gerade um Christophorus entbrannte ein Streit, der keineswegs von der Kirche (oder den Kirchen) ausging, sondern vom ›Volk‹. Vielleicht verdankt sich die Rettung des Christophorus den Autofahrern. Die Einzelheiten hat Philipp Harnoncourt in *Gesamtkirchliche und teilkirchliche Liturgie* (1974) dargelegt.

Die Ausgestaltung des liturgischen Jahres (das Offizium) kannte, von den Hauptfesten ausgenommen, von der Antike bis zur frühen Neuzeit eine große Vielfalt. Erst auf dem Trienter Konzil hielt der Zentralismus Einzug. Zwar gab es immer schon überregionale Martyrologien (Märtyrerverzeichnisse), im Einzelfall zuständig für ein Fest war jedoch der Bischof. Weil ständig neue Heiligenfeste eingeführt wurden, war das Offizium zuletzt völlig überfrachtet. In Trient rangen die Bischöfe erstmals um eine Lösung, konnten sich aber nicht einigen (u. a. die deutschen Bischöfe kämpften gegen Vereinheitlichung). In der 25. und letzten Sitzung des Konzils im Dezember 1563 wurde die Frage an den Papst übertragen. Der richtete eine Kommission ein, die einen ersten amtlichen Kalender erstellen sollte.

Darauf setzten Bestrebungen ein, möglichst viele ›eigene‹ Heilige unterzubringen, womit der überregionale Kalender förmlich vollgestopft wurde: bis zu Pius X. mit etwa 160 neuen Festen. Auch dies sicherte jedoch keine Einheitlichkeit, die gallikanische Kirche etwa scherte trotz regelmäßiger Ermahnungen nach alter Tradition immer wieder aus. Pius X. entrümpelte dann den Kalender 1914, um wenigstens die Sonntage wie-

der als ›normale‹ Sonntage im Kirchenjahr begehen zu
können und nicht auch noch als Heiligenfeste feiern zu
müssen. Neben den 52 oder 53 Sonntagen gab es noch
immer mehr als 50 gebotene Feiertage. Der Rückfall
war jedoch vorprogrammiert: Wieder entstanden neue
Feste, sogar am Sonntag (mit der Einführung von
Christkönig: s. Ewigkeitssonntag oder Christkönig).
Der Kern des Problems lag offenbar wie schon beim
Tridentinum im Zentralismus, in der Bemühung um
ein *Calendarium universale*. Vor dem II. Vatikanum
gab Harnoncourt ein entsprechendes Memorandum
heraus, indem er auf die einzig mögliche Lösung des
Problems verwies: auf eine regionale Regelung *neben*
der überregionalen. Weil Heiligenfeste immer schon
regionale Bindungen hatten, sollte die Möglichkeit geschaffen werden, in verschiedenen Regionen verschiedene Kalender zu etablieren. Es sollte nicht mehr nötig
sein, dass sich ein philippinischer Bischof (wie 1857
geschehen) einen Dispens in Rom holte, um nicht die
Eigenfeste der spanischen Kirche feiern zu müssen.

Dies wurde seit 1963 beim II. Vatikanum in der Li-
turgiekommission unter Fragen der Kalenderreform
diskutiert. Als Grundsatz galt: Vielfalt *neben* Einheit.
Das Hauptziel lag in einer Stärkung des Kirchenjahres
mit Hervorhebung der Sonntage bei grundsätzlicher
Dezentralisierung des Heiligenkalenders. Tatsächlich
kam eine Reform zustande, die nicht ohne problemati-
sche Entscheidungen war. In Ländern, in denen Feste
wie Epiphanie keine gesetzlichen Feiertage waren, sollten sie sonntags nachgefeiert werden dürfen. Nicht
nur, dass dies einer Einladung gleichkam, die Feiertage
abzuschaffen: Es führte auch zu Inkonsequenzen (warum dann nicht auch Weihnachten nachfeiern?). Insgesamt sollte das Kirchenjahr übersichtlicher werden,

zum Beispiel mit einem Verzicht auf die Vorfastenzeit. Die einzelnen Sonntage wurden nun ›durchgezählt‹ (s. Ewigkeitssonntag oder Christkönig). Entscheidend aber: Feste wurden damit wieder die Ausnahme, die Heiligen mussten sich mit Gedenktagen begnügen.

Noch aber war der Schritt zum Regionalkalender nicht getan, stattdessen gab es einen Zentralkalender nach dem Prinzip der Universalität: Möglichst viele Heilige aus allen Völkern und Zeiten sollten bedacht werden, was wieder das bekannte Rennen um Unterbringung auslöste. Im Generalkalender standen nun neben 10 Hochfesten und 23 Festen 63 gebotene und 95 nichtgebotene Gedenktage – die beweglichen Feste nicht berücksichtigt. Die Veröffentlichung des römischen Generalkalenders im Frühjahr 1969 weckte weltweit Aufsehen und Kritik. Erste Interventionen setzten ein, die sich an den vielen ›Ungerechtigkeiten‹ entzündeten. Bei den insgesamt 158 Gedenktagen erwiesen sich 62 als aus Italien, 16 aus Frankreich, 11 aus Spanien stammend – aus dem romanischen Bereich insgesamt also 89, d.h. mehr als die Hälfte. Des Weiteren wurden Feste verschoben (etwa das des Apostels Matthias vom 24. Februar auf den 14. Mai), obwohl Heilige grundsätzlich an ihrem Todestag gefeiert werden sollten. Und schließlich fehlten plötzlich beliebte Heilige wie zum Beispiel Christophorus. Die regionale Verehrung war schlicht ausgebootet worden.

Dies beförderte immerhin den alsbaldigen Vorstoß zur Abfassung eines Regionalkalenders für das deutsche Sprachgebiet. Im Prinzip hatte es Vergleichbares schon früher gegeben: Auch die österreichischen Habsburger feierten mit Genehmigung von Rom regionale Heiligenfeste, darunter ihren Landespatron Leopold. 1920 war auf private Initiative Hildegard von Bingen zusammen mit Elisabeth von Thüringen (als »Perle deutscher Frauen«) in das *Calendarium Germaniae* aufgenommen worden. Nun sollte ein neuer Anlauf genommen werden, nachdem das Konzil die Zuständigkeit grundsätzlich wieder den Bischöfen zugeteilt hatte. Darauf setzten erste Tagungen ein und damit das erneute Ringen um einzelne Heilige, und zwar unter Beteiligung von Kalenderspezialisten der evangelischen Kirche. Zwar hatte Luther den Heiligen*kult* abgelehnt, nicht aber die Verehrung von Heiligen generell. Auch in der evangelischen Kirche hat es Bemühungen um die Anerkennung einzelner Persönlichkeiten gegeben. Sie wurden 1963 von der Michaelsbruderschaft, einer Vereinigung evangelischer Laien und Theologen des Berneuchener Kreises, in einem Namenkalender zusammengestellt und 1969 vom Rat der EKD freigegeben.

Zum Paradefall aber entwickelte sich die Diskussion um Christophorus, dessen rein legendarische Existenz mit einigermaßen peinlichen Zügen die Streichung aus dem allgemeinen Kalender bewirkt hatte. Gerade darauf war es zum Protest gekommen, weil man in der Öffentlichkeit das Instrumentarium von Zentrale und Regionalisierung nicht durchschaute. Beim Regionalkalender aber spielte auch die ›Verehrung‹ eine Rolle, und die stand bei Christophorus außer Frage. Sie rettete dem Heiligen das (Nach-)Leben, dessen festliche Begehung lediglich vom 25. auf den 24. Juli rücken musste. Auch andere Gründe konnten die Aufnahme im Regionalkalender bewirken. So wurde an Heinrich Seuse als einsamem Vertreter der Mystik festgehalten, an Mathilde als deutscher Königin, die als einzige in der damaligen DDR ein Heiligengrab besaß.

1971 waren die Beratungen abgeschlossen. Das Ergebnis wurde zur Begutachtung an die Bistümer gesandt, um schließlich in einem Konfirmierungsverfahren in Rom verabschiedet zu werden. 54 Feiern standen nun als nicht gebotene Gedenktage im Eigenkalender. Statt eines Nationalkalenders wie in Frankreich oder Irland war ein Kalender für ein Sprachgebiet entstanden, und zwar mit deutlich ökumenischem Hintergrund. 110 Feste und Gedenktage konnten in der katholischen und evangelischen Kirche gemeinsam begangen werden, bei nur 19 gab es Abweichungen im Datum (wie bei Seuse). Zugunsten der Gemeinsamkeit wurde auch vom Generalkalender abgewichen. Den Ökumenischen Kalender kann man heute übrigens bequem im Internet einsehen.

Jakobustag

oder: Von der Vermarktung der Apostel

Donnersohn und Maurentöter

Der Name Jakobus kommt unter den Aposteln zweimal vor. Hier ist der Ältere gemeint, der Bruder des Johannes. Wenn dieser als Lieblingsjünger Jesu gilt, muss erwähnt werden, dass Jesus beide Brüder bevorzugte: Beide werden Zeugen seiner Verklärung. Außerdem hat er beide (nach Mk 3,17) ihres feurigen Temperaments wegen mit einem seltsamen Ehrentitel belegt: als »Donnersöhne«. Dabei kommt Jakobus das Privileg zu, als erster Apostel den Märtyrertod erlitten zu haben. Vor Ostern 42 ließ ihn Herodes Agrippa seiner Lehre wegen in Jerusalem enthaupten. Damit sind wohl historische Fakten verbunden. Die eigentliche ›Geschichte‹ des Jakobus beginnt jedoch erst mit seiner Legende. Er habe auch in Spanien das Evangelium verkündet, heißt es, weshalb seine Gebeine von Engeln in einem Boot an die Nordküste dieses Landes geführt worden seien. Die maurischen Araber hätten die Erinnerung an sein Grab ausgelöscht, bis ein Eremit 813 geheimnisvolle Sterne am Himmel sah, die auf den Ort wiesen. Wieder einmal führen also Sterne zum Ziel, und wieder einmal hinterlassen sie Spuren. Das Grabmal lag auf freiem Feld, das nun als ›Sternenfeld‹ bezeichnet wurde: *campus stellae*, auf gut Spanisch besser geläufig als Compostela. König Alfons II. von Kastilien baute eine erste Kirche, die sein Nachfolger Alfons III. 899 erneuerte. Siebzehn Bischöfe waren bei der Einweihung zugegen.

Dies war in karolingischen Zeiten, zu Beginn der Reconquista, der Rückeroberung Spaniens von den muslimischen Arabern, die ihrer dunklen Hautfarbe wegen als Mauren (›Schwarze‹) bezeichnet wurden. In der Schlacht von Clavijo 844 wird Jakobus angeblich als lichtschimmernder Ritter auf weißem Pferd gesehen, der sich mit dem Schwert in der Hand auf die Ungläubigen stürzt: ein apostolischer *matamoros*, »Maurentöter«. Vor Jerusalem, auf dem ersten Kreuzzug, sollte später der heilige Georg in fast gleicher Rolle unter den christlichen Rittern auftreten, wobei Jakobus durchaus als Vorbild gedient haben könnte. Jedenfalls bleibt seine kriegerische Rolle dank der jahrhundertelangen Reconquista erhalten, auch wenn er im 13. Jahrhundert nur noch als Schutzherr Spaniens gilt. Bei dem Schlachtruf »Für Santiago und Spanien!« dürfte man weiterhin an den Donnersohn gedacht haben, der sich zum Maurentöter gewandelt hatte. Selbst im 16. Jahrhundert, zur Zeit der Gegenreformation, dient Jakobus als Streiter gegen die neuen Glaubensfeinde im eigenen christlichen Lager. Kaiser Karl V. lässt sich 1535 als »Maurentöter« abbilden, während Dürer ihn auf dem berühmten Kupferstich *Ritter, Tod und Teufel* etwas dezenter als *miles christianus* darstellt.

Daneben gibt es aber auch einen weniger kriegerischen Hintergrund der Verehrung des Jakobus. Das ›Sternenfeld‹ Santiago de Compostela wird Wallfahrtsort, zieht schon im 11. Jahrhundert mit Jerusalem und Rom gleich. In Pilgerführern werden die Wunder des Heiligen gerühmt, die Heilung von Kranken, speziell von Blinden und Tauben. Die reichlich abseits gelegene Nordwestecke Spaniens ist über mindestens vier Wege an ganz Europa angeschlossen. Die *Via tolosona* beginnt bei Arles und führt über Toulouse ans Ziel.

Die *Via podiensis* berührt Conques und Moissac mit den berühmten Basiliken und hat ihren Namen nach Le Puy. Die *Via turonensis* führt über Tours, die *Via lemovicensis* über Vézelay in Burgund. Anschlüsse bestanden für die fernsten Ausgangspunkte in Europa, auch für Skandinavien und selbst Island.

Als im Jahre 998 die erste Kirche von den Arabern zerstört worden war, machte man sich nach der Befreiung der Region an einen Wiederaufbau. 1078 wurde der Grundstein an der alten Stelle des Apostelgrabes auf dem ›Sternenfeld‹ gelegt. 1122 war die Kathedrale fertig, seit 1135 ernannte der Papst Erzbischöfe als ihre geistlichen Hüter. Kurz danach erhalten diese das Recht, das Jahr, in dem der Jakobstag auf einen Sonntag fiel, als Heiliges Jahr zu feiern (in Rom erstmals 1300, also viel später). Der Westeingang der Kathedrale, der *Pórtico de la Gloria*, erhielt noch im 12. Jahrhundert als die Empfangshalle der Pilger sein großartiges Figurenprogramm. Fast schon provozierend nimmt der heilige Jakob vor der Mittelsäule einen prominenten Platz (immerhin unterhalb der Christusfigur im Tympanon) ein. Das Grab in der Kirche kann von den Pilgern umkreist werden. Das noch heute bei der Festmesse spektakulär durch die Kirche geschleuderte Weihrauchfass mag eine letzte Reverenz an den Donnersohn und sein feuriges Temperament sein.

Von Zähnen, Giftbechern und ausgesuchten Martern

Petrus und Jakobus der Ältere sind die prominentesten Apostel auf europäischem Boden. Einen aber hat es sogar nach Deutschland verschlagen: Matthias, den von den Elfen per Los gewählten Ersatzmann für Ju-

das Ischarioth, den Verräter Jesu. Seine Gebeine (oder
nur Teile davon: andere verblieben in Santa Maria
Maggiore in Rom sowie in Pavia) sollen im Auftrag
von Kaiserin Helena, der Mutter Konstantins, nach
Trier überführt worden sein, wo sie seit 1127 in der
Benediktinerabtei St. Matthias bestätigt sind. Der Tod
des Apostels, dessen die katholische wie die evangelische Kirche am 24. Februar gedenkt, wird übrigens
teils als friedliches Entschlafen, teils als Märtyrertod
geschildert.

Der prominenteste unter den Aposteln, die außerhalb Europas begraben sind, dürfte Johannes (der
Evangelist und Schreiber der Apokalypse) sein. Der
Legende nach soll er in Rom das Martyrium in einem
Fass mit siedendem Öl erlitten haben, aus diesem aber
befreit worden und zur griechischen Insel Patmos gelangt sein, wo er die Apokalypse vollendete. Danach
wirkte er in Ephesos. Als der Oberpriester des Arte-
mistempels aufgrund der Predigten des Johannes um
den Verkauf seiner Amulette bangt, zwingt man ihn,
einen Giftbecher zu trinken. Aber Johannes schlägt ein
Kreuz über den Kelch, aus dem das Gift in Form einer
Schlange entweicht – das Attribut des Heiligen auf seinen Abbildungen. Schließlich stirbt Johannes wiederum der Legende nach mit höchster Dramatik. Nach einer letzten Predigt steigt er in ein vorbereitetes Grab
neben dem Altar und haucht bei großer Lichterschei-
nung und Segnung der Umstehenden seinen Geist aus.
Sein Tag ist der 27. Dezember.

Andreas, gefeiert am 30. November, ist durch das
Gabelkreuz (sein Attribut) bekannt geblieben, an dem
er einen besonders scheußlichen Märtyrertod erlitten
haben soll. Er war Jesus mit seinem Bruder Simon gefolgt, der wiederum zusammen mit Judas Thaddäus

am 28. Oktober gefeiert wird. Die Legende berichtet von Predigten und Wundertaten der beiden in Syrien, Mesopotamien, Ägypten und Persien, wo sie die Machtlosigkeit der örtlichen Zauberer demonstrieren und dafür selbstverständlich getötet werden. Der heidnische König muss jedoch so beeindruckt gewesen sein, dass er über ihrem Grab eine Kirche bauen ließ.

Ein weiteres Duo bilden Philippus und Jakobus der Jüngere, gefeiert am 11. Mai. Philippus erlebt den Märtyrertod nach Predigten in Skythien und Phrygien. Jakobus war der Nachfolger von Jakobus dem Älteren nach dessen Märtyrertod als Haupt der Jerusalemer Gemeinde und erleidet nach der Legende auf Anstiften des Hohepriesters das gleiche Schicksal wie sein Vorgänger. In diesem Fall aber gibt es eine interessante Nachricht ganz abseits der Legende. Als man in der Kirche des Jakobus und Philippus in Rom 1873 bei Ausgrabungen einen Reliquienbehälter mit zwei Skeletten fand, stellte sich heraus, dass ein Zahnstück des einen Skeletts genau zu einem Zahnrest in der Hauptreliquie des Jakobus im Dom von Ancona passte. Damit war das Skelett nach einer kriminaltechnischen Methode identifiziert, die über jeden Zweifel erhaben sein dürfte. Ungeklärt ist nur die Frage, ob das Skelett wirklich dem Apostel zugehört.

Drei Apostel bleiben noch übrig. Bartholomäus, gefeiert am 24. August, soll das Evangelium bis nach Indien exportiert haben. Nach der Legende, die ihn übrigens zum Bräutigam bei der Hochzeit zu Kana macht, erreichte sein Leichnam nach fürchterlichem Martyrium (Schindung mit anschließender Enthauptung) wieder Europa, zuletzt Rom. Der Apostel und Evangelist Matthäus wird am 21. September geehrt. Nach seinem früheren Beruf als Zöllner haben ihn die Finanzbeamten zu ihrem Patron erkoren. Der Apostel Barnabas schließlich (nicht zu verwechseln mit Barrabas, dem Mörder, den Pilatus statt Jesus den Juden am Sabbat freigibt), war ein Mitarbeiter des Paulus auf dessen Missionsreisen, ehe er selbständig in Zypern missionierte. Die Legende lässt ihm dort die ›Gnade‹ des Märtyrertodes in lodernden Flammen zukommen, begangen am 11. Juni. Martyrien dieser Art gehörten ganz allgemein zu den Voraussetzungen der Verehrung. Am Anfang waren Märtyrer die einzigen Heiligen.

Vergessener Jahresbeginn

oder: Warum der französische
Revolutionskalender scheiterte

Republikstart zur Tagundnachtgleiche

Wenn es eines Beweises dafür bedarf, dass Kalender im
Bewusstsein tiefe Wurzeln schlagen und gegen rationale und sonstige Argumente immun sind, dann greift
man am besten zur Geschichte des französischen Re-
volutionskalenders. Michael Meinzer hat sie vorbildlich in seinem Buch *Der französische Revolutionskalender* (1992) dargelegt.

Im Herbst 1793, die Revolution hatte ihr viertes
Jahr gerade überschritten, ergriff der Erziehungsausschuss in der Verbindung mit der Akademie der Wis-
senschaften unter dem Abgeordneten Gilbert Romme
die Initiative. Die neue Zeit sollte nach außen hin
sichtbar werden, ihren Charakter dokumentieren: den
der Rationalität. Bislang stand die Zeit im Zeichen der
Tradition, hielt sich an eine biblische Siebentagewoche
und datierte die einzelnen Tage nach Heiligen – für die
Vertreter des Neuen eine Form von Aberglaube, die
unmerklich alle Menschen prägte. Wenn aber der alte
Kalender diese Funktion hatte, wenn er Psychen in die
Richtung überholter Glaubensvorstellungen dirigierte,
musste ein neuer Kalender die gleiche Funktion haben
können – die Menschen fit zu machen für eine neue
Zeit, für rationales Handeln.

Und alles schien denkbar einfach. Die alte Einteilung des Jahres in zwölf Monate war aufgrund der bei-

den Sonnenwenden und der beiden Tagundnachtgleichen kosmisch vorgegeben. Bei der Füllung der Monate aber war man frei. Als rational erschien nunmehr das Dezimalsystem, das die Nationalversammlung soeben (nach Empfehlungen der vorrevolutionären *Encyclopédie*) für Maße und Gewichte durchgesetzt hatte. Danach erhielten die Monate je drei Dekaden, zur Auffüllung diente eine Halbdekade plus Schaltregelung, um eine Grunderrungenschaft des gregorianischen Kalenders beizubehalten: die Übereinstimmung mit den Jahreszeiten. Es stellte sich nur noch die Frage nach dem Beginn des Jahres. Sie wurde mit dem – heute selbst von den meisten Franzosen wohl endgültig vergessenen – 22. September beantwortet, ja in dieser Antwort lag ein gehöriges Stück Motivation zur Annahme des Kalenders überhaupt. Der 22. September ist ein kosmischer Termin, Tagundnachtgleiche im Herbst, wobei die Sonne ins Sternzeichen der Waage rückt. Genau dies wendete Romme ins Symbolische: Wie die Sonne in ein neues Zeichen wandere, so das französische Volk von der Unterdrückung in die Freiheit. Dazu passte perfekt ein Geschehen des Vorjahres: Am 21. September 1702 war die Monarchie abgeschafft worden, auf den 22. September 1702 fiel also der erste Tag der Republik. Genau mit diesem Termin wurde der Kalender rückwirkend eingeführt.

Aber wir wissen es ja: Weder Symbolik noch Natürlichkeitspathos haben etwas genützt. Sicher lag es am wenigsten an der Umbenennung der Monate, die den jahreszeitlichen Charakter mit hübscher Metaphorik und Klangähnlichkeit der Dreiergruppen perfekt wiedergeben. Einige blieben bis heute bekannt, weil wichtige Daten der Französischen Revolution mit ihnen verbunden sind:

Vendémiaire, Brumaire, Frimaire (Herbst)
Nivôse, Pluviôse, Ventôse (Winter)
Germinal, Floréal, Prairial (Frühling)
Messidor, Thermidor, Fructidor (Sommer)

Den Stein des Anstoßes bildeten die Dekaden, die neuen Zehntagewochen, deren einzelne Tage anfangs nach Zahlen benannt wurden (später nach ›natürlichen‹ Gegenständen wie Ackerbaugeräten usf.): Primdi, Duodi, Tridi – bis hin zum problematischsten Tag überhaupt, dem Décadi. Dieser letzte Tag der neuen ›Woche‹ sollte Feiertag sein, also den Sonntag ersetzen, der Keim zum Zusammenbruch des Ganzen. Denn damit zeigte der Kalender sein wahres Gesicht: die Tendenz zur Entchristlichung. Sie ist nicht nur gescheitert, sondern am Ende war die Sonntagsruhe stärker verbreitet als je zuvor.

Die Unnatürlichkeit der Zehn

Man muss nicht unbedingt annehmen, dass es immer überzeugte Christen waren, die sich gegen derlei Vorstöße wandten. Es war eher ein Kampf gegen eine Norm, die grundsätzlich als Willkür empfunden wurde. Während die Revolutionäre glaubten, dass Vernunft als solche ebenso normsetzend wie überzeugend sei, erwies es sich, dass nichts ›Vernünftiges‹ ankam gegen ›Gewachsenes‹. Menschen müssen sich Ordnungen unterwerfen, und es bedarf wenig Überzeugungskraft dafür. Aber dieser Ordnung darf nicht ›Gemachtes‹ anhaften, sie muss ›natürlich‹ sein. Und ›natürlich‹ ist eben nicht das Rationale, sondern das Bewährte. Man kann dies sehr schön am Parallelfall des Kampfes um die Glocken studieren. Auch dabei ging es um die

Zeit, statt um die Einteilung des Jahres um die des Tages. Weil die Kirchenglocken den Rhythmus der Arbeit ›beherrschten‹, versuchten die Revolutionäre, ihrer
habhaft zu werden, wollten sie einschmelzen, um die
Kirche ihrer ›Sprache‹ zu berauben. Darauf setzten
Kämpfe ein, handgreifliche und juristische. Dann gab
die Regierung nach, am Ostersonntag 1802 läuteten in
Paris wieder sämtliche Glocken.

So spektakulär verlief die Geschichte der Kalenderreform nicht. Nach der Verabschiedung im Konvent
lag der Ausbau beim Erziehungsausschuss, der seinen
Auftrag ernst nahm: Umerziehung mithilfe der Zeit.
Dabei gab man von Anfang an in wichtigen Punkten
nach. Als die Einrichtung der Dekadenfeste einen
schleppenden Verlauf nahm, wurde den Bürgern der
Ruhetag freigestellt, ausdrücklich also auch der Sonntag anerkannt. Dass Geschäfte an diesem Tag geöffnet
sein mussten, ließ sich ebenso wenig durchsetzen wie
die Teilnahme aller Bürger an Festen, die ›abstrakten‹
Werten wie der Natur, der Wahrheit, der Loyalität
oder gar der Elektrizität gewidmet waren. Im sechsten
Jahr des neuen Kalenders (1798) wurden Geldstrafen
gegen Kalendervergehen eingeführt, speziell bei La-
denöffnungszeiten. Aber dies mobilisierte die Kirche,
die damit eine Stärke gewann, die sie vor der Revolution nicht besaß. In den Städten – Michael Meinzer hat
besonders den Fall Marseille studiert – setzte man Pla-
kate ein, um für den Kalender zu werben, während
man auf juristische Mittel eher verzichtete. 1796, in
den Krisenjahren der jungen Republik, kam das Unternehmen fast zum Erliegen, erhielt erst nach dem
Staatsstreich von 1797 wieder Auftrieb. Insgesamt
wurden die Impulse aus Paris aufgenommen, aber ab-
geschwächt. Nur in der Verwaltung setzte sich der Ka-

lender wirklich durch; überall sonst (besonders auf
dem Land) lebte man praktisch nach dem alten und
dem neuen Kalender gleichzeitig. Vielleicht der größte
Erfolg war der Abschaffung der (zu) vielen (katholischen) Kirchenfeste beschieden, die aber auch schon
vor der Revolution bekämpft wurden und denen kaum
jemand nachtrauerte. Erst Napoleon setzte nach seiner
Kaiserkrönung 1804 einige Feste wieder ein. Dabei
entstanden durchaus bizarre Verhältnisse, wenn der
15. August als Geburtstag des Kaisers begangen werden sollte, den jeder Franzose als den alten Tag von
Mariä Himmelfahrt kannte.

Letztlich waren am Ende kirchliche *und* staatliche
Feste zurückgedrängt, womit die Aufklärung einen
Sieg errang, an dem weder die Vertreter der Kirche
noch die des Staates Anteil hatten. Während der Décadi gegen den Sonntag insgesamt verlor, setzte er sich
auf einem Nebenschauplatz durch: Er war zum Tag
der Zivilehe geworden und beseitigte die vielen Be-
schränkungen wie etwa das Verbot der Eheschließung
zu Fastenzeiten. Der Revolutionskalender brachte so
gesehen Änderungen, aber nur solche, die man auch im
alten System befürwortet hätte. Im Gegensatz zur
Glockenfrage hatte es weniger staatlichen Druck, aber
auch weniger aktiven Widerstand gegeben. Das Ende
des Kalenders kam entsprechend nicht mit einem Pau-
kenschlag zustande (wie beim Läuten in Paris), sondern vollzog sich schleichend. Seit dem Staatsstreich
Napoleons vom berühmten 18. Brumaire (dem 9. November 1799) setzte noch einmal eine eigene Festpoli-
tik ein, aber spätestens das Konkordat mit Rom 1802
enthielt wie bei den Glocken auch beim Kalender ein
Friedensangebot und wurde so verstanden. Nicht un-
bedeutend war dabei, dass Napoleon als Kaiser den

Jahresanfang mit der Republikgründung nicht mehr
akzeptierte und damit eines der stärksten Motive zur
Einführung des Kalenders eher störend wirkte. Damit
war die Beseitigung bereits eingeleitet. Ein Jahr nach
der Kaiserkrönung, nach dem dritten Monat des Jahres
XIV am 31. Dezember 1805, wurde der Kalender kas-
siert.

Meinzer hat als Resümee formuliert, ein Produkt
der Elitekultur habe sich dem quantitativ stärkeren
Teil der Gesamtbevölkerung letztlich beugen müssen.
Darin wird etwas Richtiges stecken. Stimmen wird
auch, dass der Revolutionskalender zum großen Ratio-
nalisierungsschub der Moderne gehört, der auf dem
Gebiet des Kalenders ja noch wiederholt aufgegriffen
werden sollte. Nicht nur die Franzosen selbst knüpf-
ten (jeweils sehr kurzfristig) bei ihren neuerlichen Re-
volutionen im 19. Jahrhundert an ihre eigene Tradition
an. Auch der russische Revolutionskalender berief sich
auf dieses Vorbild. 1929 wurde, zwölf Jahre nach der
Oktoberrevolution, die sich ja ebenfalls als Neuanfang
verstand, eine Fünftagewoche ohne gemeinsamen Beginn mit entsprechend gleitendem Ruhetag eingeführt,
die Stalin 1931 zur Sechstagewoche mit festem Ruhetag abmilderte, ehe man 1940 wieder zur Siebentagewoche zurückkehrte. Der italienische Revolutionskalender, der den ersten Tag der neuen Zeitrechnung auf
den Marsch Mussolinis nach Rom legte (am 28. Oktober 1922), war demgegenüber marginal, hat sich außer
in Regierungsverordnungen nirgends durchgesetzt und
verschwand 1943 sang- und klanglos.

Aber lag dieses Misslingen jeweils an Quantitäten?
War die Rationalisierung der überzeugende Weg gewe-
sen, der nur an der Trägheit der Massen scheiterte?
Viel spricht dafür, dass es sich um eine besondere Art

von Rationalisierung handelte, um die Übersetzung zahlenmäßiger Ordnung in Kultur, die auf Widerstand stieß. Dass nicht alles, was rational (im Sinne zahlenmäßiger Ordnung) ist, die Lebenswirklichkeit normativ bestimmen darf, könnte die eigentliche Lehre der Kalenderexperimente sein. Dann würde sich auch eine letzte Überlegung erübrigen, die Meinzer anstellt: die Annahme einer biologischen Steuerung der Siebentagewoche, so wie der Vierundzwanzigstundenrhythmus für den Tag biologisch fundiert zu sein scheint. Nicht nur, dass dann einige Kulturvölker dieser Erde, etwa die Ägypter mit ihrer Zehntagewoche, die Inder, Kelten und Iren mit einer Neuntagewoche oder die Mexikaner mit einer Fünftagewoche, jahrtausendelang gegen den Biorhythmus gelebt hätten. Es scheint eher so zu sein, dass Rhythmen nicht begründet werden *wollen*. Menschen orientieren sich eben in wichtigen Bereichen des Lebens lieber an Traditionen als an wie auch immer begründeten Entscheidungen. Meinzer hat es in einem anderen Punkt ganz richtig gesehen: Der französische Revolutionskalender ist letztlich an dem grenzenlosen Glauben an die erzieherische Wirkung von Wissen gescheitert – dem Glauben an die Machbarkeit und Planbarkeit von allem und jedem. Man könnte auch sagen: an einer verfehlten und sehr bald überholten Form von Rationalität. In bestimmten (wichtigen) Fällen will man eben nicht wissen, wem man bei der Befolgung von Normen folgt.

Dafür gibt es einen unübertrefflich satirischen Beitrag zum »Dezimalfuror« der französischen Nationalversammlung aus der Feder eines Zeitgenossen unter dem Titel: *Rede der Ziffer 8 am Jüngsten Tage des 1798sten Jahres* (Thomas Macho hat darauf hingewiesen). Er stammt von Georg Christoph Lichtenberg, dem naturwissenschaftlich ebenso wie kulturell gebildeten Aufklärer. Im »Rat der Ziffern«, in dem die Null den Vorsitz führt, hält die Acht eine große Rede auf die für die Zehn entscheidende Null. Nach allerlei Vorgeplänkel heißt es: »So wurde die Nulle endlich Schöpferin des großen Dezimalsystems und der großen Zehnfingrigkeit, die, wenn nicht Admiral Nelson, der bekanntlich nur fünf Finger hat, den Lauf der Taten hemmt, sich mit ihren zehn Fingern alles unterwerfen wird. Denn ihr müsst wissen, dass die große Nation [...] dieses Dezimalsystem mit der ihr eignen Kraft und Barschaft an Taten unterstützt und mit dem Feldgeschrei: ›Friede dem Einmaleins und Krieg allen Tafeln, Sonnenuhren und Zifferblättern der ganzen Welt‹, von Westen nach Osten zieht. Oh! wie habe ich während meines Präsidiums auf der Einerbank oft gelächelt, wenn man von Bonapartes geheimen Absichten sprach und die hauptsächlichste darunter vergaß, nämlich: den Berg Sinai zu erobern, eine Druckerei auf demselben anzulegen und so das Dezimalsystem über die ganze rechnende Welt zu verbreiten.« So konnten es wenige formulieren, aber so haben die meisten gedacht.

Michael

oder: Von Engelschören und Zinsleistungen

Ganze Hierarchien

Die immer noch aktuelle Frage lautet: Wie kann man sich die göttliche Welt vorstellen – eine unsichtbare, unfassbare Überwelt? Eine Antwort lautete: in Bildern. Die berühmteste Ausformung stammt von einem unbekannten Autor, der um 500 n. Chr. seinen Lesern eine veritable Lüge auftischt, was seine Person betrifft. Er gibt sich für jenen Zuhörer in der Apostelgeschichte aus, der als Einziger auf dem Athener Areopag vor dem Altar des unbekannten Gottes bis zuletzt bei der Predigt des Paulus ausharrte, während alle anderen wegliefen. Er heißt heute Pseudo-Dionysius Areopagita und gilt als einer der Vordenker der mittelalterlichen Mystik. In seinen Schriften *Über die göttlichen Namen* und *Mystische Theologie* versucht er Wege zur Gotteserkenntnis zu bahnen, die die ›Helligkeit‹ des Verstehens bewusst überschreiten. Erleuchtung hat dabei mit Versenkung, durchaus ins unverständliche Dunkel dieser ganz anderen Welt zu tun. Die Namen Gottes führen weiter, auch die Beschäftigung damit, was Gott *nicht* ist, eine negative Theologie also.

Die am wenigsten dunkle Schrift ist dabei die dritte: *Über die beiden Hierarchien*, gemeint sind die himmlische und die kirchliche. Die himmlische Hierarchie ist die Welt der Engel, die ausdrücklich als eine bildliche Welt verstanden sein will. Engel, so schärft es der Autor ein, sind keine »sozusagen goldartige Männer,

lichtgestaltet, funkelnd, von herrlicher Schönheit, in
schimmerndes Gewand gekleidet und ohne zu schaden
feurig blitzend« – also genau so, wie sie später von den
Malern aller Jahrhunderte eben doch dargestellt wurden. Die Engel sind für Pseudo-Dionysius vielmehr
eine Möglichkeit, sich die geistige (göttliche) Welt
bildlich vorzustellen. Entscheidend ist dabei die Idee,
dass die Engel in Hierarchien, in Chören, angeordnet
sind. Es gibt hohe und niedere Engel, die höchsten
nehmen die Göttlichkeit direkt auf und geben sie dann
in Reduzierung weiter. Sie reichen sie gewissermaßen
durch bis zu den niedrigsten, die diese Göttlichkeit so
weit heruntertransformiert haben, dass nun die höchsten Vertreter der Menschen sie aufnehmen (und ihrerseits weitergeben) können: die Bischöfe als Spitze der
kirchlichen Hierarchien. Ein gewaltiges Stromkraft-
werk gewissermaßen, das am Ende die Glühbirne ›nor-
maler Mensch‹ erleuchtet. Wobei man umgekehrt sagen kann, dass die Glühbirne an dieser Vieltausend-
voltanlage hängt, sich gleichsam hinaufträumen kann
zu gigantischen Kräften.

Das also sind die Engel, denen wir immer wieder
auch in der Literatur begegnen. Die allerhöchste Hierarchie bilden die Seraphim, die Cherubim und die
Throne. Dann folgen als Mittelglied die Herrschaften,
Gewalten und Mächte. Die drei untersten Hierarchien
sind die Fürstentümer, die Erzengel und (einfachen)
Engel. Von den Erzengeln kennen wir drei: Michael,
Gabriel und Raphael. Sie sind es übrigens, die im Pro-
log im Himmel in Goethes *Faust* herausgehoben aus
den »himmlischen Heerscharen« neben dem »Herrn«
stehen und den geheimnisvoll geordneten Kosmos feiern (den der arme Faust nicht begreift). Und sie sind es
auch, denen Kirchenfeste gewidmet sind, die sich we-

nigstens in einem Fall etwas deutlicher ins Bewusstsein
eingegraben haben. Michael, am 29. September, dürfte
der bekannteste sein, mit Michaelis als Fest, wie es in
der evangelischen Kirche heißt. Gabriel kennt man aus
jener Szene, in der Maria durch ihn die Botschaft erhält, dass sie Jesus gebären wird – am 25. März. Sein
eigenes Fest in der katholischen Kirche am Tag vor der
Verkündigung stammt aus dem Jahre 1921. Auch Raphael, der blasseste der Erzengel, hat in jenem Jahr
›sein‹ Fest bekommen, und zwar am 24. Oktober. Von
den (einfachen) Engeln ist als kirchlicher Feiertag nur
einer zustande gekommen: das Schutzengelfest am
2. Oktober (seit 1670, vorher wurde das Fest der
Schutzengel zusammen mit dem des Michael gefeiert).
Schutzengel kennt übrigens auch der Islam.

Michael, nicht ohne Schwert

Also Michael der bedeutendste Erzengel! Im Alten
Testament wird er vom Propheten Daniel als Schutzherr des Volkes Israel, als »Fürst Michael«, bezeichnet.
Das Heilige Römische Reich Deutscher Nation hat
dies übernommen. Im Neuen Testament, in der Geheimen Offenbarung des Johannes, kämpft Michael als
Anführer der Engel gegen den Teufel und seine Scha-
ren, in welcher Rolle er am häufigsten auf Bildern dargestellt ist. Seine kultische Verehrung im frühen Christentum beginnt in der Ostkirche (in Kolossae, dem
heutigen Khonas), wo er auffällig oft heidnische Kulte
ersetzt, u. a. den des Äskulap in der Nähe des damaligen Konstantinopel. In Gallien besetzt er Heiligtümer
des Merkur auf Berghöhen und wird Seelengeleiter in
den Totenmessen.

Der entscheidende Anstoß zur Ausbreitung des Kultes aber ging von Italien aus. Am Monte Gargano in Apulien wird für das Jahr 492 die Erscheinung des Erzengels in einer Grotte gemeldet, worauf man sofort eine erste Kirche baut. Rasch verbreitet sich die Kunde in ganz Europa, bis in die Normandie. Dort entsteht das einzigartige Heiligtum von Mont Saint Michel direkt an der Kanalküste. Die irischen Mönche, die das waghalsige Stück vollbringen, den Altar auf die Bergspitze zu setzen und um ihn herum auf Stützmauern nach und nach die heutige Kathedrale zu erbauen, hatten ihre Anregung aus Apulien. Dies ergibt sich aus zwei unübersehbaren Parallelen. Einmal baute man ebenfalls eine Höhle in den Berg. Zum anderen ähneln sich die Gründungslegenden, in denen jeweils der Bischof im Traum den Auftrag zum Kirchenbau erhält und ein Stier die passende Stelle anzeigt. Am Ende verläuft zwischen der Normandie und Apulien ein berühmter Pilgerpfad: der Engelsweg (*via dell'angelo*).

Vom Mont Saint Michel geht dann die weitere Popularisierung aus, nach Deutschland zum Beispiel, aber auch nach Rom, wo der 29. September früh in den Liturgiebüchern bezeugt ist. In Rom fand übrigens schon bald nach dem apulischen ein weiterer Auftritt des Erzengels statt. Im Jahre 590 soll Michael nach einer Bittprozession anlässlich einer fürchterlichen Pest auf der Spitze des Hadrianmausoleums sein Schwert in die Scheide gesteckt haben: Zeichen für die Erfüllung der Bitten, das Ende der Heimsuchung. Später taucht er zwar nur noch im Traum auf, aber mit weitreichenden Folgen. Eine Dreizehnjährige berichtet davon, dass dieser gewaltige Erzengel ihr die Erscheinung von zwei bedeutenden Damen angekündigt habe: nämlich der heiligen Katharina und der heiligen Margarete. Diese bringen sie dazu, sich ihre Haare zum Pagenschnitt zu stutzen, Männerkleidung samt kompletter Rüstung anzuziehen, um dann ihrem bedrängten König sein Land zurückzugewinnen – gemeint ist Jeanne d'Arc, die auf Geheiß Gottes und der Engel gehandelt haben will. Dass es gerade bei ihr der Erzengel Michael war, verwundert nicht angesichts der militärischen Karriere, die freilich zuletzt auf dem Scheiterhaufen enden sollte.

Nach Pest und Krieg muss schließlich an eine ganz andere Rolle erinnert werden, die Michael im Bewusstsein gespielt hat. Dabei handelt es sich nicht um ihn selbst, sondern um sein Fest am 29. September: Michaelis. Am Ende der Erntezeit in Mitteleuropa gelegen, gehörte der Tag zu den wichtigen Zinsterminen. An ihm wurden schon im *Sachsenspiegel* die Abgaben festgehalten, die die Bauern ihren Grundherren zu entrichten hatten. Auch Messen fielen bevorzugt auf diesen Termin, so etwa die Herbstmesse in Leipzig. Seit der Reformation wurde der folgende Sonntag, der erste im Oktober, als Erntedankfest begangen und 1773 in einem preußischen Erlass bestätigt. 1972 erfolgte die Anerkennung dieses Festes durch die deutsche Bischofskonferenz auch für die katholischen Christen. Einer eigenen Tradition folgen die USA mit ihrem *Thanksgiving* am vierten Donnerstag im November, einem staatlichen Feiertag, der für viele Amerikaner den höchsten im ganzen Jahr darstellt. An diesem Ursprung steht nicht ein Zinstermin, sondern im Gegenteil: die Erinnerung an das Überleben der Pilgerväter in der privilegienfreien Neuen Welt.

Tag der Deutschen Einheit

oder: Von den Schwierigkeiten
eines deutschen Nationalfeiertags

Der 3. Oktober wird voraussichtlich der deutsche Na-
tionalfeiertag bleiben, auch wenn wohl schon heute
kaum noch jemand weiß, was damals geschah. Als im
November 2004 Bundesfinanzminister Hans Eichel
unter Hinweis auf riesige Lücken im Haushaltsplan
den Feiertag streichen bzw. die Erinnerung auf den jeweils nachfolgenden Sonntag verlegen wollte, schlug
die Stunde der Pharisäer. Oppositionspolitiker ließen
sich die Gelegenheit nicht nehmen, die »beschämende
Geschichtsvergessenheit« der Regierungskoalition an-
zuprangern oder ihren »mangelnden Patriotismus« zu
beklagen. Noch harmlos, wenn nur von »Sorge« um
das Geschichtsbewusstsein die Rede war. Dass solche
Vorwürfe auf »Verlogenheit« beruhten, war der vor-
auszusehende Konter der Regierungsseite. Am Ende
blieb es beim 3. Oktober, obwohl schon längst Überlegungen im Gange waren, ob nicht überhaupt ein
anderer Tag der Erinnerung an die deutsche Einheit angemessener sei. Am 3. Oktober 1990 war der staats-
rechtliche Akt der Einheit, der Beitritt der Deutschen
Demokratischen Republik zur Bundesrepublik Deutschland nach § 23 des Grundgesetzes zustande gekommen.
Sehen so Nationalfeiertage aus?

Zunächst einmal: Nationalfeiertage – in dieser Hinsicht muss man den Gegnern des armen Finanzminis-
ters Recht geben – sind in der westlichen Welt (fast)
stets fixe Daten (eine Ausnahme bildet etwa Italien,

das seinen Gründungstag der Republik vom 2. Juni 1946 am ersten Sonntag im Juni begeht). Gefeiert wird am Tag der Wiederkehr des Ereignisses, alles andere ist ein Notbehelf. Als das II. Vatikanum empfahl, Feiertage wie Heilige Drei Könige vom 6. Januar auf den nachfolgenden Sonntag zu legen, brach zwar kein vergleichbarer Proteststurm los. Aber der Widerstand war durchaus vorhanden, wenn etwa ein Liturgiker fragte, warum man dann nicht Weihnachten ebenfalls ›nachfeiere‹. Übrigens gilt dasselbe für so harmlose Feiern wie den eigenen Geburtstag. Es wird zwar wirklich meistens ›nachgefeiert‹, aber mit gemischten Gefühlen. ›Richtig‹ feiern bedeutet, am richtigen Tag feiern. Der Grund dafür liegt darin, dass wir gewohnt sind, Daten (wie Zahlen überhaupt) mit ›Bedeutung‹ aufzuladen. Der 25. Dezember ist ein solches Datum, ebenso wie der 11. September, der sogar in nicht-englischsprachigen Ländern gern ›genau‹ zitiert wird: als *Nine-eleven*. Der 3. Oktober kann so gesehen wirklich nicht ›verschoben‹ werden, es sei denn um den Preis der Entwertung. Darin hatten die Kritiker Recht, auch wenn man daran zweifeln darf, ob es damals auf dieses Recht wirklich ankam.

Die andere, bessere Frage lautet indessen: Warum *dieser* Termin? Schaut man sich bei den Nachbarn um, stößt man auf heroischere Ereignisse, auf Ereignisse jedenfalls, an denen das ›Volk‹ beteiligt war. Am 14. Juli war es so in Paris beim Sturm auf die Bastille, am 4. August sagten sich in den USA die dreizehn Kolonien von Großbritannien los, am 1. August verschworen sich die Schweizer Kantone am Rütli – und so kann man lange weitermachen (der St. Patrick's Day in Irland ist wieder eine Ausnahme). Robert Leicht hat es in einem Artikel zur zehnjährigen Wiederkehr des

3. Oktober mit Recht hervorgehoben und auch einen Gegenvorschlag gemacht: Die Mauer fiel in einem Aufstand des Volkes am 9. November 1989. Der Tag hat sich für die meisten Miterlebenden unauslöschlich eingeprägt, viel mehr als der 3. Oktober 1990. Noch heute steht man am Potsdamer Platz in Berlin einigermaßen sprachlos vor den Mauerresten (mit Bildern vom 9. November), deren Beseitigung damals die ganze Welt hypnotisierte. Der Vorgängertermin des deutschen Nationalfeiertags, der 17. Juni, hatte immer etwas Prekäres: er bezog sich auf einen Aufstand in nur einem Teil Deutschlands (der 1953 mindestens 25, vielleicht 300 Tote zu beklagen hatte), bei dem der andere völlig unbeteiligt war, wenn der Tag nicht gar auf Kosten des einen Teils im unbeteiligten anderen gefeiert wurde.

Es wird kaum Zweck haben, die weiteren Vorzüge aufzuzählen, die die Symbolik des 9. November anreichern. Es gibt mittlerweile einen Sammelband zum Thema (mit Johannes Willms als Herausgeber), zahlreiche Reden und sonstige Beiträge liegen vor, auch wenn dabei kühne und kühnste Pirouetten auf einem letztlich ›bloßen‹ Datum gedreht wurden. Nicht unbedingt jeder 9. November wie derjenige von 1799, der im damaligen Revolutionskalender der 18. Brumaire des Jahres VIII der Französischen Revolution war, eignet sich zur Anknüpfung, auch wenn Peter Sloterdijk daraus eine Revolutionsvergessenheit der Neuzeit konstruiert hat. Wichtig aber der 9. November 1918, an dem der Sozialdemokrat Philipp Scheidemann von einem Fenster im Deutschen Reichstag die Republik ausrief (wenn auch zum Entsetzen Friedrich Eberts, der sich demokratischere Formen vorgestellt hatte). Und ebenso wichtig auch der 9. November 1938 als

Datum der »Reichskristallnacht«, in der in Berlin und ganz Deutschland Synagogen und jüdische Geschäfte zertrümmert wurden oder in Flammen aufgingen. Sofern es auf Geschichtsträchtigkeit ankommt, kommt der Zufall zu Hilfe und erinnert an Ereignisse, die die deutsche Geschichte nachhaltig geprägt haben. Thomas Macho hat mit Recht vor der falschen Vokabel eines deutschen »Schicksalsdatums« gewarnt, wenn er all die anderen Ereignisse Revue passieren lässt: Hitlers »Marsch auf die Feldherrnhalle« am 9. November 1923 besonders. Darin liege eine fragwürdige »Tabuisierung« von Schicksal, wo letztlich nicht Daten, sondern verfehltes Handeln ursächlich war. Sogar Schillers Geburtstag am 10. November ist im 19. Jahrhundert wegen der abendlichen Vorfeiern zu einem weiteren 9. November stilisiert worden, der als bürgerliches Oppositionsfest die Reihe der Daten verlängert. Allerdings ist hier Magie wenig wahrscheinlich. Der 9. November *ist* nicht geschichtsträchtig, an ihm hat sich Geschichte nur ereignet – und zwar wichtige und erinnernswerte in Deutschland. Ob man es sich nicht doch noch einmal mit dem 3. Oktober überlegen sollte, auch wenn es keine Lösung für den wohl immer klammen Haushalt darstellt?

Tag der Vereinten Nationen

oder: David gegen Goliath

Seit 1996 feiert Bonn, damals noch Regierungssitz, am 24. Oktober den Tag der Vereinten Nationen als Bürgerfest auf dem Marktplatz. Weltweit finden entsprechende Veranstaltungen statt, in New York mit dem Generalsekretär. Im Jahre 1945 war an diesem Tag als Nachfolgeorganisation des Völkerbundes die UNO gegründet worden, in der über Nationen und Regierungen hinweg das Interesse der Menschheit vertreten werden sollte. Abwendung von Kriegen, Armutsbekämpfung, Minderung von Umweltschäden gehören zu den Dauerthemen. Keines davon ist befriedigend gelöst worden, nach wie vor steht die große UNO kräftemäßig als David vor dem Goliath der einzelnen Staaten und ihrer souveränen Führungen. Aber ganz ist die Hoffnung nicht untergegangen, dass sich das biblische Ereignis einmal wiederholen und der Schwächere die Oberhand gewinnen wird.

Dessen Stimme ist jedenfalls präsent und hat auch den Kalender erreicht. Die Situation erinnert durchaus an die mittelalterliche Kirche und ihre Heiligenfesttage, die das Jahr überschwemmten. Über siebzig Gedenktage haben sich mittlerweile etabliert, in einem zufällig herausgegriffenen Taschenkalender sind immerhin fünfzehn davon eingetragen. Mit allen verbindet sich ein Anliegen, das die Nöte dieser Welt auf einen Begriff bringt. Am 8. März ist es der Internationale Frauentag, am 7. April der Weltgesundheitstag, am 4. Juni der Weltumwelttag, am 20. September der Weltkindertag, am 1. Dezember der Welt-Aids-Tag, am 3. Dezember der Internationale Tag der Behinderten, am 10. Dezember der Tag der Menschenrechte. Neben diesen Themen, deren Dringlichkeit wohl niemand bestreiten wird, haben sich andere durchgesetzt, die den meisten eher randständig erscheinen dürften: der Welttag der Poesie am 21. März, der Welttourismustag am 27. September, der Tag des Weltpostvereins am 9. Oktober, der Internationale Tag für biologische Vielfalt am 29. Dezember. Es fehlt auch nicht an wirklichen Kuriosa: der Welttag der Meteorologie am 23. März, der Welttag des geistigen Eigentums am 26. April, der Weltfernmeldetag am 17. Mai, der Welttag der geistigen Gesundheit am 10. Oktober.

Und doch: Aufmerksam machen ist das gemeinsame Ziel dieser Gedächtnisse, die auf eigenartige Weise fortsetzen, was einmal die Heiligen geleistet haben. Wie man sich bei der Vergiftung des Weizens durch das Mutterkorn an den heiligen Antonius klammerte, der das gefährliche Fieber heilen möge, so klammert man sich nun an einen Weltgesundheitstag. Wie die Frauen einst ihre Franziska von Rom, die Hausfrauen ihre Martha, die Schwangeren ihre Margareta von Antiochien anriefen, wendet man sich heute an Frauenverbände, die den Weltfrauentag ausrichten. Wo der heilige Sebastian (neben vielen anderen Heiligen, wie etwa dem heiligen Rochus oder dem heiligen Valentin) gegen die Pest angerufen wurde, hat man heute den Welt-Aids-Tag. Und die Parallelen zum Mittelalter gehen ja weiter. Was soll der arme Antonius tun, wenn der Weizen verdorben ist? Was der Weltgesundheitstag gegen die vielen Krankheiten? Der beruhigenden Geste des Heiligen in irgendeinem Winkel der Kirche oder auf einem Heiligenbildchen im Wohnzimmer entsprechen Absichtserklärungen, Forderungen, Anprangerungen von Missständen. Da mögen Tage wie der des afrikanischen Kindes am 16. Juni wirkungsvoller erscheinen, weil Themen angesprochen sind, die tatsächlich vergessen zu werden drohen. Aber Krankheit, Benachteiligung der Frauen, Aids – sind die Themen nicht ohnehin allgegenwärtig, ohne dass wirklich Konsequenzen gezogen würden?

Vielleicht kann noch einmal der Vergleich mit dem Heiligenkalender aufmuntern. Auch die Heiligen halfen in den wenigsten Fällen, aber sie waren da. Fast täglich tauchten sie im Kalender auf, stifteten Hoffnung als Spezialisten für all das, was die Menschheit damals wohl noch viel mehr bedrängte als heute. Vierzehn Nothelfer standen bereit, um zum Beispiel beim Sterben oder auch nur bei Halsschmerzen zu helfen. Jeder Berufsstand hatte seinen Lobbyisten im Himmel, die Bauern den heiligen Isidor, die Kaufleute Sankt Michael, die Gärtner Gertrud von Nivelles, die Schriftsteller Franz von Sales, die Postboten und Diplomaten den Erzengel Gabriel, sogar die Latrinenreiniger ihren Papst Julius I. Sie alle spendeten Trost, schärften Tugenden ein – und stifteten vor allem Hoffnung. Heute tritt die UNO das Erbe dieser Kämpfer auf (fast) verlorenem Posten wenigstens mit besseren Mitteln an. Die ganze Welt ist heute konfrontiert mit den Fehlentwicklungen, die bei der UNO registriert und weitergegeben werden. Auch wenn Beflissene das alte Heiligensystem fortgesetzt haben und es inzwischen einen Heiligen fürs Fernsehen (Franz von Assisi) und sogar fürs Internet (Isidor von Sevilla, den alten Enzyklopädisten) geben soll: Bessere Aufklärung über die Leiden dieser Welt, konkretere Angebote zu ihrer Linderung haben nie existiert. Die UNO-Gedenktage stellen die bestmögliche Beschreibung der Bedrohungslage auf diesem Planeten dar.

Neben den Gedenktagen hat die UNO übrigens auch Internationale Jahre des Gedenkens und darüber hinaus sogar Internationale Dekaden eingerichtet. 2006 war das Jahr der Wüste bzw. der Bedrohung von mehr als einer Milliarde Menschen durch wachsenden Verlust an Lebensraum (daneben auch das Jahr des Neandertalers). Weiterhin ist bereits des Kulturerbes und der Mobilisierung gegen Rassismus gedacht worden (freilich auch des Kleinstkredits und des Ökotourismus). Als Dekade von 2003 bis 2012 ist das Thema der Bildung für alle ausgemacht, daneben für 2001 bis 2010 die Zurückdrängung der Malaria sowie die Beseitigung des Kolonialismus. An Erinnerung also fehlt es nicht. Ob dies genügt und David es wirklich gegen Goliath einmal schaffen wird?

Reformationstag

oder: Hallo Luther statt Halloween

Die evangelische Kirche verwendet den Begriff des Festes nur sparsam. Soweit nicht die Herrenfeste und die wenigen Ausnahmen wie etwa die Feste der Apostel betroffen sind, ist die Rede von Gedenktagen. Dies trifft auch auf den Reformationstag zu, der seit 1667 gefeiert wird. Damals beging man den 150. Jahrestag des Thesenanschlags in Wittenberg, der historisch nicht gesichert ist, aber dem kollektiven Gedächtnis als Beginn der Reformation gilt. Fest steht, dass Luther 95 Thesen formulierte und auf einem Einblattdruck veröffentlichen ließ. Dies brachte tatsächlich den Stein ins Rollen. Luther griff damals Missbräuche der Kirche an, speziell das Ablasswesen. Es ging also noch keineswegs um theologische Auseinandersetzungen, wie sie später folgten. Aber diese waren erst möglich geworden dank der Initialzündung. Der Papst drohte mit dem Bann; Luther verbrannte die Bulle mit seinen Studenten in einem karnevalesken Fest zu Wittenberg. Damit war ein Theologenstreit zum Politikum geworden: Es folgte die Einladung zum Reichstag nach Worms, wo Luther vor dem anwesenden Kaiser den Widerruf verweigerte. Dann überstürzten sich die Ereignisse: Bauernkrieg, Bildersturm, Krieg zwischen den evangelischen und katholischen Fürsten zuerst des Reiches, später – im Dreißigjährigen Krieg – in ganz Europa.

Der Thesenanschlag als Anfang, als Symbol demnach! Während vorwiegend evangelische Länder wie

Brandenburg, Sachsen oder Thüringen den 31. Oktober als gesetzlichen Feiertag begehen, wird er andernorts am folgenden Sonntag nachgefeiert. In der Schweiz war schon immer der erste Sonntag im November üblich, der alle sechs bis sieben Jahre mit dem katholischen Allerheiligenfest zusammenfällt. Weil der Vorabend von Allerheiligen in Deutschland wiederum mit dem aus Irland und den USA importierten keltisch-christlichen Halloween (aus: *All Hallows Eve*, Aller Heiligen Vorabend) zusammengeht, hat Landesbischöfin Dr. Margot Käßmann 2004 die etwas kalauernde Devise ausgegeben: »Hallo Luther statt Halloween«, was sofort über die Grenzen des Bundeslandes Niedersachsen hinweg aufgenommen wurde. Ein Rettungsversuch gegen Erinnerungsschwund, der vielen sympathisch sein dürfte, auch wenn der Luther-Film des Jahres 2005 vielleicht mehr bewirkt hat.

Noch viel schwerer dürfte es der zweite Gedenktag haben, der der Augsburgischen Konfession am 25. Juni gewidmet ist. Dabei handelt es sich um die Formulierung evangelischer Überzeugungen, die Philipp Melanchthon dem Reichstag von 1530 vorlegte. Karl V. hatte diese Zusammenkunft der Großen des Reiches des drohenden Türkenkriegs wegen ausgeschrieben und hoffte auf religiöse und politische Einheit im Reich angesichts der Gefahr von außen, nachdem 1529 endgültig die Lager auseinandergebrochen waren. Die Augsburger Konfession, die von Luther gebilligt wurde, enthält einundzwanzig Artikel zu Glaubensproblemen und sieben zu Missbräuchen. Melanchthon hatte die strittigsten Fragen (wie die über Fegefeuer oder Papsttum) bewusst ausgeklammert. Zahlreiche Fürsten stimmten zu, die Abendmahlslehre lehnten jedoch viele ab. Die Einheit kam also nicht zustande, aber im evangelischen Lager war eine Grundlage geschaffen, auf der die Reformatoren dann weiterarbeiteten. Melanchthon selbst hat seinen Text mehrfach überarbeitet und dem jeweils neuen Diskussionsstand angepasst. In dieser Form wurde das Augsburger Bekenntnis für die neuen Landeskirchen verbindlich und bekam damit den Status einer Gründungsurkunde. Dies gilt auch für den Lutherischen Weltbund, während die reformierten Kirchen das Augsburger Bekenntnis teils abwandelten, teils andere Bekenntnisschriften entwickelten. In ökumenischen Gesprächen ist es dagegen bis heute von Bedeutung.

Zu Gedenktagen ganz anderer Art zählen auch die Erinnerungen an Personen, wie sie etwa der Ökumenische Kalender zusammenstellt (s. Christophorus). Man findet darin Vertreter der alten Kirche, besonders aber die bedeutenden Repräsentanten der Reformation: Martin Luther (18. 2.), Johannes Calvin (27. 5.) oder Ulrich Zwingli (11. 10.). Weiter sind Theologen und der Theologie nahestehende Philosophen, auch Politiker, Dichter, Musiker, Künstler aufgeführt: Martin Luther King (4. 4.), Dietrich Bonhoeffer (9. 4.), Paul Gerhardt (27. 5.), Johann Sebastian Bach (28. 7.), Lukas Cranach (16. 10.) oder Jeremias Gotthelf (22. 10.).

Allerheiligen und Allerseelen

oder: Das Ostern des Herbstes

Vom Triumph des Glaubens

Das Allerheiligenfest gehört zu den alten Festen, auch wenn es zu Beginn nicht am 1. November begangen wurde. Der griechische Osten kennt den Tag schon seit dem 4. Jahrhundert, und zwar am Sonntag nach Pfingsten, also dem letzten Sonntag der österlichen Festzeit. Dies wurde auch in Rom übernommen (in der orthodoxen Kirche blieb es bis heute dabei) und zeigt den Grundgedanken: Die Kirche feiert das Gedächtnis derjenigen, die auf ganz besondere Weise Christus nachgefolgt, ja ihm ähnlich geworden sind – der Märtyrer. Im Neuen Testament bedeutet *martys* noch so viel wie ›Wortzeuge‹, ohne den Hintergrund von Verfolgung und Leiden. Zum ersten Mal erscheint der heute geläufige Sinn in dem ältesten Märtyrerbericht überhaupt, dem Flammentod des Polykarp von Smyrna, bei dem es übrigens Verbindungen zu jüdischen Vorbildern (speziell zu den Makkabäern und zum Propheten Jesaja) gibt. Man habe die Reste des Körpers »wie Edelsteine« gesammelt, heißt es. ›Reste‹ werden Reliquien, eine Vergegenwärtigung, konkrete und damit beglaubigte Erinnerung des Geschehenen. Aber das Entscheidende war wohl doch dieses Zeugnishafte, die Demonstration des Glaubens mit dem eigenen Blut. Schon der Jüngere Plinius (s. Karfreitag) hebt es ja hervor: Diese merkwürdigen Christen opfern auch dann nicht dem Kaiser, wenn sie dafür sterben müssen. Man hat von einer »Faszination des Blutes« (Norbert Wolf) gesprochen, die sich fortsetzte, wenn Gläubige mit blutigen Füßen, andere mit Dornenkronen und unter Geißelung ihres Rückens an Prozessionen teilnahmen – auch hier letztmögliches Zeugnis des Glaubens.

Die junge Kirche feierte also ihre Märtyrer, als es andere Heilige als diese noch nicht gab. Es ging nie um ›vergessene‹ Heilige, wie man angesichts der Umwidmung einer berühmten Kirche in Rom denken könnte: des Pantheon, das in der Antike allen Göttern und tatsächlich gerade auch möglichen ›Vergessenen‹ als Kultstätte diente. Nein, es ging in Santa Maria ad Martyres, wie das Pantheon nun hieß, um diese Schar der sehr gut Bekannten, die in der Stunde ihres Martyriums *direkt* in die ewige Seligkeit eingingen, nicht bis zu ihrer Erweckung am Jüngsten Tag warten mussten. Genau darauf beruht ja die Möglichkeit der Anrufung, der Bitte um Vermittlung. Tizian hat diese Heiligen im großformatigen Holzschnitt (40 × 270 cm) als Prozession wiedergegeben, was um 1543 eine gegenreformatorische Tendenz hatte: als *Triumph des Glaubens*, bei dem die Bekenner und Märtyrer Christus auf seinem Triumphwagen vorangehen, während die Patriarchen, Propheten und Sibyllen bis hin zu Abel als erstem Märtyrer sowie Adam und Eva folgen. In den Fresken der romanischen Doppelkirche von Schwarzrheindorf bei Bonn aus dem 12. Jahrhundert umstehen die Heiligen den himmlischen Thron, präsentieren sich als die in die Vollendung Eingegangenen, die wie die Engel zu den geistigen Truppen des Himmels gehören. Siebzig von ihnen – natürlich muss es eine begrenzte Zahl und natürlich muss diese Begrenzung symbolisch sein – gehören zur Allerheiligenlitanei, in der sie direkt ›angerufen‹ werden mit der Bitte um (Für-)Bitte. »Bitte für uns«, heißt es nach jeder Namensnennung, und gemeint ist: Tu etwas für uns, wo du einst selbst einer von uns warst. Als Luther diesen Draht zu Gott kappte, setzte ein fataler Wettlauf ein. Während die einen im Bildersturm zerstörten, wessen sie habhaft werden konnten, bauten die anderen das Sammeln und Präsentieren erst richtig aus, als habe nicht schon das Mittelalter Gebeine vervielfältigt und Kreuzessplitter angehäuft, an denen ganze Truppen hätten hingerichtet werden können.

Das Bedürfnis war also von Anfang an da und fand seine Umsetzung ins Kirchenjahr. Nach der Pfingstoktav rückte das Fest auf die Kirchweihe des Pantheon am 13. Mai 609 oder 610. Papst Bonifatius IV. hatte sich an Kaiser Phokas gewandt und die Bitte um Überlassung des antiken Gemäuers erfüllt bekommen (worauf achtunddreißig Lastwagen voller Reliquien aus den Katakomben hierher verlegt worden sein sollen). Dann ermunterte Papst Gregor IV. Ludwig den Frommen, den Sohn Karls des Großen, das Fest in seinem Reich am 1. November zu begehen. Zeitweise gibt es beide Termine, den alten 13. Mai neben dem neuen 1. November. Es scheint jedoch eine Rolle gespielt zu haben, dass Gregor IV. an ein Pilgerfest dachte und der 1. November eine Reise nach Rom besser ermöglichte als der Frühjahrstermin. Noch war Rom eine arme Stadt, die den Fremdenverkehr dringend brauchte, ihm aber nur unvollkommen gewachsen war. Ludwig der Fromme wiederum hatte Grund zur Dankbarkeit, weil er sich gerade mit seinen Söhnen vertragen hatte. Seither blieb es bei diesem Herbsttermin, der seinen Charakter allenfalls dadurch änderte, dass er dicht an ein zweites Fest rückte: an Allerseelen am 2. November. Was Allerheiligen eigentlich nie war, nämlich ein Trauerfest, ist es in dieser Verbindung geworden. Schon im Spätmittelalter sprach man vom »Ostern des Herbstes« und bezog sich dabei auf Allerheiligen *und* Allerseelen, an welchem Tag der Sakramentenempfang mit einem wichtigen Ablass verbunden war. Heute ist schon wegen des gesetzlichen Feiertags der Inhalt von Allerseelen vollständig auf Allerheiligen übergegangen. Die evangelische Kirche begeht am 1. November den »Gedenktag der Heiligen«, während der »Gedenktag der Entschlafenen« ohne festen Termin blieb.

Das lukrativste Gebet aller Zeiten

Totenehrung gibt es wohl bei allen Kulturvölkern, aber die Formen sind sehr unterschiedlich. Die Römer bestatteten ihre Toten vor der Stadt, wie es schon das Zwölftafelgesetz vorschreibt. Die Christen holten sie in die Stadt, weil sie Grabschändung befürchteten und damit Gefahr für die einstige Auferstehung zum ewigen Leben. Bevorzugt war die Bestattung in der Kirche, *ad sanctos*, bei den Heiligen, die Schutz versprachen, wenigstens auf dem Kirchhof, neben der Kirche. Weit mehr aber zeigt sich die Verehrung in der Messgestaltung. Man hat gesagt, die christliche Messe sei eine Totenmesse, denn zusammen mit dem Tod Jesu wird immer auch der eigenen Toten gedacht: Sie mögen ruhen in Frieden, lautet ein wichtiger Gebetsruf. Besonders betont wird dies in der Messe aus Anlass einer Bestattung. Der Priester trägt dabei die schwarze Farbe, die antike Festfarbe. Die ›letzte Ehre‹ war ernst gemeint, es sollte eine wirkliche Ehrerbietung sein, eines christlichen Lebens gedacht werden, das sich zum

Schluss vollendet hatte. Verbrechern und Selbstmördern wurden Messe und Friedhof verweigert. Fürchterlich in den Ohren von Gläubigen klang noch im 18. Jahrhundert der Satz, mit dem Goethe den *Werther* beschließt: »Kein Geistlicher hat ihn begleitet.« Noch fürchterlicher frühere Praktiken des Verscharrens und Verbrennens, des Hängenlassens an Galgen, in Bäumen oder auch (wie die Wiedertäufer in Münster) in Käfigen hoch oben an der Außenwand der Kathedrale.

Es ist so gesehen verwunderlich, dass es lange dauerte, bis ein Fest zur Ehrung *aller* Toten eingeführt wurde. Immerhin zeigen sich lokale Totengedächtnisse an verschiedenen Tagen, zum Beispiel in der Woche nach Epiphanie in Rom oder am Tag nach der Kirchweihe in Mailand (am 26. Oktober). Auch die Einführung des Totengedächtnisses, wie wir es heute als Allerseelentag am 2. November kennen, war anfangs ein lokales Gedächtnis, wie es auch andernorts gepflegt wurde. Abt Odilo führte es um 1024 für Cluny ein, als Gedächtnis der verstorbenen Mönche des Kluniazenserordens, der sich als Zweig des Benediktinerordens verstand. Der heilige Isidor (gest. 636) hatte in seiner eigenen Mönchsregel zu einem solchen Gedächtnis den Tag nach Pfingsten ausgewählt. Aber erst Odilos Tat zündete. In seiner Biographie wird erzählt, der heilige Abt habe mit diesem Fest der Seelen im Fegefeuer gedenken, ihre Strafe erleichtern bzw. deren Erlass erbitten wollen. Wie am 1. November aller Heiligen gedacht wurde, so am folgenden Tag aller Gläubigen. Dies geschah denn auch. Aber die Biographie verschweigt das Wichtigste.

Als Odilo das Allerseelenfest für seine Mönche einführte, war das Kloster eine der bedeutendsten Autoritäten der Christenheit geworden. Um 910 in den

schwierigen Zeiten nach dem Untergang des Karolin-
gerreiches in völliger Unabhängigkeit von König oder
Landesherr gegründet (und einzig Rom unterstellt),
hatte sich in den burgundischen Wäldern eine Zelle des
Glaubens gebildet, vor der der bischöfliche Berater des
französischen Königs, Adalbero von Reims, ausdrücklich warnte, weil dessen Macht untergraben zu werden
drohte. Glück war hinzugekommen: In den ersten beiden Jahrhunderten der Konsolidierung, zwischen 927
und 1109, hatte Cluny nur fünf Äbte, Odilo selbst re-
gierte von 994 bis 1048, also vierundfünfzig Jahre. Genau dies waren krisenreiche Jahre in der Welt: Man be-
fürchtete den Untergang zuerst um 1000, dann um
1030, tausend Jahre nach Christi Geburt oder seinem
Tod. Die berühmte ›Angst im Abendland‹ hatte einen
Höhepunkt erreicht, keine Autorität bannte sie – außer Cluny. Abt Hugo wurde der Freund des Kaisers
sowie der Könige von Kastilien und England, der Rat-
geber des Papstes, die wichtigste Autorität der Christenheit. Von überall her kamen Novizen. Und von
überall her flossen Reichtümer zur Unterstützung. Das
Kloster wuchs, Bauten reihten sich an Bauten, die
größte Kirche des Abendlandes entstand (stürzte allerdings zweimal ein). All dies aber war auf ein einziges
Anliegen hin konzentriert: auf den Totenkult. Das Allerseelenfest krönte nur etwas, was Cluny ohnehin
auszeichnete, ja seine Spezialisierung ausmachte: das
Gebet für das Seelenheil.

Der Mönch Radulfus Glaber schrieb in seinen im
11. Jahrhundert entstandenen *Geschichten* den Satz:
»Man glaubte, die seit Beginn der Jahrtausende herr-
schende Ordnung der Jahreszeiten und der Elemente
wäre auf immer ins Chaos zurückgefallen und es sei
dies das Ende der Menschheit.« Aber dann verleiht er

seiner Hoffnung Ausdruck, indem er einzig auf Cluny verweist: »Wisse, dass dieses Kloster in der römischen Welt nicht seinesgleichen hat, insbesondere wenn es um die Erlösung der Seelen geht, die unter die Herrschaft des Teufels gefallen sind. Die heilige Kommunion wird dort so oft vollzogen, dass kaum ein Tag vergeht, an dem diese immerwährende Verbindung nicht irgendeine Seele der Macht der bösen Dämonen zu entreißen vermag. In diesem Kloster, das kann ich selbst bezeugen, gibt es einen Brauch, der sich nur durch die gewaltige Anzahl der Mönche verwirklichen lässt; und diesem Brauch gemäß werden tatsächlich von der ersten Stunde des Tages bis zur Ruhezeit ohne Unterlass Messen gefeiert; dies geschieht mit so viel Würde, so viel Frömmigkeit und so viel Verehrung, dass man eher meinen könnte, Engel walten zu sehen als Menschen.«

In Cluny waren die Mönche Priester geworden, widmeten sich mehr der Liturgie, als dies in anderen Benediktinerniederlassungen (mit ihrem *ora* et *labora*, bete *und* arbeite) gefordert wurde. Die fünfschiffige Basilika war buchstäblich vollgestopft mit Altären. Daran wurden Messen gefeiert, Messen zum Todestag, zum Jahrestag der Verstorbenen. Siebenmal am Tag zog der Chor der Schwarzen Mönche in Prozession in die Kirche ein, um den gregorianischen Gesang anzustimmen: ein »Ballett des Todes«, wie sich Georges Duby ausdrückte. Von überall her kamen entsprechend Anträge, auf diesem Friedhof beerdigt, von diesen Mönchen in Erinnerung gehalten, vor allem aber: von diesen Mönchen freigebetet zu werden aus dem gefürchteten Fegefeuer, das man sich damals durchaus als Feuer vorstellte. Die Basilika von Cluny, von der heute aufgrund der Plünderungen in der Zeit der Fran-

zösischen Revolution nur noch ein Turm übrig geblieben ist, entsprach – wiederum nach Dubys *Die Zeit
der Kathedralen* (1980) – »einem von zahllosen Gräbern befruchteten Boden«.

Kein Wunder also, dass sich dieses Fest rasch und
überall ausbreitete. Im 12. Jahrhundert hat es ganz Europa erreicht. In dieser Zeit entwickelt sich das For-
mular für die Totenmesse, zu der ein Bestandteil gehört, der am Allerseelenfest am wirkungsvollsten er-
klingt: das *Dies irae*, ›Tag des Zornes‹. Die Sequenz,
die insgesamt neunzehn Strophen enthält und oft
komponiert wurde (im *Requiem* von Mozart oder Ver-
di etwa), baut auf dem Thema vom »Tag des Zornes«
aus dem Propheten Zephanja auf und war ursprünglich nicht dem Totengedächtnis, sondern dem Tag des
Jüngsten Gerichts gewidmet. Daher das Erklingen der
letzten Posaune und die Auferstehung der Leiber, dem
das Flehen um Errettung gilt. Erst die letzten beiden
Strophen, nachträglich hinzugefügt, zielen auf das per-
sönliche Totengedenken:

Tag der Tränen, Tag der Wehen,
da vom Grabe wird erstehen,
zum Gericht der Mensch voll Sünden.

Lass ihn, Gott, Erbarmen finden!
Milder Jesus, Heiland du,
schenke ihnen ewge Ruh. Amen.

Elisabeth von Thüringen

oder: Von der Ausweitung der Nächstenliebe
auf das ganze Menschengeschlecht

In seinem Aufsatz *Das Unbehagen in der Kultur*
(1930) untersucht Sigmund Freud jene Triebe im Menschen, die sein Handeln lenken, ohne dass es ihm bewusst ist: Eros und Ananke, die Liebe und den Zwang
zur Arbeit. Diesmal aber geht es ihm um deren Bedeutung für die Ausbildung von Kultur. Eine ihrer Wurzeln fasst Freud im christlichen Liebesgebot, in der
»sogenannten Idealforderung«: »Du sollst den Nächsten lieben wie dich selbst.« Sein Kommentar dazu lautet: hoffnungslose Überforderung. Nicht nur, dass der
Andere im Allgemeinen wenig liebenswert sei. Die
Abdrängung der Sexualität in dieser Ausdehnung des
Liebesgebots könne nur zerstörerisch wirken. Kurz
zuvor hatte Freud angedeutet, dass diese Ausweitung
allenfalls als eine Art Schutz gegen Verlust verständlich
sei, als »Vermeidung der Schwankungen und Enttäu-
schungen der genitalen Liebe«. Und dann der Neben-
satz: »Der heilige Franciscus von Assisi mag es in dieser Ausnutzung der Liebe für das innere Glücksgefühl
am weitesten gebracht haben …«

Ein versöhnlicher, aber auch wohl nicht ganz ernst
gemeinter Satz, wenn man an die Paukenschläge denkt,
mit denen all die vermeintlichen Zähmungen der »wilden Bestie« Mensch anschließend bedacht werden.
Freud wusste wohl nicht, dass dieser Franziskus möglicherweise ein Martyrium anstrebte, als er zum Sultan
von Ägypten reiste und ihm anbot, zum Erweis der

Überlegenheit des christlichen Glaubens durch ein
Feuer zu schreiten – und sich so die himmlische Krone
durchaus jenseits zwischenmenschlicher Plackerei zu
verdienen. Das innere Glücksgefühl muss also selbst
in diesem menschlichen Ausnahmefall so störungsfrei
nicht zustande gekommen sein. Wohl aber wurde es so
verstanden. Das Vorbild des *poverello*, des ›kleinen Armen‹, der seine Liebe auf *alle* Menschen (und darüber
hinaus sogar auf Natur und Kreatur) ausdehnte, wirkte. Ein neuer Heiligentyp entstand, in der von Stadt
und Handel geprägten Welt des 13. Jahrhunderts eine
unerwartete Alternative. Schon zu Lebzeiten war dieser Franziskus buchstäblich in seiner Heiligkeit ›ge-
zeichnet‹ worden, empfing in der Stigmatisierung jene
Wundmale Christi bei der Kreuzigung, die als klarstes
Unterpfand der Ähnlichkeit galten. In seiner Liebe zu
den Mitmenschen überbot Franziskus wirklich alles,
pflegte Aussätzige und küsste ihre Wunden. Zwei Jahre nach seinem Tod am 4. Oktober 1226 wurde er
kanonisiert, in einem Eilverfahren. Die Grundsteinlegung zu seiner Grabeskirche in Assisi erfolgte nur
einen Tag später.

Zu denen, die von Franziskus tief beeindruckt waren, gehörte Elisabeth von Thüringen. Als ihr Vorbild
1226 starb, herrschte in Thüringen gerade eines jener
fürchterlichen Hungerjahre, das zahllose Leben be-
drohte. Elisabeth, damals knapp zwanzig Jahre alt und
als Königstochter seit fünf Jahren mit dem Landgrafen
Ludwig verheiratet, ließ in Abwesenheit ihres Mannes
(der gerade an einem Kreuzzug teilnahm) auf der
Wartburg die Vorratskammern öffnen und unter Protest des Hofes alles Korn an die Bedürftigen verteilen.
Die Legende hat daraus ein Wunder gemacht, indem
sich plötzlich der Boden des Burgsaales mit Korn be-

deckte und alle Kammern wieder auffüllte. Das weit größere Wunder der Nächstenliebe geht darin ebenso unter wie in all den anderen unnötigen Verzierungen dieses Lebens, die den Legendenerzählern einfielen. Dass Elisabeth ihre Kleider verschenkte und beim Empfang von Kaiser Friedrich II. ein kostbares Gewand aus Engelhand bekam, gehört etwa dazu. Dabei entsprach ihr Leben genau jener radikalen Nachfolge Christi, die Franz von Assisi geprägt hatte: Armut, Selbsterniedrigung, Hinwendung zu den Bedürftigen. Noch ein Element kam hinzu, das der freudschen Analyse eine gewisse Bestätigung gibt. Als ihr Mann, der die ungewöhnlichen Aktivitäten seiner Frau stets unterstützt hatte, zum Kreuzzug aufbrach, gelobte Elisabeth bei dessen eventuellem Tod Ehelosigkeit. Tatsächlich erlag Ludwig einer Seuche. Darauf verlor Elisabeth 1227/28 ihre Witwengüter und musste auf Betreiben ihres Schwagers Heinrich Raspe mit ihren drei Kindern die Wartburg verlassen. Aber nun schaltete sich die Kirche in der Person eines Priesters ein, der offenbar nur darauf gewartet hatte, eine Heilige ›auszubilden‹.

Dieser Priester, Konrad von Marburg, ließ Elisabeth zunächst erneut die Ehelosigkeit geloben und sorgte dann für eine hohe Abfindung der Witwe. Mit diesem Geld wurde ein Hospital in Marburg eingerichtet, das Konrads Leitung unterstand. Unter der ›Seelenführung‹ Konrads, der als fanatischer Kreuzzugsprediger in die Geschichte eingegangen ist, lebt Elisabeth fortan in geistlichem Stand ohne Ordenszugehörigkeit (als sogenannte Begine, also nicht als Franziskanerin, wie man lange annahm). So betätigt sie sich im Krankendienst, bevorzugt bei Aussätzigen. Sie verrichtet niedrigste Arbeiten, verschenkt ihr Vermögen und widmet sich der Kontemplation. Auf diese Weise steht sie bereits zu Lebzeiten im Ruf der Heiligkeit. Noch waren Frauen, besonders Ehefrauen, ›schwierige‹ Kandidatinnen für die Kanonisation. Die spätantiken Märtyrerinnen waren heilige Jungfrauen gewesen. Das angeblich schwache Geschlecht mit seiner noch angeblicheren Anfälligkeit den sexuellen Versuchungen gegenüber konnte allenfalls durch Enthaltsamkeit zu höchster Vollendung finden. Im Hochmittelalter schaffen nur vier Ehefrauen die Kanonisierung: Kaiserin Kunigunde, Margarete von Schottland, Hedwig von Schlesien – und eben Elisabeth von Thüringen. Eine Zeitgenossin wie Birgitta von Schweden wird erst im 14. Jahrhundert, Katharina von Siena im 15. zur Ehre der Altäre erhoben, Elisabeth dagegen wie Franziskus im Eilverfahren, vier Jahre nach dem Tod. Natürlich war Konrad der Promotor des Verfahrens, das auch weiterlief, als er selbst, vermutlich im Auftrag eines von ihm der Ketzerei beschuldigten Adligen, 1233 erschlagen wurde. Am 27. Mai 1235 (zu Pfingsten) erfolgte die Heiligsprechung in Perugia durch den gleichen Papst Gregor, der zuvor Franziskus heiliggesprochen hatte. Am 1. Mai 1236 fand die endgültige Beisetzung in Marburg statt, in Anwesenheit von Kaiser Friedrich II., der Erzbischöfe von Köln, Trier und Mainz sowie des Hochmeisters des Deutschen Ordens, der offenbar als Erster die Werbefunktion der neuen Heiligen für den gerade expandierenden Ritterorden entdeckte.

Denn es ist dieser Deutsche Orden, der über dem Grab eine Wallfahrtskirche baut (die erste hochgotische Deutschlands) und Elisabeth als zweite Ordenspatronin neben Maria aufnimmt. Aber auch so verbreitet sich die Verehrung bald in ganz Deutschland und reizt zur Nachahmung. Schon Hedwig von Schlesien gehört dazu, weiterhin Agnes von Böhmen und Margarete von Ungarn, alle aus hochadligen Kreisen. Im Laufe des 13. Jahrhunderts entwickelt sich der Elisabeth-Kult zu den wichtigsten in Deutschland und Mitteleuropa. Selbst Kaiser Karl IV. pilgert 1357 von Prag zu diesem Grab. Zahlreiche Viten, darunter die des franziskanischen Ordensgenerals Bonaventura, tragen zur Wirkung bei. Die wichtigste Vita aber verfasste der Erfurter Dominikaner Dietrich von Apolda (1289/1290), der die ältesten Texte aus dem Heiligsprechungsverfahren aufnahm und mit dem inzwischen mächtig angewachsenen Legendenmaterial verband. Von dem Problem einer Ausweitung der Nächstenliebe ist darin freilich nichts zu erfahren. Die Vita Dietrichs gilt als einer der ersten Versuche, eine Heilige zur Landespatronin zu erheben.

Buß- und Bettag

oder: Von der Einigkeit und Uneinigkeit
von Staat und Kirche

Umkehr zu Gott, Buße tun: Schon in den Anfängen
der Kirche war dies im Jahr fest verankert. Die großen
Feste von Weihnachten und Karfreitag/Ostern begannen nicht ohne lange vorherige Besinnung (s. Aschermittwoch). Hinzu kam ein viermaliges Fasten zu Beginn der vier Jahreszeiten: die sogenannten Quatembertage (nach lateinisch *quattuor* ›vier‹). Auch das
Fasten an jedem Freitag gehört zu den fixen Terminen.
Daneben aber hat es immer auch noch variable Zeiten
gegeben, Bußtage bei Bedarf gewissermaßen. Schon
das vierzigtägige Fasten der Einwohner von Ninive,
von dem im Alten Testament die Rede ist (Jona 3,4ff.),
war ein solches außergewöhnliches Fasten bei außerge-
wöhnlichem Anlass: Gott hatte durch den Propheten
Jona der Stadt ihre Vernichtung angekündigt und ließ
sich durch die Buße im letzten Moment doch noch be-
schwichtigen.

Was an der biblischen Erzählung eher nebenbei auf-
fällt, ist das ›Ausrufen‹, die Anordnung der Obrigkeit.
Auch die heidnischen Römer kannten dies in Notzei-
ten, besonders bei Kriegsgefahr. Die alte Kirche nahm
neben den festen Terminen ebenfalls diese variablen,
auf Anordnung zurückgehenden auf. Auch die Reformatoren folgten beidem. Gerade die zweite Möglichkeit aber sollte in der evangelischen Kirche eine besondere Rolle einnehmen. Sie war ja im Gegensatz zur
universal gesteuerten katholischen Kirche Landeskir-

che, mit besonderer Beziehung zur Obrigkeit als
Schutzmacht. Entsprechend ergibt sich genau an diesem Punkt eine wichtige Wechselbeziehung: Die Obrigkeit ordnet Bettage an, die in besonderem Maße
dem Schutz des Landes dienen. Als erster Fall gilt der
Bettag von 1532 in Straßburg. Der Kaiser selbst tritt
als Obrigkeit auf, der Grund lag damals in der Tür-
kengefahr. Besonders in der Schweiz entwickelte sich
der variabel und staatlich angeordnete Bettag (genauer:
der Eidgenössische Dank-, Buß- und Bettag) zu einer
Tradition mit hohem Festcharakter. Jegliches Ge-
schäftsleben war untersagt, auch Sport- und Tanzver-
anstaltungen hatten auszufallen. Nach der Bartholomäusnacht 1572 wurde auf diese Weise der ermordeten
Glaubensbrüder in Frankreich, der Hugenotten, gedacht, 1651 des verheerenden Erdbebens im eigenen
Lande. Erst 1832 legte man den Bettag auf den dritten
Sonntag im September fest, womit der arbeitsfreie Tag
gestrichen war. Immer noch aber bedurfte es des be-
hördlichen Mandats, dessen Ausfertigung 1863 bis
1872 übrigens Gottfried Keller als Staatsschreiber von
Zürich besorgte.

Auch in Deutschland bildeten sich bald feste Termine für die weiter auf obrigkeitliche Anordnung hin be-
gangenen Bettage aus. Nur variierten diese von Territorium zu Territorium, sodass 1878 in 28 Ländern 47
Bußtage an 24 unterschiedlichen Terminen zustande
kamen. Preußen reagierte darauf nach der Reichsgrün-
dung und damit auf der Woge der Einheitsbewegung
mit einer Vereinheitlichung auch auf diesem Gebiet:
1893 wird der Buß- und Bettag – wie schon von der Ei-
senacher Konferenz der evangelischen Kirche Deutschlands 1852 vorgeschlagen – auf den Mittwoch vor dem
letzten Sonntag im Kirchenjahr (den damaligen Toten-

sonntag: s. Ewigkeitssonntag oder Christkönig) festgelegt – der bis heute gültige Termin. Nur während des
Zweiten Weltkriegs verschoben die Nationalsozialisten
das Fest auf einen Sonntag, um einen zusätzlichen Ar-
beitstag zu gewinnen. Sofort nach Kriegsende machten
die beiden deutschen Staaten, die DDR wie die Bundesrepublik, dies rückgängig. Nur Bayern schloss sich
bis 1952 aus, um 1981 den Tag auch in überwiegend katholischen Gebieten wieder als arbeitsfreien Feiertag zu
begehen. Die DDR schaffte diesen Feiertag 1967 dann
im Zuge ihrer Einführung der Fünf-Tage-Woche wieder ab.

Es war ein hübscher Test auf das Verständnis der
Zusammenarbeit von Staat und Kirche, als die Wieder-
vereinigung 1989 neue Bedingungen schuf. Tatsächlich
bekundete man demonstrativ Gemeinsamkeit, als man
ab 1990 den ersten (und letzten) bundeseinheitlichen
Buß- und Bettag ansetzte – für fünf Jahre. Wenn Staat
und Kirche jahrhundertelang zusammengearbeitet hatten, wenn der Staat in diesem einen Punkt der Kirche
(bzw. den Kirchen) mit deren Einwilligung Anordnun-
gen erteilte, so brach diese Zusammenarbeit 1994 auseinander. Damals errechnete irgendwer, dass die gerade
beschlossene gesetzliche Pflegeversicherung die Ar-
beitgeber um den Lohn (ungefähr) eines Arbeitstags
belaste. Auf der Suche nach Ausgleich traf es nicht den
zweiten Pfingst- oder einen sonstigen ›alten‹ Feiertag,
sondern diesen jüngeren, aber einzigen staatlich-kirch-
lichen ›Landesbußtag‹, dem in der Neuzeit nur noch
die evangelische Kirche das Gepräge gegeben hatte.
Der bayrische Ministerpräsident Edmund Stoiber be-
mühte sich in einer Initiative bei seinen Kollegen vergeblich um die Rettung der »Feiertagskultur«, indem
er die alte Anordnung zum Beten durch eine »Anord-

nung von Mehrarbeit« (in der Form eines Verzichts
auf einen Urlaubstag) zu ersetzen suchte. Ein Volks-
entscheid in Schleswig-Holstein verfehlte trotz großer Anstrengung der evangelischen Landeskirche das
Quorum. Der Ratsvorsitzende der evangelischen Kirche in Deutschland, Manfred Kock, rief nach der berühmten ›Ruck-Rede‹ des Bundespräsidenten Roman
Herzog ohne Erfolg zu einem Ruck auch in dieser
Frage auf. Der arbeitsfreie Feiertag fiel – fast. In einem
einzigen Bundesland, und zwar in Sachsen, blieb der
Mittwoch arbeitsfrei. Dort allerdings zahlen die Ar-
beitnehmer im Ausgleich 0,5 Prozent ihres Bruttoar-
beitsentgelts für die Pflegeversicherung, was die Kosten eines Arbeitstages sogar übersteigt – freilich so
gering, dass das Bundesverfassungsgericht eine entsprechende Klage nicht angenommen hat. Dafür, dass
die Gläubigen nicht zuletzt im Dienste des Staates beten dürfen, hat dieser zum ersten Mal buchstäblich einen Preis gefordert.

Ewigkeitssonntag, Christkönig

oder: Von der Einigkeit und Uneinigkeit
der christlichen Kirchen

Zweierlei Kirchenjahre

Das Kirchenjahr hat sich seit der Antike langsam und
nicht überall einheitlich herausgebildet. Zuerst entstand Ostern und der Osterfestkreis, dann Weihnachten und der Weihnachtsfestkreis. Sofern das Kirchenjahr die Geschichte Jesu abbildete, lag der Beginn bei
Weihnachten, der Geburt. Diesem Beginn wurde lediglich die Adventszeit als Zeit der Erwartung und Vorbereitung vorgeschaltet. Mit Ostern kam der Höhepunkt
des Jahres, abgeschlossen mit der vierzigtägigen Freudenzeit danach, die ins Pfingstfest mündete. Die große
Festzeit lag damit in der ersten, der arbeitsarmen Jah-
reshälfte, zwischen Pfingsten und dem 1. Advent tat
sich eine lange Pause auf, die Zeit des Sommers und
Herbstes mit Pflanz- und Erntezeit. Dies war nicht unbedingt geplant, aber auch kein Nachteil, im Gegenteil.
Im Wesentlichen ist es bei diesem Aufbau des Kirchenjahres geblieben, noch heute beginnt es mit dem 1. Advent. Die Reformation schaffte vor allem die (meisten)
Heiligenfeste ab, hielt am überkommenen Rhythmus
der beiden großen Festkreise im Kirchenjahr jedoch
fest. Die wichtigste Neuerung lag in einer anderen Be-
wertung von Trinitatis.

Das Trinitatisfest (als Fest der heiligsten Dreifaltigkeit, wie es katholisch heißt) gehört zu den späten und
problematischen Festen. Am Sonntag nach Pfingsten

(der Pfingstoktav also) wurde zunächst regional ein
Fest aller Heiligen gefeiert, das später bekanntlich auf
den 1. November rückte. Als Leo I. der Große in seinen Pfingstpredigten besonders auf die Lehre von der
Einheit der drei göttlichen Personen (Vater, Sohn und
Heiliger Geist) einging, bildete sich das spezielle Fest
als eine Art Abschluss der großen Festzeit von Weihnachten, Ostern, Pfingsten heraus. Im 9. Jahrhundert
pflegten die Benediktiner die Verehrung der heiligsten
Dreifaltigkeit, auch Dreifaltigkeitskirchen entstanden
(eine berühmte steht in Krakau). Um 1100 wird das
Fest in Rom und bei romtreuen Theologen noch ausdrücklich abgelehnt. Erst 1334 kommt es zur endgültigen Durchsetzung für die gesamte Kirche.

Die Reformation wertete das ›theologische‹ Fest
dann auf. Während die katholische Kirche die Sonntage zwischen Osterfestkreis und Advent von Pfingsten
ab zählte (1. Sonntag nach Pfingsten usf.), zählte man
in der evangelischen Kirche nach Trinitatis (1. Sonntag
nach Trinitatis usf.). Das II. Vatikanum brachte jedoch
für die katholische Kirche eine Neuerung. Die Sonntage nach Pfingsten wurden nun ebenso wie die Sonntage nach Erscheinung (Epiphanie) aufgehoben und
stattdessen von Erscheinung an als »Sonntage im Jahreskreis« durchgezählt. Dies hat den Reformern viel
Kritik eingetragen, weil damit das alte Kirchenjahr
letztlich zerrissen wird. Nach den ersten fünf Sonntagen im Jahreskreis folgen die Sonntage der Fastenzeit
sowie Ostern und die nachfolgenden Sonntage der
Osterzeit, bis nach Pfingsten wieder die Sonntage im
Jahreskreis weitergeführt werden (je nach Jahr zum
Beispiel mit dem 9. Sonntag im Jahreskreis). Die evangelische Kirche hat demgegenüber die alte Zählung
beibehalten, wozu auch die Benennung der Sonntage

nach dem ersten lateinischen Wort des Eingangsgebets gehört (Invokavit etwa als 1. Sonntag der Passionszeit).

Ewigkeitssonntag oder Christkönig?

Der bedeutendste Unterschied zwischen dem katholischen und evangelischen Kirchenjahr hat jedoch mit dessen Ende zu tun. In evangelischer Tradition liegt die Betonung auf der Eschatologie mit ihrem Bußcharakter. Man merkt es schon an der Zählung, dass es aufs ›Ende‹ zugeht. Von den Sonntagen nach Trinitatis springt die Bezeichnung um auf den drittletzten, vorletzten und letzten Sonntag im Kirchenjahr. An diesem dient als Evangelium das Gleichnis von den zehn Jungfrauen (Mt 25,1–23), von denen die fünf törichten zwar Lampen, aber kein Öl mitnehmen, während die fünf klugen vorbereitet sind, wenn endlich der Bräutigam kommt. Der nimmt die klugen in sein Reich auf, während den törichten das »Ich kenne euch nicht« entgegentönt. Wenn der Schlusssatz lautet: »Seid also wachsam! Denn ihr wisst weder den Tag noch die Stunde«, so bezog man dies immer auf den eigenen Tod, das Leben in der Ewigkeit. König Wilhelm III. von Preußen gab nach den sieg-, aber auch verlustreichen Freiheitskriegen gegen Napoleon zunächst für sein Land die Order aus, an diesem Tag der Gefallenen zu gedenken. Tatsächlich entstand daraus der auch von den anderen Landeskirchen in Deutschland übernommene ›Totensonntag‹. Totengedenken nach Kriegen fand im 20. Jahrhundert übrigens Fortsetzungen auf nationaler Ebene. So entstand 1926 der Gedenktag für die Opfer des Ersten Weltkriegs, gefeiert am 5. Sonntag vor

Ostern. Die Nationalsozialisten machten daraus 1934 einen »Heldengedenktag«. Zum Gedenken an die Gefallenen der beiden Weltkriege sowie die Opfer des Nationalsozialismus wurde schließlich 1952 der Volkstrauertag am vorletzten Sonntag im Kirchenjahr eingerichtet.

Während sich der evangelische Totensonntag von seinem einstigen Anlass löste und als ›Ewigkeitssonntag‹ wieder seinen (alten) Platz im liturgischen Jahr einnahm, hatte es in der katholischen Kirche nie eine vergleichbare Entwicklung gegeben: Der letzte Sonntag im Kirchenjahr war kein besonderer Feiertag gewesen. Erst das II. Vatikanische Konzil brachte eine Änderung. Dieser Sonntag sollte nun als Freudenfest gefeiert werden. Dazu rückte man ein anderes Fest an diese Stelle: Christkönig. Das sehr junge Fest war 1925 von Papst Pius XI. eingeführt worden, um nach dem Untergang von drei großen Monarchien im Ersten Weltkrieg das wahre Königtum Christi in den Vordergrund zu stellen. Als Termin wurde der letzte Sonntag im Oktober, vor dem Allerheiligenfest also, bestimmt. Obwohl theologisch eigentlich wohlfundiert – zuerst das Gedenken Christi, dann *aller* ›Heiligen‹ –, kam es zur Umsetzung und damit neuen Sinngebung, allerdings auch zu einem ökumenischen Problem. Während man das katholische Fronleichnamsfest und den evangelischen Buß- und Bettag (s. Buß- und Bettag) als alte Eigenfeste betrachten kann, entstand ausgerechnet mit dem ansonsten auf Ökumene bedachten II. Vatikanum ein neuer Gegensatz.

Advent

oder: Ankunft und Wiederkehr

Die Geschichte des Christentums kennt eine frühe dezentrale Phase, bei der die großen Patriarchate Alexandria, Konstantinopel, Antiochia und Rom voneinander unabhängig waren. Im Frühmittelalter entsteht der Gegensatz von Rom und dem Osten insgesamt, von römischer und orthodoxer Kirche. Im Westen bedeutet christlich entsprechend meist römisch – wenn man nicht genauer hinsieht. Denn mindestens eine Region hat lange Zeit eigene Traditionen gepflegt: das alte Gallien, weshalb man von gallikanischer Kirche spricht (neben der mozarabischen und iro-schottischen). Dies gilt besonders für den Bereich der Liturgie, ein Beispiel stellt der Advent dar.

Während Rom noch unter Leo I. dem Großen (also im 5. Jahrhundert) keine Zeit der Vorbereitung auf Weihnachten kannte, verlangt Hilarius von Poitiers (um 314–367) eine dreiwöchige Fastenzeit. Auch in Tarragona gibt es im 4. Jahrhundert diese drei Wochen, die damals vom 17. Dezember bis Epiphanie, also dem alten Weihnachtstermin am 6. Januar, reichten. Das Dekret schärft seltsam klingende Formen der Vorbereitung ein, wozu es gehört, dass niemand ins Gebirge gehen oder barfuß laufen dürfe. Jeder sollte wohl am Ort bleiben und sich ordentlich anziehen, um täglich Eucharistie zu feiern. Gregor von Tours (gest. 594) hat die Anforderungen noch erheblich verschärft, wenn er für die Zeit zwischen Sankt Martin und Weihnachen einen generellen Rückzug aus der Welt verlangt. Das ebenfalls angeordnete Fastengebot hielt sich als Martinsfasten bis ins Hochmittelalter. Rechnet man die stets fastenfreien Samstage und Sonntage heraus, erhält man wieder einmal eine Quadragesima, eine vierzigtägige Zeit der Vorbereitung also. Dieser »gallische Advent« hatte sechs Adventssonntage, während man in Rom fünf, zuletzt (unter Gregor I. dem Großen, gest. 604) vier vorschrieb, die sich in der Gesamtkirche durchgesetzt haben. Worauf aber bereitete man sich vor?

Auch darin ging die gallikanische Kirche einen eigenen Weg. Ziel war das Epiphaniefest, in diesem Fall aber in einem wörtlichen Sinne auch der Weg das Ziel. Denn Epiphanie *bedeutet* Advent im Sinne von ›Erscheinung‹, ›Zur-Erscheinung-Kommen‹, und kann so auch die gesamte Zeit des Wartens einschließen. Ebenfalls gleichbedeutend ist Epiphanie mit einer anderen Form der Erscheinung, mit Parusie, gemeinhin verstanden als ›Wiederkunft‹. In der gallikanischen Kirche war es aber gerade dieser Gesichtspunkt der endzeitlichen Wiederkunft, deren man im Advent gedachte. Daher der Gesichtspunkt der Buße bzw. Bußzeit, wie es sich zum Beispiel darin ausdrückt, dass bevorzugt der Bußprediger Johannes der Täufer in den Evangelien der Adventssonntage auftritt. Am ersten Adventssonntag war das Evangelium gar vom Weltende genommen (das in der Gesamtkirche bis zum II. Vatikanum am letzten Sonntag im Kirchenjahr verlesen wurde: Mt 24,15–35, »Matthäi am letzten«). Schon die Reformatoren haben dieser Tendenz entgegengewirkt, wenn nun das Evangelium des ersten Adventssonntags den Einzug Jesu in Jerusalem behandelt. Das bekannte Adventslied *Macht hoch die Tür* nimmt diesen Gedanken auf. In der Liturgiereform des II. Vatikanums

steuerte man ebenfalls gegen die alte gallikanische Tradition, indem nun die Adventszeit als Zeit der Freude
(auf das Kommen des Erlösers) gefeiert werden soll.

Einen Reflex besonderer Art hat die alte gallikanische Auffassung im Auftreten der Adventisten im
frühen 19. Jahrhundert bewahrt. Hierbei handelt es
sich um eine protestantische Frömmigkeitsbewegung
mit apokalyptischen Tendenzen, die in verschiedenen
Zweigen aufgetreten ist und ihre Gemeinsamkeit in
der Erwartung des baldigen Weltendes findet. Dazu
gehören etwa die Mormonen als die »Heiligen der
letzten Tage« sowie die Adventbewegung, die der Far-
mer William Miller (1782–1849) gründete. Als er die
Wiederkehr Christi für das Jahr 1843/44 ausrechnete,
kam es zur großen Enttäuschung, aber auch zu Um-
deutungen wie der, dass Christus 1844 einstweilen lediglich mit einer Reinigungsaktion begonnen habe. Ein
streng geregeltes Leben nach den Zehn Geboten dient
weiter der Vorbereitung auf das immer noch erwartete
Ereignis der Wiederkehr, mit dem übrigens auch der
»Fall Babylons«, sprich: der Untergang der Weltkir-
chen, einhergehe. Die Siebentags-Adventisten messen
der Heiligung des Sabbats eine besondere Rolle zu.
Eine große Bedeutung bei der Festigung der Gemeinschaft spielen Visionen der Führungspersönlichkeiten.

Zu den Nebenprodukten dieser Organisationen gehören nicht nur Wohlfahrtswerke wie etwa im Falle
der Heilsarmee. Die Mormonen (»Kirche Jesu Christi
der Heiligen der Letzten Tage«) haben im US-Bundes-
staat Utah das weltweit umfangreichste Archiv für
Zwecke der Ahnenforschung aufgebaut. Was besonders dem Zusammenhalt der Mitglieder dienen soll, die
längst gestorbene Angehörige auch nach dem Tod
stellvertretend taufen und auf diese Weise in ihre Ge-

meinde aufnehmen können, ist mittlerweile die wichtigste Ahnenforschungsstelle überhaupt geworden. In den Bergen von Salt Lake City, bombensicher in Granit verwahrt, liegen zwei Milliarden Namen, von denen im Augenblick 400 Millionen auf einer Internet-Seite eingesehen werden können. Die Tatsache, dass mittlerweile täglich 30 Millionen Anfragen aus aller Welt eingehen (und gebührenfrei bearbeitet werden), zeigt ein Interesse an der Herkunft, die manch einer den modernen Menschen wohl nicht zugetraut hätte.

Nikolaus

oder: Von der Ablösung des Christkindes durch den Weihnachtsmann

Nikolaus gehört nicht nur zu den bekanntesten Heiligen, bei ihm fällt den meisten Zeitgenossen auch sein Feiertag ein: der 6. Dezember. Vor einigen Jahrzehnten, als die Adventszeit in katholischen Gebieten tatsächlich noch als (schon durchaus gemäßigte) Fastenzeit begangen wurde, gab es für die Kinder zwei Tage mit freudigem Charakter. Am Abend zum 4. Dezember putzten sie ihre Schuhe, um am nächsten Morgen Süßes darin zu finden – dank Barbara. Die Heilige mit einigermaßen barbarischem Martyrium half eigentlich gegen Feuer, begann dann aber eine Karriere als Schutzpatronin der Bergleute, wo sie heute auch da noch gefeiert wird, wo längst die (meisten) Bänder stillstehen: im Saarland zum Beispiel. Auch die Barbarazweige, die am 4. Dezember geschnitten werden und dann zu Weihnachten blühen, haben die Erinnerung an diese Heilige wachgehalten.

Das Hauptfest des Advents aber war eben immer Nikolaus. Am Vorabend gab es eine Bescherung, die an Weihnachten beinahe heranreichte, in anderen Regionen wie den Niederlanden mit dem Auftreten des Sinterklaas am *pakjesavond* (Geschenkabend) Weihnachten sogar deutlich übertraf. Wie dieser Brauch entstand, ist durchaus nachvollziehbar. Zunächst einmal gehört Nikolaus zu den sehr frühen Heiligen. Er war Bischof von Myra in Lykien (Kleinasien) und starb um 350. Der Legende nach, die in diesem Fall durchaus Recht gehabt haben könnte, soll er auf dem Konzil von Nizäa »vorbildlich« mitgewirkt haben, was wohl bedeutet, dass er tapfer die richtige Form der Christologie (gegen den damals noch dem Arianismus zugetanen Kaiser Konstantin) vertrat. Die Verehrung an seinem Grab beruht also nicht auf einem Martyrium, womit Nikolaus zu einem neuen Typ des Heiligen wird. Dessen Grundlage aber sind Wunder. Zwei davon sind besonders berühmt geworden. Als Nikolaus zufällig hört, dass ein Vater seine drei Töchter, die er nicht mehr ernähren kann, in ein Bordell bringen will, wirft Nikolaus den Mädchen drei Goldkugeln ins Schlafzimmer. In einem anderen Fall rettet Nikolaus drei Unglückliche männlichen Geschlechts: Es sind unschuldig verurteilte Knaben, die man in ein Salzfass ›eingelegt‹ hat (in anderer Version: nach vorhergehender Zerstückelung), weshalb es sogar zur Totenerweckung kommt – Grausamkeiten, die in diesen Fällen nicht am Heiligen selbst begangen werden, sondern die dieser nur ›gutmacht‹. Von daher also die Rolle des Gabenverteilers, zu der besonders die drei goldenen Kugeln gehören dürften, die auch als Äpfel dargestellt wurden.

Noch viel spannender aber wurde das Nachleben des Heiligen. Er gehört zu den prominenten Geraubten. Wenn Nikolaus besonders im süditalienischen Bari verehrt wird (in der Kirche San Nicola), so liegt dies an jenen Barensern, die 1087 seine Gebeine an sich nahmen und in ihre Heimatstadt brachten (daher auch: Nikolaus von Bari). Den Myranern blieb nur der aufgebrochene Sarkophag, der als ›Ersatzreliquie‹ dienen musste. Diebstahl dieser Art war übrigens längst üblich, galt als ethisch unbedenklich und wurde sogar regelmäßig mit großem Aufwand auf der raubenden Sei-

te gefeiert, wo noch nach Jahrhunderten der Tag der
›Überführung‹ (Translation) als Fest galt. In Bari gab
es dabei eine besondere Rechtfertigung für die Tat:
›Rettung‹ vor den Orthodoxen, die schon selbst mit
Hämmern und Brecheisen unterwegs gewesen sein sollen. Eigenartig in diesem Fall, dass Nikolaus trotzdem
gerade im Osten zum beliebtesten Heiligen aufstieg,
der es zu besonderer Darstellung auf Ikonen brachte.
Wie alle Heiligen in der byzantinischen Welt als
himmlischer Hofstaat gelten und so am Glanz des
Himmels teilhaben, erscheint auch Nikolaus als Wür-
denträger in bischöflichem Ornat vor einem Gold-
grund, der die Entrückung symbolisiert. Es gibt aber
auch Prosaischeres zu berichten. In Sibirien wird Nikolaus zum Patron der Bierbrauer und Hersteller
sonstiger Alkoholika, was einen höchst konkreten Reflex in der russischen Sprache hinterlassen hat: Das erkennbar nach dem Namen des Heiligen gebildete Verb
nikolitjsja bedeutet ›sich betrinken‹.

   Es war jedoch die Rolle des Gabenspenders, die die
letzte Karriere des Heiligen in Gang setzte: seine Verwandlung zum rot-weiß gekleideten Weihnachtsmann
mit Kapuze, die den Heiligen im bischöflichen Ornat
mit goldener Mitra ablösen sollte. Dazu bekommt Nikolaus zunächst mit Knecht Ruprecht einen Partner,
der die andere Seite des Schenkens übernimmt: neben
dem Zuckerbrot die Peitsche. Seit dem 16. Jahrhundert taucht die Schreckfigur mit schwieriger Herkunft
auf. Jacob Grimm hat es mit althochdeutsch *hroudpe-
raht*, der Ruhmglänzende, versucht, andere verwiesen
auf althochdeutsch *rûhperht*, worin die dämonische
Perchtfigur (eine Art Schwester von Frau Holle) ste-
cke. Im 17. Jahrhundert wird der Bischof Rupert als
Ursprung gehandelt, was am allerwenigsten Sinn er-

gibt. Im 18. Jahrhundert erfolgt dann die Mutation zum »Kinderfresser«. In einem Augsburger Bilderbogen ist diese Figur 1750 so abgebildet, wie man es sich vor Pestalozzi wohl als pädagogisch wertvoll vorstellte.

Damit war der Bogen jedoch derart überspannt, dass Nikolaus in der Folgezeit wieder die Vorherrschaft übernimmt. Bei Moritz von Schwind taucht er 1825 als harmloser »Herr Winter« auf, ehe August Heinrich Hoffmann von Fallersleben die Figur des Weihnachtsmannes mit seinem gleichnamigen Gedicht von 1835 populär macht, übrigens neben einer ganzen Reihe von Kinderliedern, unter denen sich auch *Alle Vögel sind schon da* befindet. Ausgerechnet der liberale Demokrat, der aufgrund seiner (dem Titel keineswegs gerecht werdenden) *Unpolitischen Lieder* (1840/41) des Amtes enthoben wurde und nach England fliehen musste (wo auf Helgoland das *Deutschlandlied* entstand), hat diese Form der Versüßlichung wenn nicht eingeleitet, so doch stark beflügelt. Ihren Gipfel erreichte sie, als ein Auswanderer namens Thomas Nast den Mann in Rot nach Amerika mitnahm, wo er bekanntlich von Coca-Cola als Werbeträger entdeckt wurde.

Mariä Empfängnis

oder: Ein Streit bis aufs Messer

Marienfeste schwangerschaftsbedingt

In den ersten Jahrhunderten des Christentums gibt es kein einziges Marienfest. Dies erklärt sich nicht aus Desinteresse an der Mutter Jesu. Die ersten Heiligenfeste wurden an den Gräbern der Betroffenen begangen. Bei Maria aber gibt es kein Grab, weil sie nach der (erst 1950 von Papst Pius XII. dogmatisch fixierten) Lehre der Kirche leibhaftig in den Himmel aufgenommen wurde – die *Assumptio sanctae Mariae*, die in Rom kurz nach Gregor dem Großen gefeiert wurde. Als das Konzil von Ephesus 431 das Dogma verkündete, dass Maria »Gottesgebärerin« sei, war jedoch bereits die Grundlage für eine Verehrung gelegt, die sich dann in einem ganzen Kranz von Festen niederschlagen sollte. Schon vor diesem Konzil, im 4. Jahrhundert, hatte man in Rom auf dem Esquilin eine Basilika mit Geburtsgrotte gebaut, um für Weihnachten einen angemessenen Ort des Feierns zu besitzen. Nach dem Konzil ließ Papst Sixtus III. dort ausdrücklich der Gottesgebärerin gedenken. Diese Kirche aber erhielt den Namen Groß St. Marien, besser bekannt als Santa Maria Maggiore.

Schon Weihnachten war so gesehen auch ein Marienfest und gehört damit wohl nicht zufällig zu den unbeweglichen Festen, die für die Heiligen gegenüber den beweglichen Herrenfesten charakteristisch sind. Das erste Fest im Jahr, das Maria direkt gewidmet ist, fiel auf den 1. Januar, den Oktavtag von Weihnachten, der im Titel allerdings immer als Neujahrstag bezeichnet wurde. Am 2. Februar folgt das erste reine Marienfest: Mariä Lichtmess. Es ist ein historisierendes Fest, erinnert an die sogenannte Darstellung Jesu im Tempel (Lk 2,22 ff.) anlässlich der ›Reinigung‹ Marias nach der Geburt, wie es im Judentum nach vierzig Tagen vorgeschrieben war. Da diese Zeit damals noch von Epiphanie an gerechnet wurde, ergab sich der 18. Februar als Festtag (danach: Purificatio Sanctae Mariae). Dabei begegnen Maria, Josef und das Kind (dem greisen) Simeon und (der Seherin) Anna, wobei Simeon die Offenbarung erfüllt sieht, er werde nicht eher sterben, bis er den Messias erblickt habe. In Jerusalem wohl schon früh gefeiert, setzt Justinian das Fest 542 zum Dank für das Ende einer Pestepidemie durch (damals schon am 2. Februar begangen). Wieder etwas später führt Papst Sergius eine Lichterprozession mit Kerzenweihe ein, die von Sant'Adrian über das Trajansforum nach Santa Maria Maggiore führte – barfuß und in schwarzen Gewändern. Von der Lichterweihe, bei der später die Kerzen für das ganze folgende Jahr gesegnet wurden, stammte dann der Name des Festes. Übrigens beendete der Tag die weihnachtliche Festzeit im Brauchtum: Die Krippen werden abgebaut, der Weihnachtsbaum entfernt.

Mariä Verkündigung am 25. März war die Folge der Fixierung des Geburtsfestes auf den 25. Dezember – es liegt genau neun Monate früher. Die jungfräuliche Empfängnis wurde ja als Verkündigung durch den Erzengel Gabriel ausgelegt – eine Empfängnis durchs Ohr, die immer wieder die Literatur durchgeistert (auch etwa als Geburt durchs Ohr wie in François Rabelais' *Gargantua et Pantagruel*). Die weiteren historisierenden Feste seien nur noch kurz aufgezählt. Mariä Heimsuchung fällt auf den 2. Juli und thematisiert die Begegnung Marias mit ihrer Kusine Elisabeth, der Mutter von Johannes dem Täufer. Allein schon des *Magnificat* wegen, in dem Maria nach dem Bibelbericht demütig die Botschaft annimmt und das Lob des Herrn singt, ist die Szene berühmt und tausendfach gemalt worden. Auf den 15. August fällt Mariä Himmelfahrt, das etwa in Italien auch heute noch ein gesetzlicher Feiertag ist. Die berühmteste Darstellung der *Assunta* stammt von Tizian in der Frarikirche von Venedig. Mariä Geburt wird am 8. September gefeiert, ein ungewöhnliches Fest, sofern bei fast allen sonstigen Heiligen der Todestag begangen wird (außer bei Jesus selbst ist ein Geburtsfest sonst nur Johannes dem Täufer und der heiligen Agnes zugebilligt). Auf den 15. September fällt das Fest der sieben Schmerzen, eingeführt im Jahre 1423. In diesem Fall ist es der Hymnus der Festmesse, der Musikgeschichte gemacht hat: das *Stabat mater dolorosa*, ›Christi Mutter stand in Schmerzen‹, bei dem Maria unter dem Kreuz ihre Klage anstimmt. Noch wesentlich jünger ist das Rosenkranzfest am 7. Oktober, entstanden nach dem Seesieg über die Türken bei Lepanto, der dem Rosenkranzgebet zugeschrieben wurde. In der Gesamtkirche taucht es seit 1716 auf. Wieder historisierend ist das Fest der Darstellung Mariä im Tempel am 21. November. Nach dem apokryphen Jakobus-Evangelium brachten Joachim und Anna ihr Kind mit drei Jahren in den Tempel, wo es dann aufwuchs und mit zwölf Jahren den verwitweten Josef heiratete. Das Fest wurde im 11. Jahrhundert eingeführt, von Papst Pius IV. entfernt, von Pius V. wieder erneuert.

Von Makulisten und Immakulisten

Neun Marienfeste insgesamt also, aber keines erreichte
die Sprengkraft des zehnten und letzten: Mariä Empfängnis am 8. Dezember, genau neun Monate vor Mariä Geburt am 8. September. Die Einführung wird An-
selm von Canterbury (gest. 1109) zugeschrieben. Von
Anfang an aber gab es Klärungsbedarf, wie diese Empfängnis zu verstehen sei: mit oder ohne Erbsünde. Natürlich machte das Fest mit Erbsünde keinen rechten
Sinn, was Bernhard von Clairvaux dazu veranlasste,
Einspruch gegen seine Einführung in der Diözese von
Laon zu erheben. 1477 wurde die *immaculata concep-
tio* in Rom durch die Einführung des Festes sehr gefördert, aber die Verkündigung als Dogma erfolgte erst
1854 unter Leo XIII. Zwischenzeitlich brach offener
Streit aus, bei dem zwei Orden die gegnerischen Par-
teien bildeten: auf der einen Seite die Franziskaner mit
Duns Scotus an der Spitze als Befürworter der unbefleckten Empfängnis (die Immakulisten), auf der anderen die Dominikaner mit Thomas von Aquin als
Führer mit ebenso konsequenter Ablehnung (die Ma-
kulisten).

Seinen bizarren Höhepunkt erreichte der Streit im
frühen 16. Jahrhundert, kurz vor Beginn der Reformation. Damals waren die Dominikaner in Bern ins Hin-
tertreffen gegenüber den Franziskanern geraten, worauf ein Betrug inszeniert wurde, der erst aufgrund seines Auffliegens zur Sensation wurde. Ein des Lesens
und Schreibens unkundiger Schneidergeselle mit dem
Namen Johann Jetzer war unter Schwierigkeiten im
Berner Dominikanerkloster aufgenommen worden und
zeichnete sich dadurch aus, dass er Erscheinungen der
Maria gehabt haben wollte. Möglich, dass die Oberen

damit eine Gelegenheit gekommen sahen, ihren mariologischen Standpunkt aufzuwerten. Jedenfalls kann
nur mit ihrem Einverständnis Jetzer Erscheinungen in
der Kirche vorgetäuscht haben. Als er in entsprechen-
der Verkleidung im September 1509 auf dem Lettner
erkannt wurde, war der Skandal da. Der Berner Rat,
gerade in politischen Schwierigkeiten wegen Söldner-
fragen, eröffnete den Prozess, wohl um sich als Ordnungsmacht darzustellen. Dabei wurde Jetzer zum
Kronzeugen, während sich die volle Anklage gegen die
Ordensoberen als Anstifter zum Betrug richtete.

Vollends dramatisch gestalteten sich die Dinge, als
ein vom Papst berufener Kommissar einen Inquisi-
tionsprozess wegen Ketzerei eröffnete. Keiner der vier
Angeklagten widerstand der Folter, alle gaben Schuld-
geständnisse ab. Da der Kommissar gleichzeitig zuständig war für die in der Stadt geführten Söldnerver-
handlungen, drängt sich der Verdacht auf, dass Interessen ganz verschiedener Art eine Rolle spielten, hinter
denen der eigentliche Betrugsfall eher zurücktrat. Dass
die Geständnisse keinerlei Wert haben konnten, versteht sich angesichts der Folter von selbst. Auch die
Rolle Jetzers als Kronzeuge – er erhielt lediglich eine
Prangerstrafe und wurde anschließend des Landes verwiesen – hinterlässt äußerst zwiespältige Eindrücke. So
liegt das eigentlich Interessante in der großen Aufmerksamkeit, die der Fall fand. Dies gilt schon für
die Umstände der Hinrichtung der vier Angeklagten,
die ganz ungewöhnlich als Lebendverbrennung unter
Massenandrang vollzogen wurde. In den Chroniken
ist zu lesen, dass kein Berner jemals Vergleichbares erlebt hatte.

Aber auch die Publizistik reagierte. Im Frühjahr
1509 hatten die Franziskaner einen Humanisten mit

spitzer Feder, Thomas Murner, nach Bern geholt. Der prangerte nun genüsslich die Verkommenheit eines Mönchtums an, das zu derartigen Mitteln griff. Wenn wenige Jahre später die Berner zu den Ersten gehörten, die sich der Reformation anschlossen, spielt der Jetzerprozess wohl eine wesentliche Rolle. Natürlich waren alle Reformatoren Gegner eines Dogmas von der unbefleckten Empfängnis. Vor allem aber war an einem Beispiel deutlich geworden, wohin Wunderglaube führen konnte.

Weihnachten

oder: Das Kind und die Mutter

Der 25. Dezember

»Es begab sich aber zu der Zeit, dass ein Gebot von dem Kaiser Augustus ausging, dass alle Welt geschätzt würde. Und diese Schätzung war die allererste und geschah zu der Zeit, da Cyrenius Landpfleger in Syrien war. Da machte sich auf auch Josef aus Galiläa, aus der Stadt Nazareth, in das jüdische Land zur Stadt Davids, die da heißt Bethlehem, darum dass er von dem Hause und Geschlechte Davids war ...« (Lk 2,1–4; hier nach Luthers Übersetzung). Gut, dass die Geburt Jesu in ausführlicher Weise nur von dem einen der Evangelisten erzählt worden ist. Es gibt also keinen Widerspruch in der Überlieferung, nur glatte Übereinstimmung, wenn man an die Abstammung Jesu sowie den Ort des Geschehens denkt. Matthäus beginnt sein Evangelium mit dem irritierend buchhalterisch abgespulten Stammbaum Jesu, der auf Abraham und vor allem den ersten jüdischen König David zurückgeführt wird. Ort der Geburt ist ebenfalls Bethlehem, David-Land. Lukas, der zu diesen dürren Fakten die ganze Szenerie bietet: Maria und Josef auf Herbergssuche, den Stall und die Krippe, die Hirten und die Engel, schildert erkennbar mythologisch, historisiert aber auch die Geburt des Messias für Leser und Hörer, die an diesen Gottessohn glauben sollten bzw. wollten. Dass heutige Historiker vor allem mit der Steuerfeststellung dennoch ihre Mühe haben, ist bereits erwähnt worden (s. Epiphanie).

Mindestens so interessant wie das Jahr der Geburt ist jedoch der Tag. Hierzu hat Lukas keinen Anhaltspunkt geliefert, nicht einmal eine Andeutung der Jahreszeit gemacht. Wir wissen von der Behandlung des Epiphaniefestes am 6. Januar, dass dieser 25. Dezember spät erscheint. Die frühen Christen hatten die Geburt nicht wörtlich genommen, sie vielmehr als ›Geburt‹ Gottes, als ›Erscheinen‹ des Herrn gefeiert. Die wirkliche Geburt, die ja immer durch Lukas überliefert war, muss den Gebildeten der damaligen Zeit, ob Juden, Griechen oder Römer, naiv vorgekommen sein. Der 6. Januar feierte die Geburt jedenfalls in würdigerer Form, so wie sie unter den Evangelisten Johannes nahegelegt hatte: »Im Anfang war das Wort … Alles ist durch das Wort geworden … Und das Licht leuchtet in der Finsternis …« Man könnte auch sagen: *So* kommt Gott in die Welt, nicht in Windeln. Nach diesen Versen heißt es weiter: »Es trat ein Mensch auf, der von Gott gesandt war; sein Name war Johannes.« Dann erscheint Jesus, als wahrscheinlich Dreißigjähriger. Die Geburt ist zu diesem Zeitpunkt längst vergessen.

Aber wir wissen es ja, es ist nicht beim 6. Januar geblieben, es kam der 25. Dezember. Die früheste Erwähnung dieses Termins führt auf die Jahre 335 oder 337 in Rom. Dies liegt nicht weit weg von 325, dem Konzil von Nizäa. Und hierhin sind die Linien auch von allen Interpreten gezogen worden. In Nizäa stand die Auseinandersetzung mit den Arianern auf dem Höhepunkt, die in Christus *nur* den Gott sahen, nicht den Menschen. Dagegen fiel die wahrscheinlich wichtigste Entscheidung der Kirchengeschichte: Christus war Gott *und* Mensch. Dies musste nach außen sichtbar werden, ja man hat Weihnachten als eine Art Dank für den Sieg des Nizänischen Dogmas gesehen. Weihnachten war ein wirkliches Geburtsfest, es beging den Tag der Geburt, was einigen Christen der damaligen Zeit durchaus Kopfschmerzen machte. Origenes zum Beispiel hat noch (in jüdischer Tradition, die den Geburtstag ebenfalls nicht kennt) gegen das Geburtsfest polemisiert: Geburtstag feierten nur die Heiden, die Christen feierten den Todestag ihrer Märtyrer als ›Geburt‹ ihrer Heiligkeit, als Eintritt ins ewige Leben, lautete die trockene Auskunft. Und nun doch ein glatter Geburtstag, weil es diesmal um sehr viel ging: um den Erweis der theologischen Definition. Rasch breitete sich das Fest aus. Papst Liberius feiert es 354 in Rom und lässt das Jahr sogar mit dem 25. Dezember beginnen. Der Osten nimmt es zögernd auf, erst im Zusammenhang mit dem weiteren, dem mariologischen Dogma der Gottesgebärerin. In Konstantinopel ist die Feier für 379 durch Gregor von Nazianz, in Kappadozien 382 durch Gregor von Nyssa belegt, immer noch neben dem anderen Geburtsfest an Epiphanie. In Palästina findet man den 25. Dezember im 6., in Jerusalem im 7. Jahrhundert. Jetzt also nicht mehr Johannes, jetzt in erster Linie Lukas. Wie ist es zu diesem Fest gekommen?

Darauf gibt es zwei Antworten, die wohl zusammengeflossen sind. Die erste geht von der biblischen Darstellung insgesamt aus. Wenn Geburt, dann auch Empfängnis, dann die ganze Schwangerschaft. Damit kam Maria ins Spiel. Irgendwo musste nun der entscheidende Pflock eingeschlagen werden, an dem das Ganze hing. Eine Möglichkeit war der 25. Dezember als Tag der (römischen) Wintersonnenwende. Zu oft war Jesus mit der Lichtmetaphorik umgeben, als das »Licht der Welt« bezeichnet worden. Am 25. Dezember beginnt die Sonne die Nacht zu überflügeln – die

Tage werden wieder länger. Dann wirkte die Biologie: Sie führte auf den 25. März als Tag der Empfängnis (nach der Verkündigung des Engels). Dieser 25. März aber war wieder astronomisch bedeutungsvoll: Es ist der Tag der Frühjahrstagundnachtgleiche, der Tag, an dem Gott die Welt geschaffen haben sollte. Man hat auch umgekehrt gerechnet, den Pflock beim 25. März eingeschlagen, wonach sich der 25. Dezember (bloß) aus der Biologie ergibt, aus der Schwangerschaft. Am 25. März aber rückt Adam ins Visier: der Erste der Schöpfungsgeschichte, bei dem Zeugung und Geburt zusammenfallen. Jesus wäre dann der neue Adam, zumal dieser 25. März auch immer als sein möglicher Todestag gehandelt wurde. Daneben sind wieder andere Daten im Spiel: Klemens von Alexandrien rechnete mit dem 20. Mai, Hippolyt von Rom mit dem 2. April, in der Schrift *De pascha computus* von 243 ist es der 28. März. Für welchen Termin als Ausgangspunkt der kreisenden Daten sprach mehr?

Es war eben der 25. Dezember. Wenn man bedenkt, dass dieser Tag aus dem Westen stammt, aus Rom vermutlich, wird man nach einem Anhaltspunkt im römischen Kalender suchen. Dort ist auf den Termin der Wintersonnenwende ein Fest eingetragen, der Tag des *Sol invictus*, der unbesiegbaren Sonne (außerdem ein Mithrasfest). Dieses Fest war spät entstanden, eingeführt von Kaiser Aurelian nach dessen (zweitem) Sieg über das ewig aufständische Palmyra im Jahre 274. Konstantin der Große muss den *Sol invictus* als Reichsgott auf den neuen Gott der Christen übertragen haben, ließ zum Zeichen der Abwendung vom *Sol invictus* die Münzen mit dessen Konterfei einziehen. Das Weihnachtsfest könnte geradezu der Dank für den Sieg Konstantins an der Milvischen Brücke darstellen.

Weihnachten wäre demnach ein umbesetztes, ein um-
kodiertes Fest.

Dafür spricht jedenfalls mehr als für eine Konstruktion, die im 19. Jahrhundert mit viel gelehrtem Aufwand
Paulus Cassel vorgelegt hat: *Weihnachten* (1861). Danach gab es am 24./25. des neunten (nach dem neuen
Kalender: des dritten) jüdischen Monats das Fest der Erneuerung des Tempels unter den Makkabäern, das Chanukkafest, das als ausgesprochenes Lichterfest im Winter begangen wurde. Auch hier also die Parallele zum
»Licht der Welt«. Außerdem vergleicht sich Jesus selbst
wiederholt mit dem ganz anderen neuen Tempel und
wird von den frühen Kirchenvätern ebenso angesprochen. Damit würde die Konstruktion der drei großen
christlichen Feste: Weihnachen, Ostern, Pfingsten, der
Konstruktion der drei großen jüdischen Feste entsprechen: Passah, Wochenfest und Chanukkafest. Aber der
25. Dezember ist eben im Westen aufgekommen, wo die
jüdische Tradition von geringer Bedeutung war. Vor allem jedoch: Der 24./25. des jüdischen Festes ist der
24./25. eines Mondmonats. Der 25. Dezember aber ist
die erste solare Datierung im christlichen Kalender
überhaupt. Während die großen ›Herrenfeste‹ Ostern
und Pfingsten lunar festgelegt sind, könnte das solare
Weihnachtsfest mit Maria zusammenhängen, deren Feste (schwangerschaftsbedingt: s. Mariä Empfängnis) alle
auf fixe Daten fallen. Dann gäbe es den lunaren Osterfestkreis und den solaren Weihnachtsfestkreis. Darf man
noch weiter gehen und sagen: Am lunaren Osterfest
wird die Gottheit gefeiert, am solaren Weihnachtsfest
die Menschheit? Jedenfalls gehört zu Weihnachten die
Mutter: Weihnachten ist ein halbes Marienfest. Einen
weiteren Sinn würde diese Deutung bekommen, wenn
man sich die Szenerie des Evangeliums näher ansieht.

Die Weihnachtsgeschichte, erster Teil: Die Geburt

Es gibt wohl kein zweites Evangelium, das so bekannt geblieben ist wie das zu Weihnachten. Viele haben es noch immer in der knapp fünfhundert Jahre alten Fassung Martin Luthers im Ohr, verstehen es ohne weiteres in der Originalorthografie der frühen Neuzeit: »Es begab sich aber zu der zeytt, das eyn gepott von dem keyser Augustus aus ging, das alle wellt geschetzt wurde …« Auch nach der Liturgiereform des II. Vatikanums, die an den meisten Sonntagen und hohen Kirchenfesten die Evangelientexte im Dreijahresrhythmus wechselt, ist in der katholischen Kirche an diesem Evangelium nicht gerüttelt worden. Es hat auch keine Alternative gegeben wie in den vielen sonstigen Fällen, wo man unter den Varianten der Synoptiker auswählen konnte. Die Passionsgeschichte war auf die Passionstage verteilt: Dienstag Markus, Mittwoch Lukas, Freitag Johannes, Samstag Matthäus (in Leipzig fiel zu Bachs Zeit die *Matthäuspassion* jedoch auf Freitag). An Weihnachten gab es nur Lukas. Dabei wurde dieses Evangelium in der Nacht gelesen, in der *missa in nocte*. Es gehört zur Weihnachtsmette, in Rom gehalten in Santa Maria Maggiore, dem Abbild der bethlehemitischen Geburtskirche. Am frühen Morgen feierte der Papst dann in Sant'Anastasia, eventuell aus Höflichkeit gegenüber dem byzantinischen Beamten, der dort residierte. In dieser frühen Stunde, bei Sonnenaufgang, hörte man das Evangelium von den Hirten, die zur Krippe ziehen und auf die Engel treffen, die das »Ehre sei Gott in der Höhe« anstimmen (Lk 2,15–20). Das Hochamt am Ersten Weihnachtstag folgte dann in Sankt Peter. Hier – fast möchte man sagen: erst – kommt das Evangelium nach Johannes zum Zuge, das

>abstrakte< »Im Anfang war das Wort …« (Joh 1,1–14).
Bei diesen Evangelien ist es immer geblieben, daran hat
die Liturgiereform ebenfalls nicht gerüttelt.

Wie soll man sich dieser für viele altvertrauten und
doch so rätselhaften Geschichte nähern? Es geht um
die Menschheit Jesu – daher die Mutter. Und es geht
um die Gottheit – daher der Termin, die Zeit der Son-
nenwende. Schon in vorchristlicher Zeit waren die mythologischen Bausteine da, die diese Elemente mitein-
ander verschmolzen: In Ägypten gab es das Äonskind,
geboren von einer Jungfrau, in Rom gab es die Geburt
eines göttlichen Kindes in Vergils 4. Ekloge, das die
Saturnische, die Goldene Zeit wiederbringe – von all
dem war bereits die Rede (s. Epiphanie). Demgegenüber geht die Weihnachtsgeschichte eigene Wege. Sie
betont nicht die Jungfrau, sondern die Mutter. Maria
ist schwanger, die Niederkunft naht, es erfolgt die Geburt: »… und sie gebar ihren ersten Sohn«. Keine Einzelheiten, nur diese, die man aus kriminalistischer
Sicht als Indiz werten würde: »und wickelte ihn in
Windeln«.

Es ist also wirklich ein Kind, das da geboren wird,
es muss eine Geburt stattgefunden haben, Jesus ist
nicht vom Himmel gefallen. Der Leser/Hörer der Stelle weiß, dass bei der Empfängnis Besonderes geschehen ist. Wie der unfruchtbaren Elisabeth angekündigt
worden war, dass sie mit Johannes schwanger werde,
so Maria, dass der Heilige Geist sie »überkomme«. Bei
der Geburt ist von diesem Heiligen Geist nicht die
Rede, im Bericht wird nur auf Blut, auf Schmerzen
verzichtet. Aber die Windeln sind da. Eine andere Geburt, in einem Epos etwa, wäre nicht anders berichtet
worden. Erst danach bekommt die Szene im wörtlichen Sinne Überirdisches. Die Hirten werden auf-

merksam gemacht, ein Engel teilt ihnen etwas mit – im Griechischen heißt es allerdings durchaus unspektakulär: *angelos epeste*, ›ein Bote trat auf‹. Immerhin hat dieser Bote Züge, die die einfachen Leute in Schrecken versetzen: »... die Klarheit des Herrn leuchtete um sie«, göttlicher Glanz. Dann spricht der Engel oder englische Bote: »Fürchtet euch nicht, siehe, ich kündige euch große Freude, die allem Volk widerfahren wird; denn euch ist heute der Heiland geboren, welcher ist Christus, der Herr, in der Stadt Davids. Und das habt zum Zeichen: ihr werdet finden das Kind in Windeln gewickelt und in einer Krippe liegen.« Wieder also die Windeln, aber es folgt auch eine Art Gegenwelt: Musik, Gesang. Die sämtlichen »himmlischen Heerscharen« sind da und singen das Urbild des Gotteslobs: »Ehre sei Gott in der Höhe, und Friede auf Erden und den Menschen ein Wohlgefallen.« Dann verschwinden die Engel wieder im Himmel, und die Hirten tun, was ihnen gesagt wurde. Sie gehen zur Krippe, erzählen, was sie soeben erlebt haben. Und Maria »behielt alle diese Worte und bewegte sie in ihrem Herzen.«

Man möchte fragen: Und wo bleibt die Jungfrau? Die Antwort lautet: Sie wurde in diesem Falle nicht benötigt. Weihnachten war eben das Fest der *menschlichen* Natur Jesu, die Betonung lag auf der Geburt, nicht auf der mit göttlichem Einwirken verbundenen und auf die Gottheit hinweisenden Jungfrau. Am Anfang des 2. Jahrhunderts bezeugt ein Interpret der Szene die Jungfernschaft Marias bei der Geburt ausdrücklich, der wenig bekannte Ignatios. Die Großen der Kirchengeschichte erwähnen das Thema nur nebenbei. Für Origenes steht die Gottesgebärerin (*theotókos*) selbstverständlich neben der Jungfrau (*parthénos*). Erst in

Auseinandersetzungen mit Häretikern, die nicht an die wahre Menschlichkeit Jesu glaubten, bedurfte es der Rechtfertigung, für die es ein unübertreffliches Beispiel in einer Ephraim dem Syrer zugeschriebenen Predigt aus dem 5./6. Jahrhundert gibt (Friedrich Ohly hat in seinen *Schriften zur mittelalterlichen Bedeutungsforschung* (1983) darauf aufmerksam gemacht). Wie die Perle in der Muschel nicht aus Begattung entsteht (sondern vom Blitz ›gezeugt‹ wird) und ohne Verletzung der Muschel ›geboren‹ wird, »so empfing Maria ohne Verletzung und gebar ohne Schmerz«.

Für weniger Zweifelnde genügte die bildliche Darstellung Marias: mit offenen Haaren (im Gegensatz zur unter die Haube gekommenen Ehefrau). Die Künstler haben es wohl immer den Theologen gedankt. Im Cluny-Museum von Paris etwa stehen geschnitzte Marienfiguren aus spätmittelalterlicher Zeit mit geradezu grandiosen Locken. In der Frömmigkeit des ›Volkes‹ spielte im Übrigen die Mittlerschaft Marias (*mediatrix*) die wichtigere Rolle – man hat geradezu von einem »Aquädukt der Gnade« gesprochen. Maria wird zur »Gnadenmutter«, erst noch höhere Titel wie etwa der der »Miterlöserin« lassen bei Theologen die Alarmglocken schrillen. Rupert von Deutz weist ausführlich die Frage nach der Vierfältigkeit Gottes zurück. Auch die Rede von der »Himmelsgöttin« überschritt Grenzen, worauf dann die Reformatoren mit deutlicher Ablehnung reagieren sollten. Als Bach 1714 eine Kantate zum Fest Mariä Himmelfahrt schrieb, das damals zufällig mit Palmsonntag zusammenfiel, wählte er in guter lutherischer Tradition im Eingangschor den Text: »Himmels*könig*, sei willkommen …«

Schuld an der mittelalterlich-katholischen Entwicklung hatte eine Legendenbildung, die schon sehr früh

die Lücke ausfüllte, die Lukas mit seiner Weihnachtsgeschichte gelassen hat. Lukas bietet ja nur noch die
Szenerie der gesetzlich vorgeschriebenen ›Reinigung‹
Marias nach vierzig Tagen im Tempel. Danach geht er
über zum Auftritt im Tempel anlässlich des Passahfestes in Jerusalem, wo der zwölfjährige Jesus zurück-
bleibt und von seinen Eltern erst nach drei Tagen unter
den Lehrern sitzend gefunden wird. Dann folgt bereits
die Taufe des Dreißigjährigen. In diese Lücke springen
zwei apokryphe, also nicht in den offiziellen Kanon
aufgenommene Schriften, beide aus dem 2. Jahrhundert: das *Protoevangelium des Jakobus* und die *Kind-
heitserzählung des Thomas*. Daraus schöpfen die zahlreichen Marienleben, allen voran die *Legenda aurea* im
13. Jahrhundert. Burleske wie häusliche Szenen, Maria
bei der Arbeit oder im Paradiesgärtlein, sind darin aus-
gemalt, weiter der Schulbesuch Jesu und kleine Wunder, in denen sich die Gottheit bezeugt.

Auf diesem Fundament ruht eine Marienverehrung,
die ihre Besonderheit in einem Manko hat: Es fehlt das
Grab und es fehlen die Überreste als Reliquien. Für
Letzteres gab es allerdings dann doch einen Ausweg.
Tropfen der Muttermilch tauchen auf, Haare und Teile
von Fingernägeln, weiter Textilien, darunter das Kleid,
das Maria bei der Verkündigung und sogar das, das sie
bei der Geburt getragen haben soll (Letzteres im Mari-
enschrein des Aachener Münsters aufbewahrt). Von da
aus verstehen sich die Wallfahrten zu Marienheiligtü-
mern, unter denen Loreto in Italien eine besondere
Rolle einnimmt. Hierher soll im 13. Jahrhundert die
Santa casa von Engeln gebracht worden sein. In
Deutschland wurde Altötting zum wichtigsten Wallfahrtsort, wo jener Typus der Schwarzen Madonna
verehrt wird, der teils auf das Hohelied des Alten Tes-

taments zurückgeführt wird, wo die Geliebte des Salo-
mon, Schulamit, als dunkelhäutig geschildert ist, teils
auf das unversehrte Überleben einer Feuersbrunst.
Böse Zungen hatten es immer leicht, bei der Schwärze
auf das Verrußen aufgrund der Kerzen hinzuweisen.

Die Weihnachtsgeschichte, zweiter Teil: Der Kindermord

Noch aber ist die Weihnachtsgeschichte nicht zu Ende
erzählt. Neben Lukas gibt auch Matthäus einen Bericht, wenn auch nicht über die Geburt (Mt 1,18–24).
Der Beginn klingt lapidar: »Mit der Geburt Jesu
Christi war es so«, um dann darauf zu verweisen, dass
Maria nach ihrer Verlobung ein Kind erwartet, das
nicht von Josef stammt. Als dieser sich »in aller Stille«
von Maria trennen will, klärt ihn ein Engel im Traum
über das Wirken des Heiligen Geistes auf. Er, Josef,
möge dem Kind den Namen Jesus geben, »denn er
wird sein Volk von seinen Sünden erlösen«. Darauf
folgt das Zitat des Propheten Jesaja: »Seht, die Jungfrau wird ein Kind empfangen …« (Jes 7,14). Josef
wacht auf und bleibt bei Maria, ausdrücklich ohne sie
zu »erkennen«, d. h. sexuell zu berühren. Dann folgt
die ausführliche Erzählung von den Sterndeutern, die
wir schon kennen (s. Epiphanie). Nach deren Weggang
erscheint Josef erneut ein Engel im Traum und fordert
ihn auf, mit Mutter und Kind nach Ägypten zu fliehen, weil Herodes das Kind töten lassen wolle. Die Familie macht sich gleich auf den Weg, und Matthäus
trägt eine Prophetie des Hosea nach: »Denn es sollte
sich erfüllen, was der Herr durch den Propheten gesagt hat: Aus Ägypten habe ich meinen Sohn gerufen«

(Hos 11,1). Tatsächlich folgt der Kindermord von Bethlehem. Weil die Sterndeuter entgegen ihrer erklärten Absicht nicht zu Herodes zurückgekehrt waren, schreitet dieser zur Untat: Alle Knaben bis zum Alter von zwei Jahren müssen in Bethlehem sterben. Dazu zitiert Matthäus einen weiteren Propheten, Jeremias: »Ein Geschrei war in Rama zu hören, lautes Weinen und Klagen. Rahel weinte um ihre Kinder und wollte sich nicht trösten lassen, denn sie waren dahin« (Jer 31,85). Erst als Herodes gestorben ist, erscheint zum dritten Mal Josef ein Engel im Traum, der ihm die Rückkehr nach Israel aufträgt.

Der Kindermord von Bethlehem gehört also auch zur Weihnachtsgeschichte. Er ist in der weihnachtlichen Festwoche beim 28. Dezember verankert, noch vor dem Tag der Heiligen Drei Könige, was der historischen Abfolge widerspricht. Ursprünglich feierte die Kirche in der Oktavwoche nach Weihnachten Apostelfeste: am 27. Dezember Petrus und Paulus, am 28. Dezember Jakobus und Johannes. Von den Aposteln ist heute nur noch Johannes am 27. Dezember übrig geblieben, der Stephanustag am 26. Dezember hängt mit der Auffindung seiner Reliquien zusammen. Die Unschuldigen Kinder waren also wichtig, ja ihr Fest stieg im Mittelalter zu einem der bedeutungsvollsten Tage im Jahr auf. Der Wochentag, auf den jeweils dieses Fest fiel, galt im ganzen Jahr als Unglückstag. Unzählbar die bildlichen Darstellungen der Szene, unter denen diejenige im Marmorfußboden des Sieneser Doms zu den größten und berühmtesten gehört. Was hat es mit dieser – nur von Matthäus überlieferten – brutalen Erzählung in der Idyllik der Weihnachtsgeschichte auf sich?

Zunächst: Wie Lukas fügt auch Matthäus ›seine‹ Weihnachtsgeschichte jener ältesten Fassung der Evan-

gelien hinzu, die Markus bietet. Markus beginnt mit
Johannes dem Täufer, zu dem der dreißigjährige Jesus
hinzustößt. Nach dreizehn Versen schildert er Jesu
Wirken in Galiläa. Das Nachtragen der Geburtsszene
muss etwas mit der Christologie zu tun gehabt haben,
mit dem Nachweis, dass Jesus Mensch war. Die Ma-
gierszene mit der Huldigung betont die Göttlichkeit.
Aber was soll der Kindermord? Auffällig daran sind
die Berufungen auf die Propheten Hosea und Jeremias.
Immer ist das Neue Testament als Erfüllung des Alten
gesehen worden. Die Passionsgeschichte Jesu lässt sich
geradezu als um Psalmworte herum konstruiert lesen,
wie Jürgen Roloff gezeigt hat. Der Verrat beim letzten
Abendmahl (Mk 14,18) korrespondiert Psalm 41,10.
Dass Jesus mit Essig getränkt wird (Mk 15,36), lässt
sich auf Psalm 69,22 zurückführen und so fort. Hat
Matthäus sich diesen Kindermord ausgedacht, um damit eine neutestamentliche ›Erfüllung‹ zu konstruieren: die Ermordung der Kinder als das Motiv für den
Gang nach Ägypten? Oder handelt es sich eben doch
um eine historische Wiedergabe, so wie es für die Ma-
gierszene wahrscheinlich gemacht worden ist (s. Epiphanie)? Herodes ließ immerhin seine eigenen Söhne
hinrichten, als die Pläne um seine Nachfolge nicht in
Erfüllung gingen. Es gibt jedoch für diesen Kindermord keine weitere Quelle. Die hundert Säuglingsske-
lette, die 1988 in Aschkalon gefunden wurden, haben
sich als Überreste von Prostituiertenkindern erwiesen.
    Es spricht demnach alles für die Typologie: die Erfül-
lung des Alten Testamentes durch das Neue. Nebenbei
verweisen moderne Theologen auf eine durchgehende
Charakteristik in der Anlage der biblischen ›Konstruktionen‹: Jesus hat immer Gegenspieler. Bei seiner Passion sind es die jüdischen Schriftgelehrten, denen Pilatus

letztlich nachgibt. Bei der Geburt ist es Herodes mit seiner Wahnidee, dass sein Herrscherhaus bedroht ist. Neben allen ›mythischen‹ Elementen wie insbesondere der Jungfrauengeburt gibt es eben auch diese Tendenz zur Plausibilisierung mit historischen Mitteln. Die Geschichte von Jesus – so könnte man sagen – sollte mit menschlichen Zügen ausgestaltet werden. Dazu gehört das Überleben in schwieriger Umwelt. Klar, dass Gott durch seinen Engel eingreift! Aber wichtig auch, dass dieser Jesus nicht in eine für ihn präparierte Welt (gleichsam ›mit rotem Teppich‹) gekommen ist. Schon sofort nach der Geburt ist er in Lebensgefahr.

Diese Lebensgefahr ist aber auch ganz anders gedeutet worden. Thomas Macho hat in mehreren Artikeln, die einem schon lange angekündigten Buch vorangehen, eine »verborgene Mythologie des Weihnachtsfestes« aufzudecken versucht, die die Geschichte in die große Mythenkonstruktion des Abendlandes einreiht. Dabei geht er von Saturn aus, der (als griechischer Kronos) seine Kinder fraß, bis diese sich befreiten – mythische Fassung der ›schwierigen‹ Geburt, aber auch Hinweis auf den häufigen Kindermord in archaischen Kulturen. Der Dezember ist tatsächlich Saturnzeit (aber Vorsicht: der 25. Dezember war kein Saturnfest, die Saturnalien gingen am 23. Dezember zu Ende). Weihnachten, der erste Teil, wäre danach das Fest des »gescheiterten Kindsmordes«; das Fest der Unschuldigen Kinder, der zweite Teil, würde »das Zentralmotiv der Kronos-Mythologie« als Ersatz bieten. Und Macho findet weitere Indizien für seine spektakuläre Theorie: Schon die Beschwerlichkeit der Geburt vom Viehstall bis zur Flucht nach Ägypten erschienen als »Etappen einer erzwungenen Abtreibung«. Ochs und Esel im Stall wären nicht nur die

»Tieropfer«, die das Kind ersetzen, sie stünden neben der Krippe als die »überwundenen Tiergottheiten«, die den »agrarischen Hintergrund auch der christlichen Religion« noch andeuteten. Der zentrale Satz: »Gott ist Mensch geworden«, sei noch mit der Erinnerung versehen, dass Gott einst Tier war.

Auch im weiteren Umfeld von Weihnachten ist Macho auf mythologische (muss man nicht eigentlich sagen: remythologisierende?) Spurensuche gegangen und fündig geworden. Wenn der Kindermord etwas mit Kronos zu tun haben könnte, so vielleicht auch mit dem Moloch des Alten Testaments, an den schon Mario Praz in diesem Zusammenhang erinnerte. Dann aber kommt eine weitere Figur ins mythologische Blickfeld, die heute bis zur Unauffälligkeit verniedlicht ist: Nikolaus. Statt Kinderfreund sei er (also nicht der wirklich als »Kinderfresser« dargestellte Knecht Ruprecht: s. Nikolaus) der kanaanitische Gott mit dem glühenden Bronzebauch, in den er sich die Kinder einverleibte, vor deren Opferung das 18. Kapitel des Buches Leviticus warnt. Auch Fortwirkungen dieser mythologischen Grundsubstanz beschwört Macho. In Friedrich Schleiermachers *Weihnachtsfeier* (dazu später mehr) spiele ebenso der drohende und im letzten Moment abgewendete Tod eines Kindes eine Rolle wie in Charles Dickens' *Weihnachtsabend*, wo der Sohn am Ende durch einen Truthahn ersetzt wird. Für Macho ist klar, dass diese Ersetzung an so manche andere dieser Art erinnert, besonders an diejenige anlässlich der Beschneidung Christi, wo Turteltauben die entsprechende Rolle spielen (Lk 2,23 f.). Aber es gibt nicht nur die Rückerinnerung, sondern auch die ewige Wiederholung. Dass an Weihnachten Filme von erretteten Kindern eine wichtige Rolle spielen, gehöre ebenfalls zu den Fernwirkungen der Mythologie. *Kevin allein zu Haus* ist das eine Beispiel, *Terminator II*, in dem ein »zum Maschinenmenschen mutierter Josef« Kind und Mutter vor ihrem Mörder rettet, ein weiteres.

Es ist eine undankbare Aufgabe, angesichts eines solchen Feuerwerks von Gedanken den Beckmesser zu spielen. Aber so viel soll doch versucht werden: Wir wissen, dass es bei den Evangelien zwei Traditionen gibt: die Synoptiker und Johannes. Von den Synoptikern bietet Markus die älteste Fassung, aus der Matthäus und Lukas geschöpft haben. Markus aber sagt nichts zur Geburt. Matthäus und Lukas haben also ›weitergedichtet‹ – offenbar mehr historisierend als mythologisierend. Dies tun sie jeder für sich, Lukas für die Geburt, Matthäus für die Huldigung der Weisen und die Verfolgung des Herodes. Geburt und Kindermord waren also nie verbunden. Entsprechend getrennt entwickelten sich die Feste der Geburt und der Unschuldigen Kinder, beides besonders späte Feste. Das Fest der Geburt fällt ins 4. Jahrhundert, das erste Zeugnis des Festes der Unschuldigen Kinder (im ältesten Lektionar überhaupt, dem armenischen) begegnet im 5., Rom feiert das Fest ab dem 6. Jahrhundert – und zwar als von Weihnachten mehr oder weniger isoliertes Märtyrerfest (wie die Messtexte eindeutig ausweisen). So viel kann man also sagen: Die Geburt des göttlichen Kindes hatte ihre mythologischen Wurzeln immer nur im Hinblick auf die Jungfrauengeburt. Nichts deutet auf einen Zusammenhang mit dem Kindermord hin. Am wahrscheinlichsten erscheint es deshalb immer noch, Geburt und Mord als je für sich ausgestaltete Elemente zu sehen, die der historisierenden Beglaubigung dessen dienten, was – bei der Auferstehung – noch zu ganz anderen Provokationen führte.

Ein Fest für die Geschichte

Der 25. Dezember war zunächst ein westliches Fest.
Es war im Westen überhaupt das erste Geburtsfest
Jesu, insofern, als hier der 6. Januar nicht begangen
wurde. Ein Problem hatte also nur der Osten, wo der
25. Dezember auf ein bereits vorhandenes Geburtsfest
traf. Die Akzeptanz war entsprechend zögerlich, aber
die Entwicklung der Christologie im 4., 5. Jahrhundert
machte die Aufnahme unvermeidlich. Im Westen lagen
die Dinge anders. Hier entwickelt sich das Weihnachtsfest stürmisch.

Von Hieronymus, dem großen Bibelübersetzer im
4. Jahrhundert, ist eine Weihnachtspredigt über Lukas
2,7 ff. erhalten, die der Entstehung des Festes noch
sehr nahe steht. Hieronymus legt den Text nach den
Gepflogenheiten seiner Zeit allegorisch aus, fragt bei
jedem Detail, was (hinter der wörtlichen) seine geistliche Bedeutung ist. So gleich am Anfang bei der Krippe. »Und sie legte ihn in eine Krippe«, zitiert Hieronymus und fragt scheinbar naiv: »Warum denn in eine
Krippe?«, um die Antwort zu erteilen: »Damit in Erfüllung gehe die Weissagung des Propheten Isaias: ›Es
kennt der Ochs seine Eigentümer und der Esel die
Krippe seines Herrn‹.« Dann kommt die eigentliche
Ausdeutung: Jesus kam nicht zwischen Gold und
Edelsteinen zur Welt, sondern »inmitten des Unrats, in
einem Stalle, in dem unsere Sünden als Unreinigkeit
umherlagen. Wo nämlich ein Stall ist, da gibt es auch
Unrat.«

Auf gleiche Weise kommentiert Hieronymus die
Hirtenszene. Warum Hirten? Deren Aufgabe ist es, zu
wachen, die Herde vor Raubtieren zu schützen. Klar,
um welche Raubtiere es im wahren Leben geht. Hin-

terfragt wird natürlich auch die Jungfrau. Hieronymus
zitiert pflichtgemäß Isaias: »Siehe, die Jungfrau wird
empfangen und einen Sohn gebären.« Dazu aber folgt
ein entwaffnend naiver Kommentar. Maria kenne den
Satz, weil sie das Alte Testament gelesen habe. Außerdem sei ihr von dem Engel zugetragen worden, was
geschehen werde. Und nun sehe sie das Kind weinend
in der Krippe liegen und vergleiche das, was sie sehe,
mit dem, was sie gelesen und gehört habe – und be-
greife: Es ist Gottes Sohn. Es folgt ein wenig Polemik
gegen die irrenden Brüder im Osten, die Weihnachten
am 6. Januar feiern. Aber im Osten habe zu lange
Krieg geherrscht, die Traditionen seien abgerissen. Petrus und Paulus seien nach Rom gekommen, hier lebe
die wahre Tradition weiter: Am Epiphanietage sei
Christus »wiedergekehrt«, »geboren« sei er am 25. Dezember: Und dann der letzte Trumpf, die Astronomie:
»Bis zu diesem Tage nimmt die Finsternis zu, von diesem Tage an nimmt die Dunkelheit ab. Das Licht
wächst, die Finsternis schwindet. Der helle Tag nimmt
zu, der Irrtum weicht, die Wahrheit rückt vor. Heute
wird uns der Sohn der Gerechtigkeit geboren.« Viel
kürzer ließ sich die gesamte theologische Konstruktion
der Jungfrauengeburt bis zum Sonnenfest nicht zu-
sammenfassen.

Machen wir noch eine weitere Stichprobe im
6. Jahrhundert, bei Papst Leo I., dem Großen. Von
ihm sind zehn Weihnachts- und acht Epiphaniepredig-
ten erhalten. Seine erste Weihnachtspredigt behandelt
die Jungfrauengeburt, in ihr findet sich der frühe Beleg
für die Gottesgebärerin. Interessant die zweite Predigt,
bei der Leo von einem »geheimen Plan« handelt. Mit
der Jungfrauengeburt sollte der Teufel betrogen werden: »Dadurch erfuhr ja der Teufel nichts davon, dass

dem Menschengeschlechte das Heil geboren wurde. Und da ihm die Empfängnis durch den heiligen Geist verborgen blieb, so glaubte er, dass derjenige, der in seinen Augen nichts anderes als die andern war, auch nicht auf andere Weise als die übrigen zur Welt gekommen sei.« Der »verschlagene und siegesgewisse Feind« wurde also von der Krippenszene getäuscht: »Sah er ihn doch wimmern und weinen, in Windeln gehüllt ...« Wieder die Windeln, diesmal als wichtigstes Utensil des göttlichen Verschwörungsplans. Weil Gott einst den (ersten) Menschen dem Teufel ausgeliefert habe (da ohne freien Willen nichts Rechtes aus ihm geworden wäre), helfe er der Menschheit jetzt mit einem Trick, weil auch der Teufel nicht mit Gewalt, sondern in Freiheit besiegt werden soll. Eine schauerliche theologische Konstruktion mit Gott als erstem Verschwörer. Übrigens hat auch Augustinus einmal (in einer Himmelfahrtspredigt) vom Kreuz als der »Mausefalle des Teufels« gesprochen.

So ist Weihnachten nicht geblieben. Aber es blieb lange ein theologisches Fest: Begründung des Mysteriums der Menschwerdung Gottes, der Inkarnation. Erst unter dem Eindruck der historischen Kritik an der biblischen Überlieferung sollte sich Grundlegendes ändern. Über tausend Jahre nach den Predigten Leos des Großen hat ein (protestantischer) Theologe dem Weihnachtsfest eine Schrift gewidmet, die wesentliche Grundlagen der heutigen Betrachtung liefert: Friedrich Schleiermachers schon erwähnter Dialog *Die Weihnachtsfeier* (1806), geschrieben mitten in der Arbeit an seiner Übersetzung der platonischen Dialoge.

Wolfhart Pannenberg hat diese Deutung unter dem Begriff des »Familienfestes« zusammengefasst. Während unter den Bedingungen der Säkularisierung eine

»Privatisierung des Sinnbewusstseins« stattgefunden habe, die die Feste ihrer Aufgabe beraubte, ein ›öffentliches‹ Leben zu strukturieren, sei Weihnachten davon ausgenommen worden. Im Gegenteil: Weihnachten behielt seinen Rang, *weil* es Familienfest wurde. Schleiermacher habe von der Familie als »Hauptgegenstand« des Festes gesprochen. Die Erwachsenen könnten das »Gefühl der Kindheit« an diesem Tag wiedererlangen, mithilfe des »göttlichen Kindes«. Die »Vereinigung des Göttlichen mit dem Kindlichen« sei die neue Theologie, nicht die Göttlichkeit des Menschen Jesus dank der Jungfräulichkeit der Mutter. In der Geburt Christi schaue jeder seine »eigene höhere Geburt«. Dies aber führe zu dem, was Weihnachten bis heute auszeichnet: zum Schenken und Beschenktwerden, so wie Gott mit der Geburt seines Sohnes die Menschen beschenkt hat.

Für Theologen mögen in dieser Deutung einige Probleme liegen. Historisch wichtig bleibt, dass die wachsende Entchristlichung des 19. und dann des 20. Jahrhunderts das Weihnachtsfest nicht verdrängt, sondern ganz im Gegenteil aufgewertet hat. Die Wiederbelebung des Julfestes, eines germanischen Wintersonnwendfestes, durch die Nationalsozialisten, mit Sonnenrädern und Hakenkreuzen gegen den »jüdischen Jesus«, ist gründlich danebengegangen. Schleiermachers »Familienfest« als Fest der Liebe und des Schenkens ist zumindest vordergründig Wirklichkeit geworden, auch wenn man mit Macho vom »Fest des Familienkonsums und der hartnäckigen Depressionen«, vom »letzten Verschwendungsfest unserer Kultur« spricht, das wir »zwischen Anfällen von Gefräßigkeit oder Melancholie« verbringen. Dafür lassen sich viele Zeugnisse aus der Literatur anführen. Unter den sozialkritischen Werken von Charles Dickens findet sich eine Erzählung mit geradezu penetrantem Happy End: *Der Weihnachtsabend* mit der Figur des ebenso habgierigen wie hartherzigen Ebenezer Scrooge, der sich dank des (ihm im Traum erscheinenden) »Geistes der vergangenen, der gegenwärtigen und der zukünftigen Weihnachten« in einen liebenswürdigen und hilfsbereiten Menschen verwandelt. Der heutzutage an jedem Weihnachtsfest im Fernsehen gesendete Film *Der kleine Lord* mit Alec Guinness als Ekel, das zum Mildtäter wird, ist ein entferntes Remake der Geschichte. Aber auch die vielen Darstellungen misslungener Weihnachten bis hin zu Jonathan Franzens Roman *Die Korrekturen* kann man wenigstens als Sehnsucht nach Frieden lesen, für die Weihnachten nach wie vor das verbindliche Symbol ist. Der Kitsch, die »Verschmutzung« des Weihnachtsfests durch den Kommerz, von der auch Papst Benedikt XVI. 2005 gesprochen hat, zehrt mehr als die Satire an der Substanz dieses Festes.

Auf jeden Fall bleibt seine Anziehungskraft ungebrochen. Für Bethlehem, das heute in Palästinensergebiet liegt (mit einem Anteil von 35 Prozent Christen) und inzwischen von einer acht Meter hohen Mauer von Israel abgetrennt ist, sind an Weihnachten 2005 über 30 000 Besucher gemeldet worden. Obwohl der Bürgermeister Victor Batarsch davon sprach, dass die Stadt zum Gefängnis geworden sei, obwohl die Einreise über einen Terminal mit strengsten Kontrollen führt, findet der Weihnachtsmarkt auf der »Sternen-Straße« Zuspruch. Von einem multikulturellen »Christmas-Stress« der ganz anderen Art hörte man dagegen zum gleichen Zeitpunkt aus dem Londoner Stadtteil Lambeth. Als sich Geschäftsleute entschlossen, mit vorgeblicher Rücksicht auf muslimische und sonstige ›Andersgläubige‹ auf Weihnachtsschmuck zu

verzichten und eine Zeitung unter der Schlagzeile
»Weihnachten ist abgeschafft« darüber berichtete,
brach (u. a. von muslimischer Seite) ein Proteststurm
los, der den Flitterkram wieder in die Schaufenster
brachte. Die Zeichen mögen kitschig oder hilflos sein.
Die Sehnsucht nach dem, was sich mit ihnen verbindet,
ist stark wie eh und je.

Von Kindleinwiegen und sonstigen Bescherungen

Kein Fest hat ein so ausgeprägtes Brauchtum hervorgebracht wie Weihnachten. Schon in der Spätantike
deutet sich eine Verehrung der Krippe an. Der schon
mehrfach beschworene Hieronymus (gest. 420) verlässt am Ende seines Lebens Rom und geht nach Bethlehem, um der Geburtsstätte Jesu nahe zu sein in der
Grotte, die schon damals Pilger anzog. Noch als Einzelfall muss man wohl die Krippenfrömmigkeit von
Franz von Assisi bewerten. Es gibt eine Erzählung,
nach der er mit einer Darstellung der Geburt Jesu den
Glauben seiner Anbefohlenen stärken wollte. Dazu
baute er im Wald von Greccio eine ›lebende‹ Krippe,
zu der auch Ochs und Esel gehörten. Dann strömt das
Volk herbei, mitten in der Nacht, setzt mit seinen Kerzen alles in helles Licht und bricht in Jubel aus, weint
Tränen der Freude. Als Franz über den »Knaben aus
Bethlehem« predigt, schwören Umstehende, sie hätten
in der Krippe ein wunderschönes Kind gesehen, das
Franz mit seinen Armen umschlungen und damit ge-
weckt habe. Cäsarius von Heisterbach bietet unter all
den anderen Wundergeschichten auch eine aus der
Christnacht auf. Ein Mönch, der angeblich nicht an die
Weihnachtsgeschichte glaubte, wird in die bethlehemi-

tische Höhle versetzt, erlebt eine Geburt, die sich ohne
Schmerzen vollzieht, bekommt sogar das Kind in die
Arme gelegt, worauf sein Unglaube zusammenbricht.
Nicht durch die Lüfte versetzt, aber in einem Stall sol-
len Asketen häufig die Weihnachtsnacht zugebracht
haben.

Dies freilich ist nichts gegen die weihnachtliche
Frömmigkeit in den Frauenklöstern des Mittelalters.
In Viten und Offenbarungen schildern Nonnen auch
sonst ihren Kontakt mit Jesus, ihre Erlebnisse angesichts der Passionsgeschichte, der Betrachtung des
Herzens Jesu, aber eben ganz besonders der Ereignisse
um die Geburt. So ist es etwa bei Gertrud von Helfta
(nach dem Zisterzienserinnenkloster Helfta bei Eisle-
ben), die seit einem Bekehrungserlebnis ihre Bekenntnisse in einem Buch mit dem Titel *Legatus* niederlegte
(nach ihrem Tod 1302 erst durch einen Druck im Jahre
1536 berühmt geworden). In der Heiligen Nacht erlebt
sie im Geist die himmlische Geburt regelrecht mit. Sie
»erkennt, gleichsam in einer Augenblicksschau, dass
ihr ein zarter, zu eben dieser Stunde geborener Knabe
wie in einem Ort ihres Herzens dargereicht und ge-
schenkt wurde«. Ihre Seele hält das Jesuskind als
»göttliches Geschenk« fest, so wie Maria es festhält.
Wenn sich dabei die Geburt in ihrem Inneren vollzieht, erleben andere Nonnen wie etwa Mechthild von
Hackeborn die ganze äußere Szenerie nach. Sie halten
das Kind in ihren Händen, herzen und küssen es. Mar-
garetha Ebner (gest. 1351), eine Visionärin aus dem
Kloster Maria-Medingen bei Dillingen an der Donau,
fragt den Herrn, ob das Jesuskind wirklich die Heiligen Drei Könige am Haar gezaust und Josef es als
Windelersatz in seine Hosen gewickelt habe, wie es die
Legende erzählt. Ein hölzernes Jesuskind wird aus der

Krippe aufgenommen, wie ein lebender Säugling gepflegt, geküsst, sogar an die Brust gelegt. Später leben
Nonnen wie etwa die Klarissen in Eger die gesamte
Schwangerschaft Mariens einschließlich der vierzigtägigen Zeit des Wochenbetts regelrecht nach. Dazu gehört etwa das Begrüßen des Kindes im Mutterleib mit
Hosianna-Rufen.

In weniger drastischer Form blieb davon das Kindleinwiegen übrig, das im 16. Jahrhundert in vielen Kirchen praktiziert wurde (in vielen Museen sind Wiegen
erhalten). Seit die Krippe in der Jerusalemer Geburtskirche 570 reich ausgestattet und eine Kopie in Rom
angekommen war, entstehen Hirtenspiele neben Drei-
königs- und Herodesspielen sowie den Rahelspielen
am Tag der Unschuldigen Kinder. Eindämmungsversu-
che wie der von Papst Innozenz III. 1210 bestätigen
nur die Popularität. In der Renaissance liegt die erste
große Blüte der Krippe in Italien, besonders Neapel ist
für den Figurenreichtum berühmt. Die älteste deutsche
Krippe soll im 15. Jahrhundert im Benediktinerin-
nenkloster Preetz (Holstein) gestanden haben. Im
16. Jahrhundert dringt sie ins Bürgerhaus. Die erste
›lebende‹ Krippe nach Franz von Assisi ist 1585 in
Augsburg bezeugt. Der Höhepunkt liegt dann im 17.
und 18. Jahrhundert, als die Krippe die letzte Bauern-
stube erreicht.

Zwischenzeitlich gibt es den Protest der Reformatoren, speziell gegen das kirchliche Krippenspiel mit
Kindleinwiegen. Da sich mittlerweile die Krippenfrömmigkeit mit einer Bescherung der Kinder verbunden hat, in der Nikolaus die Rolle des Gabenbringers
spielt, richtet sich auch gegen ihn die Kritik. Wenigstens soll ein Personenaustausch das Schlimmste verhü-
ten, wonach aus dem katholischen Nikolaus der pro-

testantische ›Heilige Christ‹ wird. 1570 wandelt Straßburg seinen Nikolausmarkt in den Weihnachts- und
Christkindlmarkt um. Aber auch das Schenken selbst
gerät in die Schusslinie, wenn Theologen darauf beste-
hen, dass das einzig wirkliche Geschenk zu Weihnachten göttlicher Art gewesen sei, die spielerischen Be-
scherungen als Abgötterei zu gelten hätten, zu der die
Orden mit dem »Unflat« ihrer Krippen besonders bei-
trügen. Ganze Dissertationen richten sich im 17. Jahrhundert gegen den »Weihnachtsaberglauben«, gegen
die »Weihnachts-Frazzen oder Zentner-Lügen und
possierliche Positiones« oder gegen die »schädlichen
Weihnachts-Larven, so man insgemein heiligen Christ«
nenne. Die Eiferer werden freilich von weniger ängstli-
chen Theologen zurückgepfiffen, wenn ein Theologie-
professor namens Caspar Sagittarius in seiner *Disserta-
tio de abuso circumforancae processionis circa ferias
Jesu Christi Natalitias* (1674) nur Auswüchse wie
Knecht Ruprecht anprangert, die Christbescherspiele
aber (wieder) anerkennt.

Patent Nr. 522508

Am 24. Dezember hatte die alte Kirche einen Gedenktag vorgesehen: für Adam und Eva. Er steht bis heute
im Ökumenischen Kalender. Der Sinn liegt auf der
Hand. An diesem Tag der Neuerschaffung geht der
Blick zurück zu deren Grund. Warum kam Gott in die
Welt? Weil das erste Menschenpaar gesündigt hatte.
Gott schuf den Menschen nach seinem Bilde, aber es
war etwas schief gelaufen im Paradies. Diese Menschen
hatten sich aufgelehnt, den verbotenen Apfel gegessen,
weil sie sein wollten wie Gott selbst. Darauf folgte die

Strafe: Vertreibung, Tod – aber auch die Erlösung. Weihnachten ist so gesehen das Fest der Wiederholung. Alles fängt noch einmal von vorn an. Und diesmal geht es nicht schief, im Gegenteil: Der Fehler wird behoben, ein neuer Adam ist da. Auf mittelalterlichen Abbildungen der Kreuzigungsszene liegt am Fuße des Kreuzes häufig ein Totenkopf. Damit ist Adam gemeint, der an einem andern ›Holz‹ gesündigt hatte. Der Paradiesbaum kehrt wieder und nun wird nicht gesündigt, sondern die Sünde aufgehoben. *Ist* der Weihnachtsbaum dieser Paradiesbaum?

So will es jedenfalls eine mythologische Konstruktion der Romantik. Ein Schüler Jacob Grimms, Paulus Cassel, hat 1861 in seinem Buch *Weihnachten. Ursprünge, Bräuche und Aberglauben* darauf hingewiesen, dass der Baum oder Teile davon schon im Alten Testament bei Festen auftauchen. Die Juden feierten ihr Laubhüttenfest mit Palmzweigen und Baumbüscheln. Hieronymus deute später die Palmzweige als Zeichen des Sieges und Lohn der Tugend und verweise weiter auf Myrten, die ebenfalls Verwendung fanden. Nach Johannes wird Jesus in Jerusalem mit Palmzweigen begrüßt, für die in nordischen Ländern Buchsbaum einspringen musste, obwohl der Sonntag immer noch Palmsonntag hieß. Grün also, weil dies die Symbolik der Freude und des Neubeginns am besten ausdrückt. Als das Grün Weihnachten erreichte, kam nur noch Immergrün in Frage. In England, das in dieser Hinsicht die ältesten Traditionen kennt, stehe die Myrte am Anfang, gefolgt von der Stechpalme bzw. dem Christusdorn mit seiner zusätzlichen Symbolik. Daneben spielt der Rosmarin eine Rolle. Auf dem Festland, in Deutschland vor allem, sei der Weihnachtsbaum an diese Stelle getreten, die Fichte oder Tanne. Und hier

entwickelte sich genau das, was der eingangs behandel-
ten Symbolik am meisten entspricht. Neben den Kerzen, die dem Lichtfest entsprechen, trägt der Weihnachtsbaum Äpfel. Der Weihnachtsbaum sei also wirklich der Paradiesbaum, dessen Früchte nun folgenlos
verspeist werden können.

Eine schöne Theorie, der nur schon Fakten wider-
sprechen, die Cassel teilweise selbst anführt. Der
Weihnachtsbaum ist vor allem viel zu jung für diese
Konstruktion. Geschmückt, also auch mit Äpfeln versehen, begegnet er erst 1570, wo weiter von Früchten,
Lebkuchen und buntem Papierschmuck die Rede ist.
Vorher hat das Grün einen völlig anderen Grund. Sebastian Brant verurteilt in seinem *Narrenschiff* von
1494 das Aufstecken von Tannengrün als abergläu-
bisch. Noch früher begegnen legendarische Erzählungen vom Erblühen von Apfelbäumen mitten im Winter. Wenn dies bei Cäsarius von Heisterbach der Fall
ist, kennen wir das Milieu: Hier handelt es sich auf jeden Fall um Magie. Die Karriere des Tannenbaums,
wenn man sie denn so weit zurückverfolgen möchte,
beginnt mit reichlich unchristlichem Frühlings- und
Fruchtbarkeitszauber ganz jenseits paradiesischer Parallelen. Zum Weihnachtsbaum wird er erst in der Um-
gebung der Krippen- und sonstigen Weihnachtsfröm-
migkeit der frühen Neuzeit. Da aber ist die Karriere
nicht mehr zu bremsen.

Zu Beginn des 16. Jahrhunderts tauchen zunächst
Verbote zum Schlagen von Bäumen um die Weihnachtszeit auf. 1539 ist in Straßburg davon die Rede,
einem Zentrum der Weihnachtsbräuche, wie schon der
frühe Christkindlmarkt belegt. Eine Waldordnung von
Ammerschweier erlaubt 1561 jedem Bürger das Schlagen eines Baumes bis zur Höhe von acht Schuh (etwa

240 Zentimeter). Dann häufen sich die Nachrichten,
wiederum besonders im Elsass. Im 17. Jahrhundert
wird der Tannenbaum bereits in einem Straßburger
Katechismus behandelt: Das Schmücken und anschließende Plündern sei zwar ein »Kinderspiel«, aber besser
als »andre Phantasey«. Andere sprachen von einer
»Lappalie«, um den Bürgern den irgendwie unchristli-
chen Baum zu verleiden. Genützt hat es nichts. Lise-
lotte von der Pfalz (ein Zufallszeugnis) erinnert sich in
einem Brief vom 11. Dezember 1708 in Paris wehmü-
tig an die einstigen Weihnachtsbäume samt Bescherung
im Heidelberger Schloss.

Dann geht es immer schneller. Seit etwa 1780 ist der
Lichterbaum da. Goethe berichtet im *Werther* über einen solchen, den er wohl in Straßburg kennengelernt
hat. In einem Gedicht zur Weihnachtsfeier des Weima-
rer Hofes von 1821 ist alles so, wie es uns bekannt vor-
kommt:

> Bäume leuchtend, Bäume blendend,
> Überall das Süße spendend,
> In dem Glanze sich bewegend,
> Alt und junges Herz erregend …

Dazu passt es, dass in einer Weimarischen Polizeiord-
nung um 1700 das Abschlagen von Bäumen im Wald
zum Christfest verboten wurde – der Brauch war also
nicht nur im Schloss angekommen. Polizeiliches Ein-
schreiten wird regelrecht zur Spurenlese im Falle des
Weihnachtsbaums. Um 1795 drängt man noch Schlag-
willige von Fruchtbäumen ab, die den Obstanbau im
Lande gefährdeten, aber auch zeigen, dass das Grün
noch Alternativen kannte (die sich als Barbarazweige
erhalten haben). 1840 werden in Würzburg zur Verhü-

tung von Waldschäden Christtannen zum Verkauf angeboten.

Zu dieser Zeit erreicht der Siegeszug des Tannenbaums bereits Europa und die Welt. Schon Peter I. soll ihn um 1700 in Russland eingeführt haben. Albert von Sachsen-Coburg bringt ihn seiner Gattin Königin Viktoria mit nach England, wo er bald Nachahmung im ganzen Land findet. Während Dänemark und Norwegen im frühen 19. Jahrhundert erreicht sind, verhält sich der katholische Süden Deutschlands dem protestantischen Tannenbaum gegenüber noch deutlich reserviert, gilt er etwa der Tiroler Geistlichkeit als »Freimaurersitte«. Im Deutsch-Französischen Krieg von 1870/71 brennt der Tannenbaum konfessionsübergreifend in Kasinos und Lazaretten, dringt auf ausnahmsweise friedlichem Wege in Paris ein, wo 1890 mehr als 30 000 Bäume zum Verkauf angeboten werden. Als die italienische Regierung 1935 den Baumverkauf untersagt und der *Osservatore Romano* gegen den heidnischen Brauch wettert, brechen auch im Süden die Dämme. In Russland kehrt der 1929 verbotene Christbaum 1935 als Neujahrstanne wieder. Kemal Atatürk verbietet 1936 den Brauch aus forstwirtschaftlichen Gründen, also wohl vergeblich. Die *Gartenlaube* von 1871 berichtet über eine Weihnachtsfeier mit Christbaum in Grönland. Natürlich erreicht der Weihnachtsbaum auch die USA. Hier erobert er speziell Straßen und Plätze, 1912 zum ersten Mal als elektrisch betriebener Lichterbaum auf dem Madison Square in New York. Die Elektrifizierung gelangt 1919 auch nach Deutschland. Zum letzten Schrei avanciert das 1936 erteilte Patent Nr. 522508: ein zusammenklappbares und auseinanderschraubbares Weihnachtsbaumgestell, an dessen Längs- und Querstreben Tannenzweige befestigt werden können.

Mittlerweile haben sich die Probleme gewandelt. Eine Nachrichtenagentur meldet zu Weihnachten 2005, dass der Weihnachtsbaum in den USA mit *political correctness* nicht mehr als *Christmas* (bzw. *X-mas*) *tree*, sondern nur noch als *holiday tree* (bei völliger Verflachung der alten Bedeutung von *holy*: ›heilig‹) bezeichnet werden dürfe – mit Rücksicht auf die anderen Religionen. Auch *Merry christmas* als Weihnachtsglückwunsch sollte abgeschafft und durch *Happy holidays* ersetzt werden. In verschiedenen Städten wurde das Aufpflanzen des Baums tatsächlich zum Politikum. In Boston wollte ein Spender seinen Weihnachtsbaum eher zu Holzspänen verarbeiten, als ihn Feiertagsbaum nennen zu lassen. Beleidigungen waren an der Tagesordnung, 1600 freiwillige Juristen wurden zur Verteidigung des Weihnachtsbaums engagiert. Internetbenutzer beschwerten sich darüber, dass sie sich auf einer Feiertags-Website wiederfänden, wenn sie nach Christmas-Geschenken suchten, während man beim jüdischen Chanukka-Fest weiter bedient würde. Da klingt es wie eine Beruhigung, dass das bekannteste amerikanische Weihnachtslied, *White Christmas*, von Irving Berlin, einem jüdischen Autor, stammt. Wer aber hätte gedacht, dass ein Weihnachtsbrauch noch einmal die Seelen moderner Zeitgenossen so bewegt wie einstmals die Theologen des Reformationszeitalters?

Stephanus

oder: Der Lohn des Leidens

Als Ignatius von Loyola 1537 den Jesuitenorden gründete, stellte er sich in den Dienst des Papstes. Zu seiner Zeit bedeutete dies: Gegenreformation, Rekatholisierung. Tatsächlich gewann der Orden verlorene Anteile zurück, und zwar nicht mit Waffengewalt, wie es noch Kaiser Karl V. versucht hatte, sondern mit Rhetorik, Geistlichen Spielen, persönlichem Kontakt wie etwa bei der Ohrenbeichte. Mit dem Erfolg kam der Zulauf, der Orden wuchs und konnte weitere Aufgaben bewältigen. Dazu gehörte die Mission in Übersee, in Südamerika genauso wie im Fernen Osten. Viele meldeten sich, vielleicht zu viele. Denn aus internen Diskussionen der Ordensleitung wissen wir, dass zu den Motiven der Bewerbung nicht nur die Hoffnung auf eine Verwendung im missionarischen Bereich, sondern die Erlangung der Märtyrerkrone gehörte. Die abscheulichen Berichte, die regelmäßig eingingen, schreckten nicht ab, sondern zogen an. Wie war das möglich?

Man kann in diesem Punkt eine irritierende Parallele zu den islamistischen Selbstmordattentätern unserer Tage ziehen, deren ›Märtyrertod‹ freilich die völlig andere Dimension der Tötung Unschuldiger einschließt. Aber ein Element ist doch gleich: die Aussicht auf das Paradies. Wie unterschiedlich auch immer die Sehnsucht danach motiviert sein mag: Es ist dieses Sofort, das die Attraktivität ausmacht. Der Märtyrer braucht nicht bis ans Ende der Tage zu warten, er geht auf der

Stelle ein in das Jenseits. Sein Tod ist eine Geburt, in Rom sprach man vom *dies natalis*, vom Geburtsfest der Heiligkeit. Die Jesuitenoberen des 17. Jahrhunderts sahen dies durchaus mit Bedenken, empfahlen Demut und prüften ihre Kandidaten genau auf ihre Eignung für den Missionsdienst. Auch Friedrich Spee von Langenfeld, der sich später so sehr um die Bekämpfung des Hexenwahns verdient gemacht hat (während sein Ordensbruder Petrus Canisius ihn kräftig anheizte), stellte in der Kölner Niederlassung einen Antrag auf Verwendung in China, der abschlägig beschieden wurde. Den Zustrom aber konnten die Oberen nicht bremsen. Ständig war man konfrontiert mit den historischen Beispielen, mit dem Lohn der Tat, der von den Schrecknissen der Umstände nur gesteigert wurde. Und diese Schrecknisse hatten sich von Anfang an in der Legendenbildung gleichsam verselbständigt. Die Nöte der Selbstüberwindung, die ein christliches Leben kostete, verschwanden förmlich hinter der Bewunderung der Nöte derjenigen, die gesiegt hatten.

Die Ursprungsszene führt dabei zu Stephanus, dem Ersten von Abertausenden. Es ist eine wirkliche Ursprungsszene, weil sie nicht nur das Element des Leidens ausbaut, sondern auch die Folgen, den Lohn. Stephanus war kein Apostel, kannte Jesus nicht. Er wurde von den Aposteln gewählt, durch Handauflegen zum Diakon geweiht und begann zu predigen. So kommt das Unvermeidliche: Er wird wegen Gotteslästerung verleumdet, vom Hohen Rat der Juden zum Tode verurteilt und gesteinigt – ein gesetzlich vorgesehener, verhältnismäßig glimpflicher Tod. Aber dann die erste Folge. Die Steinewerfer ziehen ihre Oberkleider aus, um nicht unrein zu werden, und legen sie einem Unbeteiligten zu Füßen. Dieser Unbeteiligte ist Saulus,

ein Christengegner, der sich bald eines Besseren beleh-
ren und seinen Namen in Paulus ändern wird. Der Tod
des Stephanus allein genügt noch nicht, Christus selbst
muss Saulus in dramatischer Situation erscheinen; aber
dieser Tod hat Eindruck hinterlassen, auf lange Sicht
Nachfolge ausgelöst. Nicht nur die Belohnung für das
Leiden, die Wiedergutmachung durch die Erhebung in
den Stand der Heiligkeit, spielt als Lohn eine Rolle.
Das Leiden hat auch diese soziale Dimension: Es bewirkt Nachfolge. Dass das Blut der Märtyrer Samen
für neue Christen ist, wird zum Schlagwort.

Denn dies zeigt die weitere Geschichte. Nachdem es
erst einmal ruhig wird um Stephanus, entdeckt man
415 seine Gebeine. Nun übernimmt die Legende das
Wort. Zuerst findet eine würdige Bestattung in Jerusalem statt. Dann lässt sich ein Senator aus Konstantinopel neben ihm begraben. Als dessen Frau die Gebeine
in die alte Heimat überführen will, werden sie mit denen des Stephanus verwechselt, und auf dem Schiff ereignen sich unerhörte Dinge. Auch in Konstantinopel
ist das Nachleben des Heiligen nicht zu Ende: »Der
Sarg gab keine Ruhe«, heißt es. In Rom rückt sogar
der Leichnam eines anderen Heiligen zur Seite, um für
Stephanus Platz zu machen. So gelangt der Erzmärty-
rer in die Heilige Stadt, wird ihr Patron.

Der andere aber war Laurentius, einer der beliebtesten Heiligen des Mittelalters. Er eröffnet die Reihe der
fürchterlichen Todesschauspiele. Als Papst Sixtus II.
258 zur Hinrichtung geführt wird, tröstet er seinen Ge-
folgsmann Laurentius damit, dass dieser ihm in drei Tagen nachfolgen werde. In der Zwischenzeit solle er den
Kirchenschatz an Arme und Leidende verteilen. Als der
Kaiser Valerian das hört, will er an die Schätze heran
und lässt Laurentius erst einmal foltern, um das Ver-

steck herauszubekommen. So wird Laurentius mit Blei-
klötzen geschlagen und zwischen glühende Platten gelegt. Als alles nichts nützt, kommt er auf einen Rost, unter dem ein gleichmäßiges Feuer unterhalten wird. Und
dann diese unbegreiflich haarsträubende Aufforderung
an den Herrscher, die Laurentius' Nachleben gesichert
hat: »Der Braten ist jetzt fertig, dreh ihn um und iss!«
Seither hat der Heilige den Rost als Erkennungszeichen.
Die Grabkirche San Lorenzo in Rom gehört zu den sieben Hauptkirchen der Stadt und wurde im Mittelalter
eine der bedeutendsten Pilgerstätten, zumal die Reliquie von Stephanus hinzugekommen war. Als Otto I.
der Große am 10. August 955 die Ungarn auf dem
Lechfeld besiegte, schrieb man es diesem Heiligen zu,
dessen Tag man gerade feierte. Natürlich wurde Laurentius zum Nothelfer, den man in Feuersnot (und bei
Fieber) anrief, auch zum Heiligen der Bäcker taugte er.

Irgendwie kommt einem beim Lesen der Legende
des Laurentius der Verdacht, dass Apotropäisches im
Spiel ist: Abwehr von Unglück durch Verspottung, Sa-
dismus im Dienst von Angst. Dafür gibt es Beispiele in
Fülle. Der römische Soldat Georg, der 303 zu Tode ge-
foltert wurde, weil er seinem Glauben nicht abschwor,
übertrifft Laurentius eher noch in der Grausamkeit
seiner Leiden. Seine Tortur soll sich über sieben Jahre
hingestreckt haben, wobei er dreimal vom Tode aufer-
stand. Als ihn beispielsweise ein Rad mit Messern in
zehn Teile zerlegt, erweckt ihn die Trompete des Erzengels Michael wieder zum Leben.

Und nicht nur Männer, auch Frauen unterliegen der
Quälsucht ihrer Widersacher, wenn nicht doch eher
der Sucht nach Qualen bei den Lesern/Hörern. Als
Thekla, die noch von Paulus persönlich getauft wurde,
ihrem heidnischen Verlobten die Ehe verweigert, zeigt

dieser sie zusammen mit ihrer eigenen Mutter beim Statthalter an, der Thekla sofort zum Feuertod verurteilt. Dann aber beginnen die typischen Legendenzüge. Der Regen löscht die Flammen, ein Erdbeben treibt die Umstehenden in die Flucht. In Männerkleidern folgt sie Paulus nach Antiochia, wo sich ein anderer Jüngling in sie verliebt. Wieder folgt Anzeige, diesmal mit der Folge, dass Thekla wilden Tieren zum Fraß vorgeworfen wird. Aber eine Löwin legt sich ihr zu Füßen und wehrt die anderen ab. Als sie in ein Wasser voll grausiger Tiere geworfen wird, schütten Helferinnen Gift hinein. Darauf versuchen ihre Peiniger es mit Feuer, doch am Pfahl verbrennen nur die Fesseln. Schließlich lassen diese entnervt von ihr ab. Thekla versammelt fromme Jungfrauen um sich und stirbt schließlich eines natürlichen Todes.

Wenn man denkt, dies sei nicht überbietbar, braucht man nur bei der heiligen Apollonia (9. Februar) weiterzulesen, die 249 in Alexandria zu Tode gemartert wurde. Dabei sollen ihr ›nur‹ die Zähne ausgeschlagen und die Kinnlade zertrümmert worden sein. Die Legende macht das Ausschlagen zum Ausreißen Zahn für Zahn, ehe alle anderen bekannten und unbekannten Martermethoden an ihr vollzogen werden. Weil Engel stets sofort die geschundenen Körperteile ersetzen (zum Beispiel die mit glühendem Blei ausgegossenen Ohren), zieht sich auch dieses Martyrium endlos in die Länge, bis eine Enthauptung wirklich zum Tod führt. Unter den Geistlichen Spielen des Mittelalters gehörte die Darstellung des Martyriums der heiligen Apollonia zu den besonderen Attraktivitäten. Abbildungen zeigen die Zahnausreißung auf dem Streckbett und müssen einen Voyeurismus befriedigt haben, der schließlich ein Verbot derartiger Aufführungen bewirkte.

Ganz offensichtlich war das alte Motiv des Märtyrertodes restlos überreizt worden. Wenn einmal die Grausamkeit lehren sollte, dass einen Christen nichts von seinem Bekenntnis zum Glauben abbringen konnte, so hatten sich diese Grausamkeiten zum Schluss verselbständigt. Die Bilder warben nicht mehr um Nachfolge, sondern befriedigten niedrigste Instinkte. Die Reformation hat dies in einem Bildersturm erstickt, der ebenfalls wieder ausartete. Luther hat daran scharfe Kritik geübt, während andere Reformatoren zustimmten. Auch der Kampf um die Heiligen trennte fortan die christlichen Konfessionen.

Zum Autor

KARL-HEINZ GÖTTERT ist Germanistikprofessor an der Universität Köln. Der Schwerpunkt seiner Forschungen liegt im Bereich der Kulturgeschichte, speziell der Rhetorik (besonders: *Geschichte der Stimme*, München ²2004), der Konversationstheorie (*Kommunikationsideale*, München 1988) und der Magie (*Magie*, München 2001). Für Reclam hat er Aspekte dieser Forschungen in kleinen Essays behandelt: *Daumendrücken. Der ganz normale Aberglaube im Alltag* (Stuttgart 2003) und *Eile mit Weile. Herkunft und Bedeutung der Sprichwörter* (Stuttgart 2005). Das vorliegende Buch sucht eine Kulturgeschichte der Zeit einem breiteren Publikum entlang des Festkalenders nahezubringen.